KB236170

대상인의 시대

대상인의 시대

대상인의 시대 - 한국 상업의 위대한 전통을 찾아서

초판 1쇄 인쇄 | 2010년 2월 15일
초판 1쇄 발행 | 2010년 2월 25일

저 자　　　　| 공창석
펴낸이　　　　| 안종만
펴낸곳　　　　| (주)박영사 / 박영북스
등 록　　　　| 1959. 3. 11 제300-1959-1호(倫)
편 집　　　　| 정연진·임종금
디자인　　　　| 김원용

주 소　　　　| 서울시 금천구 가산동 345-90 한라시그마 212호
전 화　　　　| 02-733-6772
팩 스　　　　| 02-2026-8212
이메일(문의)　| pys@pakyoungsa.co.kr
홈페이지　　　| www.pakyoungsa.co.kr

ⓒ 공창석, 2010

ISBN 978-89-6454-023-7　　03320

정가 : 18,000원

이 도서의 국립중앙도서관 출판시도서목록(CIP)은 e-CIP 홈페이지
(http://www.nl.go.kr/ecip)에서 이용하실 수 있습니다.
(CIP제어번호: CIP2010000496)

대상인의 시대

한국 상업의 위대한 전통을 찾아서

공창석 지음

박영books

[차례]

우리나라는 지독히 가난한 나라였다. 우리가 간혹 텔레비전과 인터넷으로 보는 아프리카 어느 나라의 참상과 비교해도 조금도 다르지 않을 정도로 참담한 상황이었다. 더구나 국민의식 속에는 우리 민족은 게으르고 열등하다는 일제가 심어놓은 패배의식이 깊게 자리 잡고 있었다. 건국한 지 10여 년이 지난 1961년까지도 국민 1인당 GNP는 82달러에 불과하였고, 수출은 1964년에야 겨우 1억 달러를 넘어섰다.

하지만 우리나라는 고난을 극복하고 힘차게 떨쳐 일어섰다. 우리 민족은 세상에서 가장 근면하고 진취적인 민족으로 일컬어질 만큼 거듭났고, 가난의 멍에를 벗어 던졌다. 상업을 일으키고 경제를 부흥시켜 이른바 '한강의 기적'을 낳으며 일류 무역국가로 성장하였다.

오늘날 우리의 경제 위상은 전 세계 곳곳에서 확인할 수 있다. IT·전자·철강·조선·자동차 등 현대사회를 이끄는 주력 산업에는 어김없이 우리나라 기업과 브랜드가 큰 몫을 차지하고 있다. 뿐만 아니라 지금 이 순간에도 부지런하고 패기 넘치는 한국상인들은 지구촌 구석구석을 누비고 있다.

그렇다면 헐벗고 피폐된 우리나라가 짧은 시간 만에 무역대국으로 성장한 비결은 무엇일까?

이런 질문을 받으면 대개 사람들은 우리 민족의 근면성, 높은 교육열, 정부의 산업화 정책 등을 꼽곤 한다. 그러나 필자의 생각은 조금 다르다.

우리가 수출을 늘리고 고도경제성장을 이룰 수 있었던 것은 바로 우리나라 상인들이 세계시장을 개척하였기 때문이다. 즉 상인들의 수고와 땀이 깃든 성과라는 것이다.

그러나 사람들은 우리나라가 세계 10위권의 무역대국이라는 것을 자랑하면서도 상인의 존재에는 인색하다. 상인이 이룬 빛나는 성과는 정치권력의 치장거리로 전락하는 경우가 허다하다. 그 이유는 무엇일까?

우리는 흔히 선조들이 상인을 맨아래로 하는 사농공상(士農工商)의 신분체제를 조상대대로 고집해 왔다고 생각한다. 그러나 이는 역사의 진실과 거리가 멀다. 우리 선조들은 고대부터 상인을 매우 중시하였다. 상인이 역사의 주역이었다. 다만 성리학을 신봉한 조선이 500여 년 동안 상업을 억압하고 상인을 천시하였고, 이것이 점차 고유의 전통인 양 굳어져 왔을 뿐이다.

그렇다면 오늘날 지구촌을 누비는 한국상인의 기백과 에너지는 어디서 나오는 것일까? 아무런 역사적 근거도 없이 그저 먹고 살려고 발버둥친 결과일까? 그건 그렇지 않다. 그저 발버둥 친다고 해서 무역대국이 될 수는 없다. 정답은 바로 우리 역사 속에 우리도 몰랐던 자신감과 역량이 숨겨져 있었던 것이다.

이 책은 우리 선조들의 위대한 상혼과 상인의 전통을 찾아내고 미래로 이어가려는 목적에서 쓴 책이다. 필자는 먼저 오늘날 무역대국의 비결은 한국상인의 빼어난 상혼과 상인 정신에 있다고 강조해 두고 싶다. 그리고 한국상인의 상혼에는 세계시장을 리드하고 현대 상업문화를 열어갈 만한 역량과 끼가 있다는 확신이다.

다음으로 필자는 인류의 역사는 되풀이 된다는 믿음을 가지고 집필하였음을 밝혀 둔다. 왜냐하면 어떤 민족이든지 간에 인간의 가치와 삶, 사회의 관습과 풍류, 사람 그 자체 그리고 기질과 끼는 변하지 않기 때문이다. 상인도 마찬가지이다. 상인의 패기와 용기, 바다를 넘나드는 멋진 끼, 거래의 슬기 등 상인의 유전자와 상인정신의 역사적 유산은 내면에 잠재해 있을지언정 결코 사라지지 않는 것이다.

이 책은 4부로 구성되어 있다. 1부는 고조선과 삼한 그리고 삼국시대를 살펴보면서 우리의 빼어난 상인의 뿌리를 찾았다. 고조선은 환웅(桓雄) 천왕이 신시(新市)를 열며 개국하였고, 고구려는 당대 최고의 대상인 연타발(延陀渤)이 딸 소서노를 주몽에게 시집보내고 건국을 도왔다. 또 소서노의 아들 온조가 세운 백제는 명실공히 선진 국제무역국이었다. 신라는 기술을 중시하고 상업을 진흥시켜 찬란한 문화를 꽃피울 수 있었다.

2부는 신라시대의 대상인 김태렴과 장보고를 집중 조명하였다. 8세기 중엽에 700명의 상단을 이끌고 일본 시장을 개척한 신라 왕자 김태렴을 통해서는 신라상인의 힘과 슬기를, 그리고 해상 무역을 제패한 장보고를 통해서는 신라상인의 패기와 끼를 접할 수 있다.

3부는 상업의 나라 고려의 진면목을 종합적으로 서술하였다. 고려는 우리 역사상 상업문화가 최고로 꽃피웠던 시기였고, 상인의 사회적 위상도 최고였다. 고위관리는 물론 국왕과 왕비가 무역에 가담하였고, 사원과 승려가 상업을 영위하였다. 그리고 개경의 화려한 중앙시장과 국제무역항 벽란도는 자랑스러운 상업국가의 면모를 여실히 나타낸다. 또 고려청자와 금속활자는 성숙한 상업문화를 증거하여 준다.

4부는 고려상인의 흥망과 개성상인의 태동을 의미 있게 살펴보았다. 고려 말 최영과 이성계의 처절한 싸움을 상업세력과 상업천시세력 사이의 갈등과 투쟁으로 서술하였다. 그리고 고려상인의 투혼과 개성상인의 도약을 통해 우리 고유의 상혼과 상인정신을 담아내려고 노력하였다.

요즘 텔레비전에서는 사극들이 많이 방영되고 있다. 그리고 간간이 역사 속 상인들이 사극에 출연한다. 하지만 대개 그 상인들의 역할은 제한되어 있으며, 처음부터 끝까지 역사의 중심에 서지 못한다. 그러나 실제 우리 역사는 달랐다. 어느 시대를 막론하고 대상인들은 무수히 많았으며, 그들의 비중과 위상은 우리의 생각과는 차원이 달랐다. 그들은 역사 한복판에서 역사를 이끌어가고 있었다.

우리 상인의 발자취와 상업의 위대한 전통을 밝힌 이 책은 필자가 2006년 말에 쓴 『한국상인』이라는 책에 기초하고 있다. 그 책은 많은 분량과 쉽지 않은 내용으로 우리의 젊은이들과 일반인들이 읽기에는 다소의 어려움이 있었다. 그래서 이 책은 그 가운데 핵심적인 내용을 읽기 편하게 재편집하여 출판한 것이다.

역사나 교양에 관심이 많은 독자라면 전혀 생각하지 못했던 진실들을 알아가는 재미를 맛볼 수 있을 것으로 믿는다. 일반 독자들도 마찬가지로 우리가 모르고 지내왔던 상인의 꿈, 상인의 역사를 알아가다 보면 지루하지 않게 이 책을 단숨에 읽을 수 있으리라 기대한다. 다만 시간이 넉넉지 않는 독자들은 김태렴과 장보고, 고려 상혼과 개성상인 등 목차를 보고 흥미로운 부분부터 틈틈이 읽기를 권해드리고 싶다.

이 책은 박영사 안종만 회장님의 권유와 격려로 시작되었고, 편집부 임직원, 임종금 씨의 도움에 힘입어 간행되었다. 진심으로 감사의 말씀을 드린다. 끝으로 독자들이 우리나라 상(商)역사와 친근해지고 상인과 상업문화를 사랑하게 되기를 기원한다.

2010년 2월

창원에서 공 창 석

1부 상인의 탄생

1. 상인의 출현

상인, 상업을 생업으로 하는 사람들이다. 우리나라에 상인이 언제부터 생겨났을까? 우리나라 상인의 원조는 누구일까?

언뜻 생각해 보면 우리 선조들이 처음 고조선을 세울 때쯤 상인이 생겨난 게 아닐까? 다시 생각해보면 장보고가 동북아 해상무역을 제패하였으니 그보다 좀 이전에 생겨난 게 아닐까? 또 다시 생각해 보면 고려시대 벽란도에서 아라비아 상인들과 무역하며 코리아를 알린 이들이 상인의 원조가 아닐까?

우리는 늘 우리의 역사를 국가와 정치를 중심으로 인식하다보니 이런 질문에 대한 대답은 준비되어 있지 않다. 그렇다면 정말 언제부터 이 땅에 상인이 생겨났을까?

우리 역사에서 상인이 생겨난 것은 우리가 생각하는 것보다는 훨씬 오래 전이다. 1만 년 전, 신석기 시대에 접어든 우리 조상들은 빠르게 생산력과 기술을 발전시켜 나갔다. 그러다보니 어떤 생산물은 필요한 소비를 다 채우고 남는 것이 생기기 시작하였다. 이를 잉여생산물이라고 한다. 이것을 그대로 버릴 수는 없는 노릇이다. 힘이 센 자는 이것을 독점하면서 권력을 만들어 갔다. 또 한편으로는 이것을 통해 거래를 하기 시작하였다. 어차피 남는 물건인데, 남에게 주고, 유용한 것을 대가로 받아오는 것이다.

거래를 하다보면 자연히 머리가 잘 돌아가고, 이치에 밝고, 셈을 잘하는 사람들이 부족에게는 필요하였을 게다. 그들은 잉여생산물을 다른 부족에게 가져가서 훨씬 더 요긴한 것으로 거래하여 가져올 수 있었다. 부족 사람들은 자연히 그들에게 거래를 계속 맡겼고, 아마도 그들이 최초의 상인이었을 것이다.

최초의 상인들은 혼자서 또는 여럿이서 곡식·소금·의복·그릇 등과 같은 생활용품과 구슬·조개껍질·보석 등 귀중품을 가지고 마을과 마을, 부족과 부족을 연결시키며 거래를 텄다. 이에 새로운 길이 많이 열리고, 부족 간의 통합도 이뤄지고, 서서히 국가라는 것이 생겨나기 시작하였다. 이제 상인들은 더 나은 거래를 찾아 멀리 아시아 대륙 깊숙이까지 나아갔다. 이들이 개척한 길은 교역 루트가 되고, 문명을 잇는 길이 되었다.

최초의 상인들은 육지를 통해서만 움직인 것이 아니다. 최근 산동반도 장도(長島) 대호촌(大浩村)의 용산문화 유적지에서 배꼬리 부분과 삿대가 출토되었다. 이는 이미 5,000년 전부터 산동반도와 요동반도 그리고 한반도 연해에서 해운업이 운영되었다는 것을 증명한다. 이 배를 주로 이용한 것은 당연히 상인들일 것이다. 상인들은 배를 이용해 더 멀리, 더 빨리, 더 많이 거래를 할 수 있었을 것이다.

이 뿐만 아니라 오랜 옛날에 상인들의 거래가 얼마나 활발하였는지를 알 수 있는 또 다른 증거가 있다. 우리가 늘 먹는 쌀은 기원전 2000년경 인도에서 재배되기 시작하였다. 이것이 기원전 2150년~2000년 사이에 중국 양자강 이남으로 건너왔고, 그리고 얼마 되지 않아 한반도에 상륙하였다. 최근 경기 일원에서 연이어 탄화미가 발견되었는데, 이 탄화미의 연대를 측정해 보니 중국의 연대와 큰 차이가 없었다. 아마 이 쌀을 들여온 이들은 상인일 것이다. 어느 담대한 상인이 저 멀리 중국의 중남부지역까지 진출하였고, 그들은 거래의 대가로 새로운 곡식인 쌀을 들여왔을 것이다. 그리고 쌀을 재배하는 방법을 익혀, 우리에게 최초의 쌀을 안겨주었다. 이

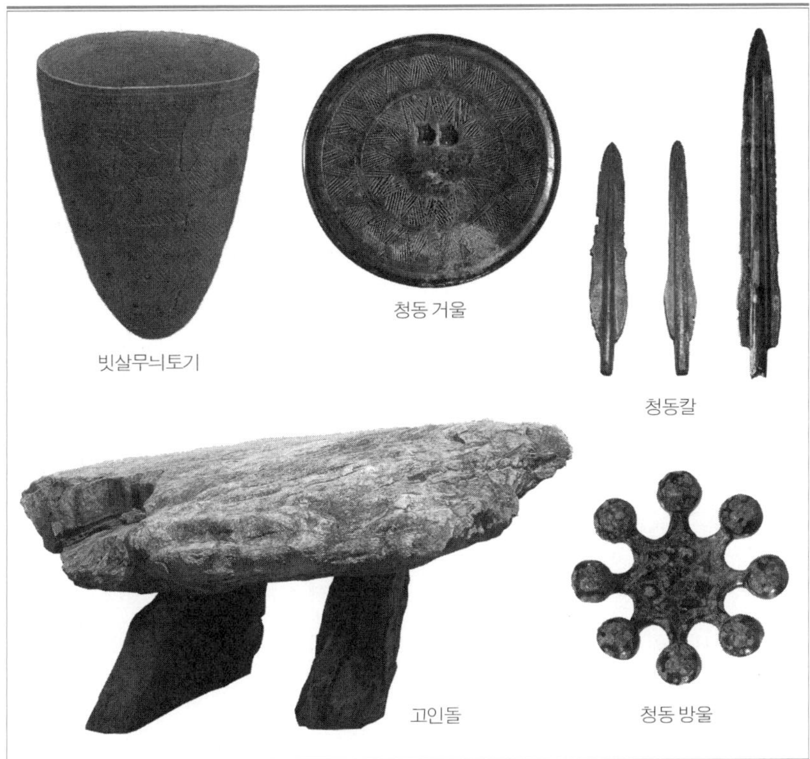

신석기시대의 빗살무늬토기, 청동기시대의 청동 칼·청동 방울, 고인돌

외에도 우리에게 익숙한 고인돌, 빗살무늬토기, 청동기 등에 상인의 흔적이 묻어 있다.

이렇듯 상인들의 활약은 우리가 짐작하는 것보다 훨씬 오래전부터, 훨씬 광범위하게 이루어졌다. 그리고 이런 상인들의 활약을 통해서 우리는 다른 세계의 문명을 재빨리 맛보게 되었고, 우리의 역사는 선진 문명에 뒤쳐지지 않고 어깨를 나란히 하며 발전할 수 있었다. 최초의 상인들은 우리 민족의 문명의 창구와도 같은 매우 귀중한 존재들이었다.

2. 고조선의 상인들

우리나라 최초의 고대국가는 기원전 2333년 단군왕검이 아사달에 세운 고조선이다. 기원전 12세기경 고조선은 사람들이 지켜야 할 여덟 가지 법을 제정하였다. 이 중 세 조목이 지금까지 전해져 오고 있다.

첫째, 살인자는 즉시 사형에 처한다.
둘째, 사람에게 상처를 입힌 자는 곡물로써 갚는다.
셋째, 도둑질한 자로 남자는 그 집의 노(奴, 남자 종)로 삼고 여자는 비(婢,
여자 종)로 삼되, 스스로 속죄하려는 자는 50만 전(錢)을 내어야 한다.
—『한서』지리지

이 금법을 통해 분명히 알 수 있는 것은 당시 이미 높은 수준의 상거래가 이뤄지고 있었고, 거래 계산이 백만 단위 이상이나 되었다는 것이다. 또 곡물이 교환수단이었으며, 사유재산이 널리 인정되었고, 결정적으로 '화폐'가 사용되고 있었다는 것이다.

우리 교과서에는 나오지 않지만, 고조선도 화폐를 직접 주조하였다는 기록이 있다. 그 화폐의 이름은 자모전(子母錢)이라고 한다. 조선 후기 실학자 한치윤은 그가 쓴 『해동역사』에서 자모전은 고조선 홍평왕 원년(B.C. 957년)에 만들어졌다고 하였다. 뿐만 아니라 고조선이 금속화폐를 주조한 사실은 고조선 영역에서 출토된 일화전과 명화전을 통해서도 알 수 있다. 게다가 고조선 영역 곳곳에서 발견된 명도전, 반량전 등 중국 화폐는 고조

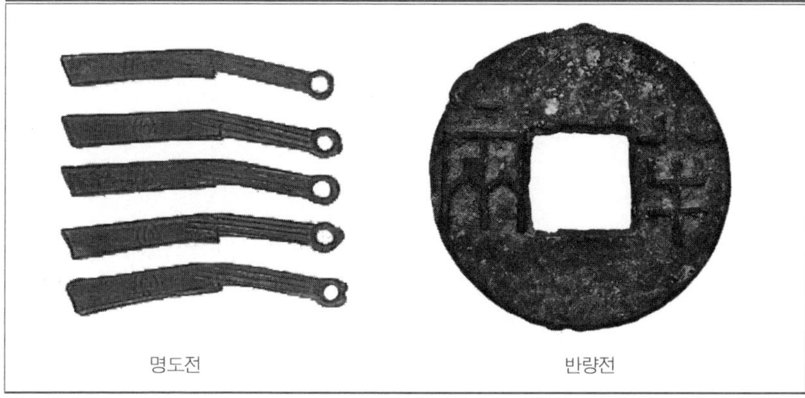

고조선 시대부터 사용된 화폐

선은 이미 화폐를 널리 사용할 뿐 아니라, 대외 교역을 활발히 전개하였다는 사실을 확인시켜 준다.

화폐는 시장경제의 상징이나 다름없다. 화폐를 통해서 더 많은 교환과 거래를 할 수 있다. 하지만 안타깝게도 이 시기에 화폐를 사용한 상인들에 대한 기록은 찾아보기 힘들다. 이것은 선조들의 상업 활동이 결코 미약해서가 아니다. 고대에 고구려·백제·신라가 쓴 수많은 역사서들이 사라져 버렸기 때문에 상인들의 땀과 지혜, 여행담, 부의 축척에 얽힌 상세한 내용을 파악할 수가 없다.

반면에 중국은 고대의 역사서가 남아 있다. 특히 중요한 것은 기원전 98년에 사마천이 쓴 『사기(記史)』이다. 『사기』는 경제 분야를 깊이 다루고 있으며, 수많은 상인들의 행적을 기록하고 있다. 『사기』의 한 대목에는 오늘날의 시장경제원리와 일맥상통하는 언급이 나온다.

무려 2,100년 전에 쓴 내용이지만, 오늘날 경제학자들이 시장경제원리를 설명하는 것과 별반 다르지 않다. 누구나 이 글을 읽으면 당시 경제 수준이 얼마나 높았는지 상상할 수 있으리라 믿는다. 물론 당시 고조선의 사람들도 이와 크게 다르지 않았을 것이다.

다시 이야기를 고조선으로 돌아가서, 기원전 3세기를 전후로 고조선의 역사에 대격변이 일어나기 시작한다. 당시 중국은 진시황이 만리장성을 쌓았는데, 진시황의 폭정을 피해 수만 명의 중국인들이 고조선으로 망명하였다. 그 망명의 규모는 한 번에 수천 명씩 이뤄지기도 하였다. 여기서 우리가 주목해야 할 점은 고조선으로 '망명'했다는 점이다. 망명을 하려면 어느 정도 수준이 통하고, 자신을 보호해 줄 수 있는 곳에 망명을 해야 한다. 수많은 중국인들이 고조선으로 망명하였다는 사실은 당시 고조선은 '충분히 말이 통하고, 수준이 되고, 망명객을 보호해 줄 수 있는 힘을 갖춘' 나라로 믿고 있다는 것이다.

기원전 198년에 연나라로부터 대규모 망명객이 고조선으로 넘어왔다. 고조선의 준왕은 망명객의 우두머리인 위만을 신임하고, 위만에게 서쪽을 지키는 책임자로 임명하였다. 그러나 위만은 준왕을 배신하고, 쿠데타를 일으켜 정권을 장악하였다. 준왕은 쫓겨나 배를 타고 마한 지방으로 갔다.

위만은 정권을 차지한 이후 대를 이어 고조선을 다스렸다. 기원전 109년, 당시 중국을 통일한 세계최강의 한나라가 고조선을 공격하였다. 고조선은 한나라 군

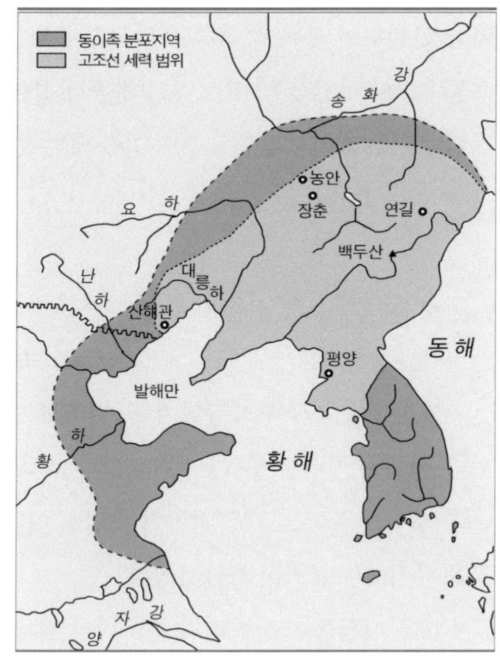

고조선의 영역

대를 연이어 패배시키며 강력한 국력을 자랑하였다. 그러나 우거왕에 반대하는 세력의 거듭된 배신과 분열로 기원전 108년, 어이없이 나라를 빼앗기고 말았다. 비록 결과적으로는 고조선이 패배하였지만, 그 과정에서는 세계최강의 한나라와 당당히 맞서 싸워 이길 정도로 고조선의 국력은 강성하였다.

고조선의 강성한 국력은 폭넓은 교역과 탄탄한 국내시장이 그 바탕이었다. 문물도 앞서 있었다. 만약에 이런 것이 없었다면 막강한 한나라와 싸운다는 것은 불가능한 일일 것이다. 고조선은 연맹을 이룬 추·맥·예·고구려·고죽·옥저·부여 등 부족 간의 교역을 이끌며 부국강병의 터를 닦았다. 그리고 상인을 보호하고 키웠다. 상인들은 부족 간의 물화 유통을 뚫고 교

역을 연계하여 부를 축적하고 부국강병을 도왔다. 고조선의 영역이었던 요동반도와 청천강 하류 그리고 대동강 상류 지역에서 수백 개 또는 수천 개씩 무더기로 출토된 명도전이 이를 뒷받침하고 있다.

3. 삼한의 상인들

고조선이 중국과 대등한 힘을 길러가고 있을 때, 한반도에 삼한이 있었다. 삼한은 기원전 3세기 무렵부터 존재하였으리라 추정하고 있다. 삼한은 78개국의 소국으로서, 정치적 통일을 이루지 못하고 있었다. 그러나 소국들 사이에는 교역이 활발하였다.

많은 사람들이 삼한의 수준이나 국력에 대해서 잘 모르고 있다. 삼한의 국력을 알려주는 역사적 기록이 있는데, 이를 살펴보면 놀랍기까지 하다. 『삼국지』 「마한전」은 진시황이 중국을 통일한 후 북방 방어를 위해 기원전 214년에 만리장성을 쌓았는데, 이 때 힘든 노역을 피해 수많은 중국인들이 망명해 오자 마한이 이들을 받아들여 마한의 동쪽에서 살게 하였다고 기록하고 있다. 진나라의 폭정에 시달린 중국인들이 마한으로 망명한 것은 앞서 이야기 하였다시피 '어느 정도 수준이 맞고, 자신을 보호해 줄 수 있는 세력'이었다는 말이다. 또 「마한전」은 기원전 1세기에 진한이 벌채를 하는 중국인 1,500명을 한꺼번에 잡아와서 노예로 삼았다고 기록하고 있다.

이렇게 삼한은 문명 수준이 우리의 생각보다 높았고, 그에 따라 교역이나 내부시장의 규모도 상당하였다. 그럼 삼한에서의 상업 수준은 어떠하였을까? 삼한에서 상업이 발전하였다는 사실은 '철정(덩이쇠)'을 화폐로 이용하였다는 사실에서 확인할 수 있다.

철정과 철정이 부장된 모습.

철정은 그림에서 보다시피 교환수단으로 사용하도록 대강의 규격이나 모양이 정해져 있었다. 이 철정이 삼한지역 유적 발굴현장에서 수없이 쏟아져 나왔다. 또 중국 역사책에서도 '삼한 땅에서는 대개 물건을 거래할 때 모두가 철을 돈으로 쓴다.'(『후한서』권85, 동이열전, 한) 그리고 '시장에서 매매할 때는 모두 철을 사용하는데 중국에서 전(錢)을 쓰듯이 하고 있다'(『삼국지』권30, 위서, 동이전, 변진)라고 기록하고 있다.

정리하자면 삼한은 철정을 사실상 화폐로 하여 시장경제가 상당한 수준으로 성숙되어 있었다. 또 상인들의 상업 활동이 소국의 좁은 울타리를 벗어나 소국들 상호 간에, 나아가 삼한 전 지역을 포괄하는 광범위한 영역에서 전개되고 있었다. 그리고 상업을 통해 부를 축적한 삼한의 상인들은 '철'을 주력 상품으로 하여 중국·일본 등과의 무역을 주도해 나갔다.

당시는 동아시아에서 문명이 한창 커나가는 시기였다. 이 시기에 가장 핵심적인 자원은 바로 철이다. 나라들 간의 경쟁과 흥망은 철을 얼마나 많이 확보하고, 얼마나 양질의 철을 생산하느냐에 따라 그 나라의 생사가 결정났다. 삼한은 철을 대량으로 생산하고 교역하면서 상당한 부를 축적

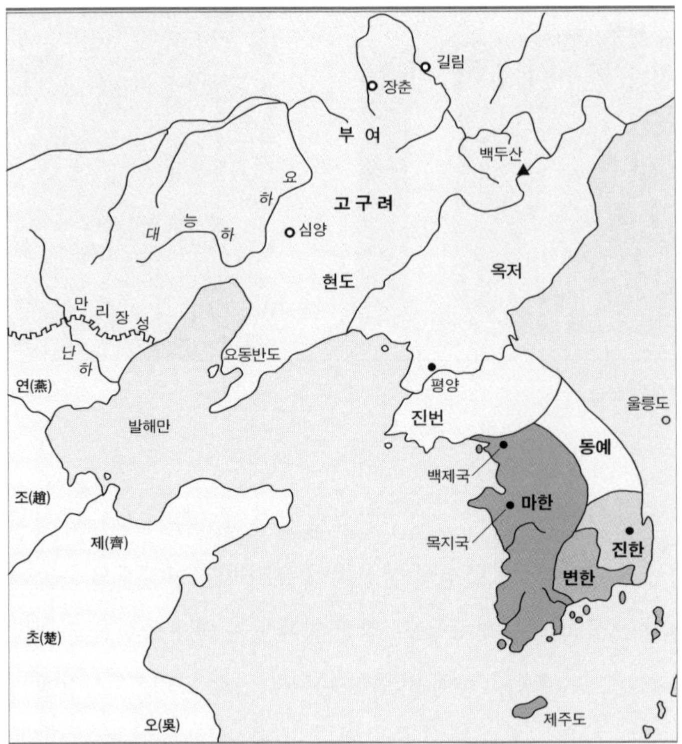

삼한의 영역

하였는데, 이 과정에서 틀림없이 대상인이 나왔을 것이다. 그러나 아쉽게도 분명한 기록이 없어 이 시기 대상인의 모습을 확인할 수 없다.

또한 삼한에서는 중국과 교역을 착실히 열어나갔다. 삼한의 왕이 중국의 한나라와 위나라 왕에게 선물을 바치면 이에 대한 답례로 교역이 이루어졌다. 하지만 아직은 길이 험하고 멀어 교역품은 지배층의 사치품이 주류였다. 또 이 일은 왕실의 어용상인들이 맡았고, 그들의 성공은 상인의 위상을 세워 주었다. 삼한에서는 이러한 국가의 공식적인 교역 외에 민간 상인에 의한 교역도 성행하였다. 당시의 민간 무역은 낙랑을 중계로 하여 많이 이루어졌다. 낙랑에서 삼한 상인과 중국 상인이 만나 비단·칠기·유리·옥·청동 및 칠기 제품 등을 거래하였다.

삼한에서 가장 먼저 교역에 눈을 뜬 곳은 바로 김수로왕의 김해 가락국이다. 김수로왕의 왕비 허황옥이 인도에서 왔다는 사실은 널리 알려져 있다. 그만큼 가락국의 교역범위는 넓었다. 내륙으로는 낙동강을 따라서 현재 경북 상주지역까지 깊숙이 진출하였으며, 바다를 통해 일본과 중국을 이어 중계무역을 전개하였다. 그러므로 가락국은 오늘날 싱가포르 같은 도시국가로 국제무역의 요충지였다. 당시 중국에서 일본으로, 일본에서 중국으로 가는 배는 반드시 가락국을 거쳐야 한다고 『삼국지』에 기록되어 있다.

그럼 김해 가락국만 중국과 교역을 하였을까? 어디선가 중국과 교역을 하였다면 중국의 화폐가 남아 있을 것이다. 삼한과 중국의 교역 규모를 알아보기 위하여 중국 화폐가 한반도 남해안 지역에 출토된 예를 정리해 보았다. 〈표 1-1〉

표 1-1 남해안 지역 한대 화폐 출토 현황

유　적	품목(수량)	시기
경남 창원시 외동 성산조개더미	오수전(1)	BC 1세기
경남 창원시 다호리 널무덤	오수전(3)	BC 1세기 후반
제주도 제주시 건입동 산지항	오수전(1), 화천(11), 대천오십(2), 화포(1)	AD 1세기 후반
전남 여천군 삼산면 서도리	오수전(980)	AD 1·2세기(?)
경남 김해시 봉황동 회현리 조개더미	화천(1)	AD 1세기 후반
전남 해남군 군곡리 조개더미	화천(1)	AD 1세기 후반

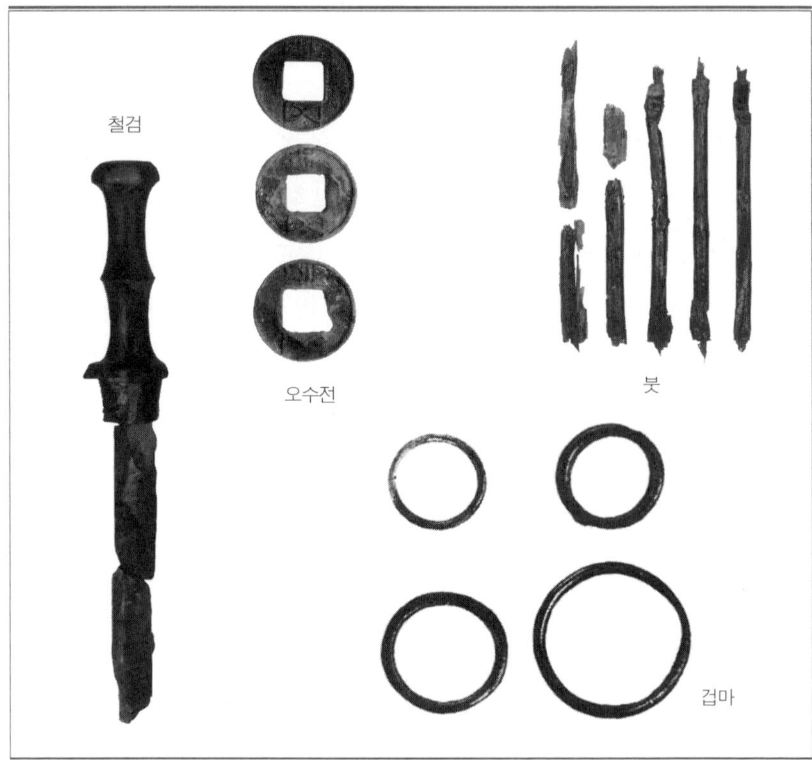

다호리 고분 출토물(오수전, 붓, 철검, 겁마)

이것은 남해안 지역만을 조사한 것이다. 아마 한반도 전체를 제대로 조사하면 중국과 교역한 흔적이 수도 없이 많이 나올 것이다. 이 중에서 특히 창원 다호리 고분에서는 철정이 대량 출토되었으며, 기원전 118년 중국 한나라의 화폐 오수전(伍銖錢)과 각종 칠기 제품 및 청동제 물품이 출토되었다. 뿐만 아니라 교역서류를 작성하기 위한 붓, 화폐의 무게를 재는 저울추인 겁마(砝碼)도 출토되었다. 이를 통해 중국과의 거래가 일상적이었으며, 삼한의 화폐인 철정과 중국의 화폐인 오수전을 매개로 거래하였고, 거래 내용을 장부로 기록하고 있었다는 사실을 알 수 있다.

　　고만고만한 78개국의 연합에 불과한 삼한이 교역을 해봤자 얼마나 하였겠냐는 생각이 들기 쉽다. 그러나 앞서 살펴본 내용은 우리가 생각하였던 것보다 크게 다르다는 것을 알 수 있다. 적어도 상업에서 선조들은 우리가 생각하였던 것보다 항상 앞서 있었다.

[대상인 연타발(延陀渤) 이야기]

　　앞의 글을 쭉 읽어 보셨다면, 독자 여러분은 아마 고조선이나 삼한에서 대상인이 나올 조건이 충분히 무르익었다는 것을 알아차렸을 것이다. 그러나 기록이 없기 때문에 대상인의 실체를 밝힐 수가 없는 것이 매우 안타깝다.

　　그렇다면 우리 역사에서 최초로 기록된 상인은 누구일까? 이제 우리는 역사의 실존 인물, 자랑스러운 상인의 원조를 만나게 된다. 그 사람은 바로 연타발이다. 일단 역사서의 기록을 먼저 살펴보자.

"백제의 시조는 비류왕으로서 아버지는 우태이며 북부여왕 해부루의 서손이다. 어머니는 소서노로 졸본 사람 연타발의 딸이다. 소서노가 처음 우태에게 시집을 가서 두 아들을 낳았는데 큰 아들이 비류이고 둘째가 온조였다. 우태가 죽자 소서노는 졸본에서 혼자 살았다. 뒤에 주몽이 부여에서 남으로 내려와 졸본에 이르러 도읍을 세우고 국호를 고구려라 하고 소서노를 왕비로 삼았다. 주몽은 소서노가 건국에 내조의 공이 많았기 때문에 특히 총애하였고 비류와 온조를 마치 친아들 같이 대우하였다. 그러나 주몽이 부여에 있을 때 예씨에게서 낳은 아들 유류가 오자 그를 태자로 세우고 왕위를 잇게 하였다." —『삼국사기』권23, 백제본기1

이 부분은 백제의 시조인 온조와 비류에 대해서 설명하는 부분이다. 온조와 비류의 어머니는 소서노라는 사람이다. 소서노는 많은 재산을 소유하였고, 이를 토대로 고구려 건국에 큰 공을 세웠다. 그 공으로 왕비의 자리에 올랐다. 그렇다면 소서노의 재산은 어디에서 왔을까? 바로 그의 아버지 연타발이 벌어들인 것이다. 연타발에 대한『삼국사기』의 기록은 간단 하지만, 재야사학계의 환단고기에는 비교적 자세히 기록되어 있다.

> "연타발은 졸본(심양 방면) 사람이다. 남북의 갈사(曷思)를 오가면서 재물을 모아 거만금의 부를 이루었다. 주몽을 은밀하게 도와 나라의 기틀을 일으키고 도읍을 세우는데 공이 많았다. 후에 그는 사람들을 이끌고 구려하(고대에는 요하나 혼하를 구려라 불렀다)로 옮겨가서 살면서 고기잡이와 소금장사를 하여 얻은 이득으로 주몽이 북옥저를 칠 때에 양곡 5,000석을 바쳤다. 고주몽이 서울을 눌현(장춘 방면)으로 옮길 때는 스스로 유망민들을 불러서 위로하고 왕을 위하여 부지런히 일해 공을 세웠다. 그리하여 좌원(연타발이 터전으로 삼고 있던 곳)에 봉하여졌고, 다물 34년 병인년(기원전25년) 3월 나이 80세로 죽었다." —『환단고기』고구려본기6

연타발은 고향 졸본에서 압록강 유역의 갈사(옥저) 지역을 비롯한 주변 여러 나라를 오가며 장사를 하여 재물을 모았다. 주몽이 졸본에 도래하였을 때에 이미 거만금을 가진 거부였다. 따라서 주몽이 졸본에 갔을 때 졸본부여에서 가장 강력한 토착 세력인 계루부의 부족장인 연타발에게 도움을 청하였을 것이다. 또 연타발은 주몽을 보자 한 나라의 지도자로서 손색없는 인물이라고 판단하고 딸 소서노를 주몽에게 시집보냈으며 주몽이 나라를 세우는 데 그 동안 쌓아온 명성과 재물을 바탕으로 큰 도움을 주었다.

여기까지는 상식상의 보편적인 내용이다. 그런데 고구려 건국 이후 연타발의 행동이 이상하다. 연타발은 자신의 근거지인 졸본을 버리고 구려하로 자리를 옮겨 버린다. 그리고 그곳에서 고기잡이와 소금장사를 하면서 새로운 사업에 뛰어든다. 연타발은 고구려 건국의 일등공신이고, 왕의 장인이다. 그는 이런 지위나 권력관계를 이용하여 고구려의 이권을 독식하고, 손쉽게 큰 재물을 벌어들일 수 있었다.

그러나 그는 새로운 나라를 세운다는 자신의 목표가 성취되자, 미련 없이 막대한 기득권을 털어버리고 새로 사업을 시작하였다. 보통 일정수준 이상 뭔가를 성취한 사람은 자기가 성취한 것을 버리고 새로운 것을 개척하려 나서기가 쉽지 않다. 그것에 안주하기 쉽고, 늘 하던 방식대로 편하게 일을 하고 싶은 것이다. 하지만 연타발은 그런 유혹을 뿌리치고 대상인의 길을 갔다. 성패가 불확실한 새로운 사업에 뛰어들고, 미지의 시장을 개척하는 것은 오직 상인으로서의 투철한 신념과 의지에 의해서이다. 바로 이것이 대상인의 혼이고 정신인 것이다.

구려하로 간 연타발은 사업에 전념하여 그곳에서 또 다시 큰 성공을 이루었다. 뿐만 아니라 고구려가 북옥저를 칠 때 양곡 5,000석을 보내 주었고, 전쟁터의 유망민을 돌보는 등 나라와 사회를 위해 봉사하였다.

연타발은 고구려 시조 주몽의 장인일 뿐 아니라 백제 시조 온조왕의 외할아버지가 된다.그러므로 고구려와 백제가 이 땅에 선 밑바탕 주춧돌에 연타발이 있는 것이다. 따라서 연타발이 주몽을 택하고 주몽을 도와 고구려를 건국한 것은 장사 수완이 비상하게 뛰어난 상인의 상술, 즉 사업가의 큰 안목으로 앞날을 내다본 대단한 투자라고 할 수 있다.

하지만 연타발은 정치권력에 미련을 두고 안주하지 않았다. 대상인의 길을 흔들림 없이 걸어갔다. 연타발은 우리나라 상인의 원조로 우러러 볼만한 지혜와 용기 그리고 덕을 갖춘 위대한 대상인이었다.

4. 삼국의 상인들

고구려·백제·신라 삼국시대는 한 마디로 정리하면 '전쟁의 시대'라고 말할 수 있다. 서기 1세기부터 삼국은 주변의 소국들을 통합해 나가면서 전쟁의 시대를 열었다. 이후 4~5세기가 되면 삼국은 소국들을 모두 합병하고, 서로 국경을 마주하게 되었다. 이때부터 삼국은 서로 끊임없이 전쟁을 벌였다. 고구려·백제·신라는 서로 사활을 건 전쟁에 휩싸였으며, 그 와중에 북방 유목민, 왜, 중국의 침략을 물리치고 대비해야 하였다. 또 그러면서도 끊임없이 내부분열의 위험이 생기고 반란이 일어났기 때문에 여기에도 대비해야 하였다. 따라서 삼국은 수백 년 동안 전시체제나 다름없었다고 보아도 된다.

전쟁은 예나 지금이나 나라의 힘을 총동원하는 총력전일 수밖에 없다. 그러기 위해서는 부강한 나라를 만들어야 한다. 삼국은 실로 부강한 나라를 만들기 위해서 모든 노력을 다하였다. 농부는 열심히 농사를 짓고 장인은 기술을 개발하고 새로운 제품들을 만들어냈다. 상인들은 온갖 재화를 유통시키고 다른 나라와의 교역에 나섰다. 특히 상인들은 중국·일본과의 교역이 생명을 담보로 해야 하는 험난한 여정이었지만 마다하지 않았고, 때로는 치열한 전쟁터를 누비며 적진을 염탐하는 임무까지 수행하기도 하였다.

1. 상인의 성장

삼국시대에는 농업 생산량의 급속한 증대와 군수 산업의 눈부신 성장 등에 힘입어 상공업이 비약적으로 발전하였다. 국가 권력은 부국강병을 위해 수공업과 상업을 보호하고 장려해 나갔다. 특히 대외 교역에 나서는 상인은 교역을 통해 정부의 권위를 세워주고 이익을 가져다주기 때문에 왕과 귀족들로부터 지위를 보장받았다.

특히 왕은 상인들을 더욱 잘 대해주었다. 상인들의 활약으로 국가의 부가 증대되면 자연스럽게 왕권도 강화되었기 때문에 상인들은 왕권 강화를 위한 중요한 집단이었다. 왕은 상인들을 가까이 하였으며, 그들을 통해 먼 나라의 사정과 국제정세를 파악하기도 하였다. 상인들의 활약과 부국강병으로 강해진 왕권은 중국의 황제와 대등한 권위와 위상을 갖추었다.

이렇게 왕의 권세와 위상이 높아지면서 왕은 웅장하고 화려한 궁궐을 짓고 눈부신 수레, 황금 모자와 옷, 그리고 보석과 금은으로 세공한 각종 위세장식품으로 자신을 화려하게 치장하였다. 또 향수·향신료·차 등의 기호품을 즐겼다. 따라서 왕은 자기 나라에서 위세장식품이나 기호품을 장만하지 못하면 상인들에게 그것을 구해 오도록 요구하였고, 상인들은 이들 물품을 말로만 듣던 먼 나라까지 가서 구해 왔다.

왕은 능력 있는 상인을 관리에 등용하고 가까이 두었다. 상인출신 관리는 국제정세나 세상물정에 밝아 정치에 도움이 되었다. 또 국가의 재정 규모가 커지고 왕실의 재산이 증대되자 정부와 왕실은 더 효과적인 재정관리가 필요하였기 때문에 이를 위해서도 실력 있는 상인을 관리로 채용하였다. 예를 들어 신라 첨해왕은 249년 지금의 경주시 감포읍 지역 사람인 '부도(夫道)'라는 사람을 왕실의 회계 책임자로 발탁하였다. 부도는 수학 실력이 뛰어났고 글씨도 잘 썼다. 당시 동해안의 감포읍 지역은 경주로 들어오는 신라 해상상업의 중심지였다. 따라서 부도는 상술을 폭넓게 익힌 유능한 상업 종사자로 이름이 나 왕실에서 재산관리 책임자로 뽑았던 것이다.

　　귀족들도 개인적으로 상인을 등용하였다. 삼국시대 귀족들은 귀족으로서의 특권을 향유하는 대신 자신의 가병(家兵)을 거느리고 전쟁터에 나가 목숨을 걸고 싸우는 전사로서의 의무를 다해야 하였다. 귀족들은 전쟁에 나설 가병을 양성하고 말을 먹이는 데 드는 전비와 물자를 효율적으로 조달해야 하였다. 이에 계산이 빠르고 상거래에 소질이 있는 자에게 재물 관리를 맡기고 때로는 외국이나 타 지역과의 교역에 종사시켰다. 심지어 비록 노예일지라도 재능이 있는 자는 발탁해서 일을 맡겼는데 오늘날 이들을 상업 노예라 이르기도 한다.

　　삼국시대에 상인들은 국가와 지배권력에게 매우 중요하고 요긴한 이들이었다. 그래서 상인들에 대한 신분적 제약이나 차별은 없었으며, 누구나 상인이 될 수 있었고, 누구나 상업을 영위할 수 있었다. 고구려의 미천왕은 왕위에 오르기 전에 소금 장사를 하였고, 신라의 석탈해 왕은 철을 생산하여 팔았다. 서동요로 유명한 백제의 무왕은 마를 캐다 시장에 내다 팔았다. 이것은 삼국시대에는 비록 시장 터에서 장사를 하며 살아간다 해도 그것이 흠이 되거나 신분 상승에 장애가 되지는 않았다는 사실을 증명해준다.

　　이제 왕권이 강화되고, 중앙집권화가 되면서 왕궁이 있는 수도는 거대한 도시가 되었다. 이는 곧 큰 규모의 상거래와 교역이 벌어진다는 것을 의미하고, 중앙 정부는 활발해진 상거래를 통해 통행세를 비롯한 각종 세금을 거둬들여 재정을 튼튼하게 하였다. 또한 중앙 정부는 규모가 커진 상업과 교역을 관리하기 위해 관청을 두었다. 이들 관청은 시장의 개폐, 세금과 벌금의 징수, 도량형의 사용, 불량품 판매의 단속, 도둑질 등 범죄 방지와 시장의 질서를 유지해 나갔다. 또 왕실과 정부에서 쓸 물품을 조달하고 잉여물품을 매각하는 업무를 수행하였다.

　　이렇게 상업이 크게 발달하자 상업의 이익을 독차지하려는 왕실과 지배계층들은 대외 교역을 철저히 국가의 감시 아래 두려고 하였다. 국가의 감시를 통해 지배계급의 더 많은 기득권을 확보하려는 시도였다. 각국은 국경을 봉쇄하고 통행을 제한하였다. 그러나 국가의 감시가 아무리 엄하다 해도 상인들의 은밀한 왕래를 묶을 수는 없었다. 상인들은 생명을 담보로 하는 위험이 있다 해도 밀무역이 가져다주는 막대한 이익을 버릴 수 없었다. 주목할 점은 밀무역은 전쟁 시기에도 이루어졌다는 것이다. 삼국 간에 전쟁이 일어나면 상대방 나라의 풍물과 지세에 밝은 상인들이 강제 동원되어, 염탐 또는 정찰의 임무를 띠고 적국에 침투하였다. 그런 와중에도 상인들은 밀거래와 밀무역을 벌였다. 전쟁 중의 비밀 상거래는 위험 부담이 극심한 만큼 더 큰 이익을 가져왔다.

2. 수공업의 발달

상인과 상업을 얘기하면서 꼭 짚고 넘어가야 하는 산업이 있다. 바로 물건을 생산하는 공업이다. 당시는 기계 공장이 없었기 때문에 공업은 모두 손으로 만드는 수공업이었다. 상인들은 대개 수공업자들이 만드는 물건을 가지고 1차적으로 상업 활동을 한다. 결국 상인과 수공업자들은 긴밀한 관계에 놓일 수밖에 없다.

그 당시 가장 발달한 수공업은 역시 전쟁의 시대답게 군수산업이었다. 특히 군수산업의 근간인 철 제련업은 하루가 다르게 발전하였다. 철로 만든 무기의 양과 질이 전쟁의 승패를 좌우하였다. 군대는 갑옷과 방패·칼과 검·창·도끼 등 개인무기뿐 아니라 말 갑옷, 말발굽, 말안장, 발걸이 등 기병의 무장을 철제로 바꾸었다. 그러므로 당시는 질 좋은 철의 확보와 신무기를 만드는 기술이 국력의 척도였다.

가야의 갑옷

뿐만 아니라 철 제련업이 발달하면서 자연히 농기구의 수준도 높아졌다. 강력한 철제 농기구를 통해 땅을 더 깊게 파면서 농업생산성이 향상되었다. 게다가 농기구의 대량생산이 가능해져 농지가 확장되고, 농업인구가 크게 늘어났다.

그러면 당시 삼국의 금속기술은 어느 정도 수준이었을까? 고구려는 중국과 경쟁하면서 선진문물을 빨리 받아들였고, 또 중국과 싸워 이기기 위해서 무엇보다 우수한 철제 신무기가 필요하였다. 그래서 삼국 중 가장 빨리 철제련업을 발전시켰다. 또한 고구려는 금속가공업이 발달하였다. 고구려 고분 연와총에서 발굴된 동칼·동창은 고대 금속품 가운데 가장 뛰어난 것으로 평가되고 있다. 뿐만 아니라 거울·마구·구슬·불상 등에서 금속 공예술이 놀라운 경지에 이르렀다.

신라도 역시 철 생산 기술이 뛰어났다. 신라는 이미 1~2세기에 높은 수준의 철 생산기술을 확보한 것으로 밝혀졌다. 신라는 양질의 철을 대량으로 생산하여 이웃 부족국가와의 전쟁에서 승리할 수 있었다. 또한 앞서 설명한 가야는 일찍 질 좋은 철을 생산해서 수출하는 단계에 이르렀고, 백제도 역시 철기 제조기술이 매우 발전하였다. 이와 같이 삼국은 철 제련 기술을 발전시켜 나갔다.

삼국에서는 철기 제조기술 말고도 직물 수공업도 매우 발달하였다.

이것이 삼국에서 크
게 발달한 이유는 베
가 세금으로뿐 아니
라 교환시장에서 현
물화폐로 쓰이기도
했기 때문이다.

평안남도 용강군
에 있는 고구려 고분
쌍영총에 그려진 길
쌈하는 직녀도는 고
구려 직물수공업의
발달을 입증시켜 주

최상품의 유리가 출토된 익산 미륵사지탑

고 있다. 또 무덤 벽화의 직녀도는 당시 직조가 사회적으로 비중이 매우 컸던 현실을 반영하고 있다고 할 수 있다.

백제 역시 직물수공업이 발달하였다. 『삼국지』에는 백제의 직물 수공업에 대해 '누에를 쳐서 비단을 만들어 입을 줄 안다. 금과 은 그리고 비단이나 수놓은 비단도 귀하게 여기지 않았다.'라고 기록하고 있다. 백제의 직물수공업이 얼마나 발달하였는지 짐작할 수 있는 부분이다. 백제는 일본에 직물기술을 가르쳐주어 일본이 처음으로 옷감 만드는 법을 알도록 해주었다.

신라도 길쌈을 장려하였다. 신라는 한가위 날 경주의 6부족을 모아 길쌈 대회를 열었다. 나라에서 길쌈 대회를 열 정도로 직물수공업을 매우 중요하게 여긴 것이다.

이 외에도 삼국의 수공업은 여러 분야에서 상당히 발달하였다. 백제의 최대 사찰이었던 익산 미륵사지에서는 1991년에 유리가 출토되었는데, 이 유리를 분석해 본 결과 이 유리는 한반도에서 채취한 모래와 납을 주성분으로 한 우수한 납유리였다. 유리는 대개 외국에서 수입한 것으로 알고 있었는데, 이를 통해 최상품의 값비싼 유리를 직접 제작한 사실이 밝혀졌다.

신라 역시 수공업이 고도로 발달하였다. 신라는 고도로 발달한 수공업을 과시하기 위하여 '만불산'이라는 것을 제작하였다. 만불산은 오색 융단 깔개 위에 침단목을 두고 이에 명주·미옥 등으로 각종 조각을 장식한 높이가 1장(3m)쯤 되는 모형 산(山)이다.

이 「만불산」에는 기암괴석이 있고 그 사이사이 동굴과 모서리 구역마다 금과 옥으로 새긴 온갖 화초와 수목, 벌과 나비 등의 조각을 장식하였는데 마치 살아 움직이는 듯하였다. 그리고 암자·전각·누각 등이 알맞게 세워졌고, 좁쌀 크기 또는 콩 반쪽만한 크기의 불상 만 개가 곳곳에 안치되었다. 또 세 개의 종과 1,000여 명의 승려 인형이 있어 바람이 불면 종이 울렸고 승려들이 염불하는 듯하였다. 이 만불산은 당나라 황제 대종에게 바쳐졌는데, 대종은 이를 보고 '하늘이 만든 것이지 인간이 만든 것이 아니다'라며 신라의 기술력에 크게 감탄하였다.

3. 상인과 장인이 우대받는 사회

그러면 수공업 기술을 가진 장인과 상인은 어떤 관계가 있었을까? 장인들은 본래 가능하면 모든 것을 자기가 하길 원한다. 원료의 채취와 구입 그리고 제조품의 운반과 판매까지도 장인들은 스스로 하길 바란다. 그러나 다량의 제품을 다뤄야 하고 상거래에 서투르며 가격 변동이 심한 시장 상황에 밝지 못한 탓에 상인의 도움을 받아야 하였다. 상인의 도움 없이 혼자서 하려다가는 낭패를 보기 쉬웠다. 또 상인은 원료와 중간 소재를 조달해 주거나 완성품을 처분해주는 대가로 이득을 올릴 수 있어, 장인은 돈을 벌게 해주는 고마운 존재였다. 따라서 상인은 장인에게 선도 자금을 대어주거나 외상으로 원료를 구해주기도 한다. 이렇게 장인과 상인은 서로 윈-윈 하는 상생관계를 이어 간다.

또한 일부 상인들은 기술을 배워 장인이 직접 되기도 하였으며, 역으로 장인들 가운데 일부는 직접 상인이 되어 장사를 하려 돌아다녔다. 이렇게 서로 업종을 쉽게 바꿀 수 있을 정도로 장인과 상인들은 가까운 사이였다. 이를 잘 설명해 주는 재미있는 예가 하나 있다.

신라상인 윤청, 장언, 진평 등 20여인이 신라와 일본을 왕래하며 무역하다가 공물을 약탈하였다는 협의를 뒤집어쓰고 일본에 잡혀 강제 구금되었다. 당시 일본은 윤청, 장언, 진평 등이 기와를 굽는 기술이 뛰어 난 것을 알고 신라로 돌려보내지 않고 억류시켰다. 그리고 일본인들에게 기와 굽는 기술을 가르치도록 강요하였다.(『일본 삼대실록』, 권17, 권18) 아마 이들은 기와 굽는 기술을 배운 상인이었거나, 이제 막 상인의 길로 접어든 기와 장인들이었을 것이다.

그렇다면 당시 상인과 장인들의 신분상의 지위는 어떠하였을까? 결론적으로 장인과 상인은 서로 전업이 가능할 만큼 지위가 비슷하였다. 우리가 아는 조선시대에는 사농공상이라고 하여 장인(공)과 상인(상)이 맨 끄트머리에 위치하고 있었다. 그렇다면 삼국시대에는 그 위치가 어땠는지 살펴보자.

신라는 폐쇄적 신분제인 골품제 사회였다. 신라의 골품은 왕족과 귀족으로 성골과 진골이 있었고, 그 아래로 6두품에서 1두품까지 6단계의 계급이 있었다. 6두품은 일반 관직으로는 최고위 지위까지 오를 수 있었다. 5

다리(多利) 작명 은제 팔찌, 지름 14cm 국립공주박물관 소장.

두품은 중간 정도의 관직에 오를 수 있었다. 4두품은 일반 백성들과 크게 다르지 않았지만, 그래도 관직에는 오를 수 있었다. 3두품 이하는 일반 백성들이다. 다만 3두품과 2두품, 1두품 사이에는 어떤 차이가 있었는지에 대해서는 아직 확신할 만한 자료가 없다.

중요한 것은 신라는 각 골품 등급 안에서 관리, 상인, 장인, 농부 등 사회적 직업에 따른 차별을 전혀 두지 않았다. 어떤 특정 직업의 일을 한다고 해서 그 골품 안에서 무시당하거나 골품이 떨어지는 일은 없었다. 그러므로 일반 백성들 가운데도 상인이 있었고, 진골과 6두품, 5두품 가운데도 상인이 있었다.

하지만 대개 장인들 가운데 기술력이 뛰어난 사람은 6두품~5두품으로 하고, 지방에 거주한 장인들을 4두품으로 하는 것으로 봐서 상인들도 비슷한 지위에 있었을 것으로 보인다.

신라 장인들은 높은 대우를 받았으며, 그에 따른 자부심과 긍지를 가지고 있었다. 신라 장인들은 그가 만든 제품에 자신의 관등과 이름을 또렷이 남기고 있다. 1994년 1월 6일에 발견된 '남산신성 제10비'에는 내정, 영리지 등 장인의 이름이 새겨져 있고,『삼국유사』에는 분황사의 약사여래본존상을 본피부의 장인 강고내말(強古乃末)이 주조하였다고 기록되어 있다.

백제에서도 신라와 마찬가지로 장인을 우대하였다. 1971년에 발견된 무령왕릉에서 출토된 왕비의 은제 팔찌는 그 안쪽에 다리(多利)라는 제작자의 이름이 또렷이 명시되어 있다. 이 팔찌는 왕비가 죽기 6년 전인 520년에 만들어진 것으로 당시 고급 기술자는 왕비의 팔찌에 자신의 이름을 새겨 남길 수 있었을 만큼 사회적 위상이 대단하였다.

삼국시대는 기술을 제대로 갖춘 사람이 장인으로 성공하여 이름을 떨칠 수 있는 사회였다. 조선시대에는 멸시받던 장인이 삼국시대에서는 평민보다 우월한 지위에 있으면서 능력을 마음껏 발휘할 수 있었고 그에 합당한 대우를 받았다. 물론 상인들도 장인들과 비슷한 지위를 유지하였다. 삼국이 매우 오래된 고대국가이지만, 찬란한 문화를 발전시킬 수 있었던 것은 장인과 상인에 대한 충분한 대우가 있었기에 가능한 것이었다.

[상인의 노래 정읍사(井邑詞)]

우리나라에는 예로부터 전해오는 아름다운 상인의 노래가 있다. 백제에서 유행하여 그로부터 천년이나 지난 조선시대까지 궁중과 민간에서 실제로 애창되었던 정읍사가 바로 그것이다. 가사 원문을 현대어로 고쳐 쓰면 다음과 같다.

달하 높이곰 돋으사
어기야 멀리곰 비취시구려

어기야 어강됴리 아으 다롱디리

저자에 가셨는가요

어기야 진데를 디디올세라

어기야 어강됴리

어느이 다 놓으시구려

어기야 내 가는데 저물을세라

어기야 어강됴리 아으 다롱디리

정읍사는 백제의 가요 중에서 현존하는 유일한 노래이다. 정읍사는 1493년에 지어진 노래책 『악학궤범』 제5권에 한글로 수록되어 있다. 세종대왕의 훈민정음이 1446년에 제정되었으므로, 정읍사의 원문은 훈민정음의 한글로 쓰였다. 따라서 정읍사는 한글로 전하는 가요 중에서 가장 오래된 노래이다.

정읍사는 정읍현에 사는 행상의 아내가 장사하러 나간 남편이 오래도록 돌아오지 않자 해가 저물어가는 무렵, 뒷산에 올라 남편을 기다리며 부르는 노래이다. 날이 저물어 가는데 저자거리 사람들이 남편을 붙잡아 두지 않기를 소원하며, 혹시 돌아오는 길에 진흙 펄이나 젖은 곳을 밟아 미끄러져 다칠까 염려하는, 한없는 애정과 멀리 떠나보낸 남편을 기리는 애절한 심정이 담겨 있다.

정읍사의 주인공은 이곳저곳을 떠돌아다니며 장사하는 행상이다. 행상은 나그네 장사꾼이라는 뜻으로 여상(旅商)이라고도 한다. 일반적으로는 가까운 이웃 마을을 돌아다니는 영세한 보따리 장사꾼을 지칭하지 않고, 지방의 5일장 등 먼 거리를 순회하며 장사하는 상인을 일컫는다.

정읍사에는 고대 삼한시대의 시장과 상인의 모습이 담겨 있어 의미가 깊다. 이 노래는 『악학궤범』에 노래 이름이 '정읍(井邑)'이라고 적혀 있으나 '사(詞)'자를 뒤에 붙여 '정읍사'라 부른다. 그리고 노래의

곡 '정읍'은 국악 합주곡으로 수제천, 빗가락 정읍이라고도 한다. 이 음악은 왕이 거둥할 때 행차에 맞추어 분위기를 자아내는 것이어서 일정한 박자가 없이 자유로운 리듬으로 진행 된다. 왕의 걸음이 그렇듯이 곡조의 빠르기가 대단히 완만하고 장중하다.

그러면 왕의 거둥 때 쓰는 음악의 곡명을 하필이면 왜 정읍이라고 하였을까? 정읍은 삼한시대에는 마한 54개국 중 '초산도비리국'이 있던 곳이고, 백제 때 고부군 시산현과 인의현으로 나뉘었다가, 통일신라시대 경덕왕 16년(757)에 이름을 정읍으로 바꾸었다. 따라서 일단 정읍사는 이 지역에 전해오던 구백제의 노래가 지역 명칭이 정읍으로 바뀌자, 노래 이름이 지역 명칭을 따라 정읍으로 불리어졌을 가능성이 높다.

옛날 무리사회 시대에 상거래는 무리가 이동하면서 우연한 기회에 부정기적으로 이루어지거나 또는 어떤 일정한 시기에 특정한 지역에 모여서 거래하였다. 특히 유목민의 경우 특정한 거래 지점은 대개가 우물이 있는 곳이었다. 우물이 있다는 것은 일종의 오아시스 같은 것으로, 여러 유목민이 모여 물을 얻고 충분히 쉬면서 거래할 수 있는 것이다.

그리하여 무리사회가 부족국가로 발전하면서 공식적인 시장이 만들어지기 전까지는 대게 큰 우물가에서 사람들이 모여 일상용품을 거래하였다. 이에 우물(井)이 시장으로 발전되자 시정(市井)이란 이름이 생겼다. 그러므로 정읍의 정(井)이란 말에는 시장이라는 장소의 뜻이 담겨 있다.

정읍사의 노래가 삼한시대부터 그와 유사한 노래가 불리어 오던 것이 백제 고·중기에 정형화된 것으로 본다면, 노래 정읍은 옛날 삼한시대의 시장 음악이라고 볼 수 있다. 즉 삼한의 '초산도비리국'은 마한의 교역 중심지로 큰 시장이 정기적으로 개설되었고, 시장이 서면 부족장이 시장거리를 시찰하려 거둥하였는데, 부족장의 거둥에 맞추어 분위기를 돋우는 음악의 장단과 리듬이 정읍사의 원형일 수 있는 것이다.

삼한시대 '초산도비리국'의 시장에서 상인들이 즐겨 부르던 노래, 부족장이 시장을 둘러볼 때 연주되었던 악곡 등이 전래되어 오다가 지역 명칭이 정읍으로 바뀌자, 자연스럽게 노래 이름이 지역 명칭을 따라 정읍으로 불리어진 것이다.

[상인은 어디에서 유래하였을까?]

상인(商人)은 우리말로는 장사꾼 또는 장사치이다. 그러면 상인이란 말은 어디에서 어떻게 생겼을까?

상인이란 말은 고대 상(商)나라로부터 유래한다. 상나라는 흔히 은(殷)나라라고 하는데 기원전 1046년에 주(周)나라에게 멸망당하였다. 이 때 주나라가 상나라 사람들의 토지를 빼앗고 주지 않으므로, 상나라 사람들이 살기 위해서 행상 길에 나섰고, 이에 상인이란 말이 생겨났다. 즉 행상하는 상나라 사람이란 말이다. 따라서 상인이란 말에는 나라를 잃은 한이 서려 있고, 옛 조국에 대한 신의와 지조가 담겨 있다.

중국에서 상인의 신분상의 지위는 처음에 상당히 높았다. 국가가 생기기 전 제정일치 시대에는 하늘에 제사를 올릴 때 제사에 쓰는 물품을 조달하는 사람을 고(賈)라고 불렀다. 이들은 성직자 신분으로 지배계급이었으며 존경받았다. 그러나 제정일치 시대를 지나 고대국가로 발전하면서 제사 의식이 축소되자, 고는 제사물품이 아닌 국가의 관영물품을 구매하는 관상(官商.관에서 일하는 상인)이 되었다. 다음 관상은 도시에 시장이 설치되면서 일반 상인으로 분화되어 갔다. 이때부터 국가 권력은 이들을 통제하고 벼슬길로 진출하지 못하게 하는 등 차별하기 시작하였다.

하지만 춘추전국시대(BC 770-BC 221)에는 각국이 경쟁적으로 부국강병책을 추진하면서 상인의 역할이 중요시 되었고, 상인이 우대받는 상인의 시대가 열렸다. 그러나 중국을 통일한 진나라 · 한나라 시대에 이르면 상인은 철저히 통제받는 존재로 전락한다. 권력지배층이 상인들을 도전 가능한 세력으로 보고 철저히 억압한 것이다.

특히 당나라 초기에 차별이 극심하였다. 당나라는 상인이 비단옷을 못 입게 하였고, 옷 색깔도 흑색으로만 한정하여 일반인의 백색과 구별되게 하였다. 또 사는 곳도 일반인과 분리하여 시장에 울타리를 두르고 그 안에서 살게 하였다.

국가의 권력이 탄탄하고 전쟁이 없는 평화로운 시대가 되면, 권력층은 부를 가진 상인계층을 차별하고 그들을 권력과 격리시키며, 권력의 시녀 노릇을 하도록 사치금지법을 제정하는 등 갖가지 규제와 제한을 가한다. 사치금지법은 동서고금을 막론하고 대부분 상인을 주요 타깃으로 삼았다. 이는 큰돈을 번 상인들이 비싼 옷을 입고 화려한 마차를 타는 등 권력층의 권위를 침범할 수 있기 때문이다. 하지만 권력층의 세력이 약화되면 상인계층의 힘이 크게 발휘되었다. '재력은 신과 통할 수 있고 상인의 생활은 항상 다른 직업보다 부유하였기' 때문에 수천 년 역사를 두고 보면 상인은 결코 천시당하고 멸시당하는 존재가 아니었다.

상업이 발달한 중국의 산서 지방은 재주가 가장 뛰어난 자식은 장사를 하게 하고, 그 다음은 일반 서리가 되도록 하고, 중간 이하의 자식에게나 과거시험을 보게 하였을 정도로 상인에 대한 자부심을 가지고 있었다.

다음 순수 우리말인 장사에 대해 살펴보자. 국어사전에서 장사는 '이익을 위해 물건을 사서 파는 일'로 정의하고 있다. 그러므로 장사라는 말에는 '사고', '판다'라는 두 가지 의미가 있다. 따라서 장사는 '이익을 취하기 위해서 직업적으로 매매(賣買)하는 것'이라고 정의할 수 있다.

우리가 보통 자주 쓰는 매매(賣買)라는 말은 한자말이다. 그런데 한자 매매(賣買)를 읽을 때는 분명히 '賣 - 판다, 買 - 산다'로 읽지만, 우리나라 사람들이 실제 거래할 때에는 거꾸로 '賣 - 산다, 買 - 판다'로 말하는 경우가 많다. 예를 들면 시골 농민들이 시장에 쌀을 팔러가면서 '돈 사러간다' 또는 '쌀 사러간다'라고 말하기도 하는 것이다. 왜 이렇게 반대로 말할까? 이렇게 반대로 표현하는 언어 습성은 옛날에 곡물을 화폐로 사용한 관습이 남아 있기 때문이다. 즉 쌀이 곧 화폐이므로 '쌀 판다'는 말이 '쌀(화폐) 산다'는 말과 같은 뜻으로 쓰이는 것이다.

다음으로 역시 순수 우리말인 저자에 대해서 살펴보자. 저자라는 말은 물건을 파는 '가게'라는 뜻과 물건을 사고파는 '장소'라는 두 가지 뜻을 가진다. 그러므로 저자는 물건을 사고파는 시(市)라는 뜻이고, 시전(市廛) 또는 시장을 의미한다.

따라서 시(市)에는 시장의 의미와 거래의 뜻이 있으므로 우리나라 단군 신화에서 환웅이 태백산 신단수 아래로 내려와 신시(神市)를 열었다 함은 신단수 주변에 시장을 열었다는 뜻으로 볼 수 있고, 또 연합한 부족 간에 교역 네트워크를 구축하고 신단수 근처에 대규모 정기시를 만들었다는 뜻으로도 볼 수 있다.

끝으로 중국 한자 商(상)은 원래 어떤 의미인지 알아보자. 한자 商은 갑골문(甲骨文)에서 어떤 종류의 건축물의 모습을 나타낸다. 商(상)의 밑에 있는 □은 물품을 저장하던 지하실을 표시한다. 중국 역사에서 商은 상나라 사람들이 세웠던 도읍을 일컫는다. 따라서 갑골문에서 나타난 商과 상나라의 도읍 商을 연계시키면 한자 商(상)은 상나라의 도읍에 세워진 신전과 같은 매우 중요한 건축물을 본 딴 것으로 추측할 수 있다.

이렇게 우리가 그저 쉽게 스쳐지나갈 수 있는 상인과 관련된 용어들은 그저 아무렇게 만들어진 의미 없는 것이 아니다. 역사의 흐름과 당대의 상황이 녹아들어가고 반영되면서 만들어진 단어들이다. 이제 우리는 과거 그저 사전적 의미로만 알고 넘어갔던 역사책 속에 상(商), 장사, 저자, 신시 등의 단어를 살펴보면서 새로운 사실에 눈뜨게 되고, 그 내용을 새롭게 이해함으로써 한층 더 깊이 상인의 역사에 다가갈 수 있게 되었다.

2부 해상무역시대의 대상인

1. 통일 신라의 번영과 상인

신라의 삼국통일로 평화의 시대가 열렸다. 고구려·백제·신라 사이에 무려 700여 년 동안 끊임없이 전개되어 온 갈등과 전쟁이 끝났다.

상인들에게 통일과 평화는 새로운 기회였다. 전쟁의 종식으로 전쟁 특수는 대폭 줄어들었지만 전후 복구 사업이 대대적으로 전개되고 영토의 확대로 경제영역이 대폭 확장되었다. 상인들은 예나 지금이나 전쟁의 종식과 평화의 도래를 반긴다. 물론 전쟁이 군수산업을 일으켜 돈 벌 기회를 제공하는 탓에 전쟁을 결코 마다하지는 않는다. 하지만 전쟁은 교역을 중단시키고 산업기반마저 파괴해 버리기 때문에 상인들은 안정적인 상업 환경을 조장해주는 평화를 바란다.

1. 삼국통일과 상인의 성장

신라의 삼국통일로 인한 영토의 확대는 상인의 입장에서 보면 상권의 확장과 같다. 신라 상인들은 전쟁으로 피폐해진 거래 지점들을 신속히 복구시키며 새로운 상거래망을 개척해 나갔다. 패전국 고구려와 백제 지역의 상거래망도 꼼꼼하게 연결시켜 나갔다. 새로 생긴 상권을 두고 상인들 간의 경쟁이 날로 치열해져 갔지만, 통일된 시장 영역이 워낙 넓어 경쟁보다는 오히려 협력이 중요시되었다. 상품의 매집과 보관, 운송과 매매대금의 결제 등도 시장이 커진 만큼이나 복잡해졌다.

대개 상업과 수공업은 역사 속에서 항상 비슷한 처지에 놓인다. 평화의 시대가 도래 하자, 상업과 마찬가지로 수공업 또한 크게 발달하였다. 이제 군수품 제작에 동원된 수공업자들이 농기구와 그릇·유기·솥 등 생활용구를 만드는 민영수공업자가 되었다. 칼·창 따위의 병기는 녹여서 호미·낫·괭이·도끼 따위의 철제 농기구로 바뀌어졌다. 이러한 철제 농기구의 대량 보급은 농업생산력을 획기적으로 높여주었다.

평화의 시대에 국가는 더 이상 전쟁을 핑계삼아 사람들을 징병하거나 노역을 부리지 않았다. 사람들에게는 생업을 위한 충분한 시간이 생겼고, 이를 이용하여 마포·모시·명주 등 일상생활용품을 생산하여 소득을 올렸다. 이로 인해 신라의 가내수공업은 크게 발전해 갔다. 뿐만 아니라 통일은 고구려·백제의 수공업기술을 통합하여 기술 수준을 끌어올렸고 새로운 부가가치를 생산하였다. 예를 들어 통일신라는 고급 견직물인 조하주와 어아주를 중국에 수출하였는데, 조하주와 어아주는 고구려가 중국에 수출한 특산품이었다.

민영수공업자의 생산 참여와 가내수공업의 활성화로 수공업품의 생산량이 대폭 증대하였다. 이들 수공업품은 시장에서 활발히 유통되어 상업의 성장을 가져왔다. 또 해외에 수출되어 국부를 증대시켰다.

시장의 통합으로 상거래의 규모가 커진 만큼 이익도 증대되고 쌓여갔다. 상인들은 풍요로워졌고 축적된 이익으로 상업세력은 큰 힘을 키울 수 있었다. 이 힘을 바탕으로 상인들은 더 큰 수익을 얻으려 중국과 일본 등지로 진출해 나갔다. 마침내 신라 상인들은 대양을 누비는 대상인으로 성장하였다.

2. 세계도시 경주

삼국통일 후 신라의 수도 서라벌(지금의 경주)은 대도시로 탈바꿈하면서 새로운 국제 상업도시가 되었다. 한때 넓어진 국토에 비해 수도가 한 쪽으로 치우쳐져 있어 달구벌(지금의 대구)로 천도할 것을 논의하였으나, 진골 귀족들이 반대하여 이루어지지 않았다.●

서라벌은 대단히 화려하고 눈부신 도시였다. 높이 80m가 넘는 황룡사 9층탑이 도시의 상징으로 그 위용을 뽐내었다. 반월성의 웅장한 궁궐과 도시 곳곳에 세워진 90여 개의 대사찰, 그리고 35개의 금입택(금으로 칠한 집)은 바둑판처럼 잘 짜진 도시 곳곳에 우뚝 서서 찬란히 빛났다. 도로에는 바삐 오가는 마차가 즐비하고 잘 차려입은 사람들로 붐볐으며, 시장거리는 세상의 온갖 물건들로 성황을 이루었다.

뿐만 아니라 서라벌은 모두에게 풍요로운 도시였다. 『삼국사기』와 『삼국유사』는 신라 전성기 때 성안에 초가집이 하나도 없고 집의 처마와 담이 서로 닿아 있었으며 밥 지을 때 집이 그을릴까봐 숯을 쓰고 나무를 때지 않았다고 기록하고 있다. 또 당시 부자들은 계절에 따라 봄에는 동야택, 여름에는 곡량택, 가을에는 구지택, 겨울에는 가이택 등 별장으로 옮겨 다니며 여유로운 생활을 즐겼다.

●신라는 삼국통일 후 지방 통치를 위하여 주·군·현 제도를 도입하고 현령까지 중앙관리를 임명하여 내려 보냈다. 또한 수도가 한쪽에 치우친 점을 보완하기 위해 지금의 김해·충주·원주·청주·남원 등 다섯 곳에 도시를 만들었다. 이들 다섯 도시를 5소경이라고 불렀다. 고구려·백제의 귀족과 유민을 강제로 이곳에 이주시켰고 신라의 중앙 귀족들도 옮겨가서 거주하도록 하였다. 5소경은 고구려·백제 유민들과 신라 귀족들이 정착하면서 점차 지방의 거점도시로 발전해 나갔다.

황룡사 9층탑. 박진호 제공

서라벌은 세계에서 보기 드문 계획도시이자 세계적인 상공업 도시로 성장하였다. 도시계획은 선덕여왕 때 시작되었다. 선덕여왕은 서라벌이 갈수록 커지자 도시계획에 착수하나 완성은 보지 못하였다. 그 완성은 문무왕의 몫이었다. 문무왕은 멸망한 백제·고구려의 유민들이 서라벌로 몰려들자 도시계획을 전면적으로 단행하여 이를 수용하였다. 그야말로 국제적인 신도시를 만들었다. 도시의 기본구도는 당시 세계 최고의 도시 당나라 수도 장안성을 모델로 하였다.

통일신라 수도 서라벌의 도시규모와 면모는 그간의 발굴조사와 출토 유물을 통해 밝혀지고 있다. 경주의 도시계획은 남북 5,400m, 동서 5,300m의 4각형에 도로망을 바둑판식으로 짰다. 남북으로 뻗은 중앙대로는 폭이 120m나 되었다고 한다.

다음, 경주의 인구는 최대 60만 명으로 보는 견해와 최소 17만 명으로 보는 견해가 있다. 여기에서는 17만 명으로 보고자 한다.

경주 17만 인구 중 상업과 서비스업에 종사하는 자가 얼마나 되었을까? 11세기 중국 송나라 수도 개봉은 인구 100만 명에 달하였는데, 이 중 상업과 서비스업 종사 인구를 총인구의 2분의 1, 순수 상공업에 종사하는 인구를 총인구의 10분의 1로 추정한다. 이 추정치를 서라벌 인구 17만 명에 적용하면, 서라벌의 상업과 서비스업 종사 인구가 8만 5천명이고, 순수 상공업 인구는 1만 7천명이 된다. 이 정도 규모의 상공업 인구는 국제적인

상업 도시로서의 도시 문화를 충분히 꽃피울 수 있는 인구 규모라고 할 수 있다.●●

　한편 인구 17만 명의 도시는 오늘날 현대 도시로도 중견 도시에 해당한다. 오늘날의 기준으로도 17만 명이 사는 도시는 식량과 부식 조달, 도로와 주택, 상하수도, 소방, 위생처리 등의 각종 도시문제가 해결될 수 있어야 성립 가능한 법이다. 또 이들 도시문제의 해결은 상공업의 발전 없이는 불가능한 일이다. 그러므로 결국 상공업 발전이 서라벌을 대도시로 성장케 하고 유지시켜간 원천이라고 할 수 있다.

3. 신라의 개방화와 사치산업

　통일신라는 우리나라 역사상 가장 찬란한 문화를 뽐내었던 나라이다. 신라는 대동강 이남의 한반도를 차지해 영토가 배 이상 커졌고 인구도 많아졌다. 그러나 국토가 넓어지고 인구가 증가한다고 해서 당연히 문화가 꽃피는 것일까? 그건 그렇지 않다. 찬란한 신라문화는 세계 최고를 꿈꾼 신라인의 긍지와 땀의 결실이다. 또 그 토대에는 실크로드를 타고 멀리 서역과 아라비아로 뻗어나간 신라상인의 투혼이 배어있다.

　원래 신라는 고구려나 백제에 비해 문화 후진국이었다. 법흥왕 때 이차돈의 순교를 계기로 불교가 공인되고 비로소 개방화의 빗장이 열렸다.

●● 지금까지 경주에서는 모두 20개소의 신라 때 조성한 도로가 발굴되었는데, 그 가운데 남북 방향으로 폭 23m 도로가 가장 넓었다. 이 도로에는 폭 15cm의 마차바퀴 자국이 여러 갈래 남아 있고, 도로 양편에 나란히 설치된 석축의 배수시설이 확인되었다. 그리고 황룡사지 남쪽에 있는 동서 방향의 도로는 폭이 16m, 도로에 접속된 골목길의 폭은 5.5m인 것으로 밝혀졌다.

다음 진흥왕이 한강 유역을 차지한 뒤 당나라와 교류를 트자 선진문물이 본격적으로 유입되었다. 이때에 이르러 신라는 국제화와 개방화의 길을 내딛고 문화 선진국으로 발전해 나갔다.

신라의 당 문화 유입은 대단히 파격적이었고 과단성 있게 추진되었다. 예를 들어 의복의 경우 김춘추(태종무열왕)는 진덕여왕 2년(648년)에 당에 가서 백제와 고구려를 치는 군사동맹을 맺으면서 당 태종에게 예복을 당의 방식을 차용하겠다고 청하고 허락을 받았다. 그리고 귀국길에 당의 예복을 가져와 진덕여왕 3년(649년) 정월부터 입기 시작하였다. 또 신라는 15년 뒤 문무왕이 여인들까지 당의 복식으로 바꿔 입게 하였다.

신라가 의복을 중국식으로 바꾼 것에 대해 주체성이 부족하다는 비난이 따를 수 있다. 물론 김춘추의 행위는 당나라와의 결속을 기하며 군사원조를 받아내려는 외교 술책일 수 있다. 그러나 단순히 그렇게만 여길 수는 없다. 그것은 김춘추 단독행위가 아니고 그와 함께 삼국통일의 과업을 이루고자 하는 세력이 신라를 개방사회로 이끌며 크게 변혁시키려 한 정책이었기 때문이다.

김춘추는 고구려·백제·당·일본에 가서 외교를 펼쳤다. 외국 문물을 직접 몸으로 체험한 국제적인 안목을 갖춘 외교가였다. 따라서 김춘추의 복제개혁은 신라사회를 근본적으로 변혁하기 위해서는 사람들이 가장 집착하는 습성 중의 하나인 의복부터 바꾸어야 한다는 생각에서 나온 것이다. 또 그것은 오늘날 개방화 근대화의 영향으로 서양 옷을 입듯이 선진 당나라 옷을 입으려 한 것이다.

신라는 통일전쟁에 승리한 뒤 정부 조직을 당나라 제도로 바꾸어 나갔다. 수도 경주를 국제적인 계획도시로 탈바꿈시켰다. 신라는 세계 최고를 꿈꾸며 당나라 문물을 폭넓게 받아들였다. 당시 당나라 유학생 중 신라 유학생이 가장 많았던 것도 세계 최고가 되고자 하는 신라인의 도전이었다.

신라 토용에 보이는 당나라풍 복식. 경주국립박물관

당나라로부터 유입된 학문, 종교, 행정제도 그리고 수공업 기술 등 선진 문물이 신라인을 자극하였고, 신라상인들은 세계 제국인 당을 통해 국제시장으로 진출해 나갔다. 서역으로 가는 실크로드, 인도와 중앙아시아로 가는 남방 해상 실크로드 등을 따라 교역을 적극 전개해 나갔다. 그리하여 신라는 국제 무역국으로 부상하고 아울려 국제적인 대상인의 출현을 보았다. 다음에 이야기할 김태렴과 장보고 같은 사람이 바로 그들이다.

통일 이후 신라는 사치산업이 크게 성장하였다. 멸망한 고구려·백제의 전리품은 신라 왕실과 귀족들을 부유하게 하였고 신라 관리들은 고구려·백제 지역의 행정 책임자로 임명되어 그들도 부유해졌다. 그리고 평화시대를 즐기며, 마음 놓고 농사와 가내수공업에 전념한 결과 농민들도 꽤나 부유해지고 있었다.

통일이 되자 전시의 근검과 내핍 분위기는 슬그머니 자취를 감추었다. 왕실과 귀족들은 전시용 갑옷을 벗고 화려한 옷으로 바꿔 입었다. 마차도 뻔적이게 치장하였다. 소득이 늘어난 일반 백성들도 전시에 쓰든 질박한 물품을 외면하고 질 좋은 사치품을 선호하였다.

이와 같이 평화는 사치의 시대를 열었다. 그리고 사치수요 증대는 수공업의 획기적인 발전을 가져왔고, 또 이는 대외 무역의 성장으로 이어져 갔다. 신라인들의 사치스런 생활이 수공업과 상업 그리고 대외 무역의 발전을 촉진시켰다. 궁극적으로 사치수요가 신라 경제를 도약시키는 진정한 기폭제 역할을 하였고 신라 경제는 사치산업이 이끌어 갔다.

한편 골품제 신분사회인 신라에서 일반 백성이 사치하면 얼마나 하겠느냐는 의문이 있을 수 있다. 물론 당연한 의문이다. 하지만 신라 사회의 전반적인 사치 수준을 고려하면 얘기가 달라진다.

신라는 골품의 신분에 따라 의복·수레·가옥·생활용기 등에 차등을 두었다. 그 형식과 자재, 크기와 규모, 장식까지도 엄격히 차별하고 제한하였다. 보통 이것을 두고 신분제의 부당함을 얘기하지만, 일단 그건 그대로 접어두고 차별한 내용을 자세히 살펴보면 당시 신라인들이 얼마나 화려한 사치생활을 즐겼는지를 금방 알 수 있다.

신라의 사치문화 수준은 834년 흥덕왕이 내린 사치금지령을 통해 알수 있다. 신라 정부는 사치금지령을 내려 호화 사치를 금지하고 외래품 사용을 강력히 규제하였다. 이 사치금지령은 진골 남자와 여자, 4~6두품 남자와 여자들이 의복·수레·가옥 등에 사용을 금지하는 재료와 물품을 세세한 것까지 열거하고 있는데, 이것이 빈틈없이 지켜졌을지는 의문이다. 어쨌든 그 금지하는 내용을 통해 당시의 신라인들의 사치스러운 생활을 상상할 수 있다. 『삼국사기』에 기록된 수입품의 규제 내용만 하더라도 아래와 같다.

"목수건을 털로 짤 때 공작 꼬리, 비취모(캄보디아 등 남방에서 사는 비취새의 털)의 사용을 금지한다.

머리 빗과 모자 등에 슬슬전(러시아 타쉬켄트산 푸른색 보석, 에메랄드로 추측한다)과 대모(보르네오·필리핀군도·자바 등지에서 잡히는 큰 거북 껍질)의 사용을 금지한다.

수레나 말안장에 자단(자바와 수마트라에서 나는 향기 나는 목재), 침향(참파와 수마트라에서 생산되는 향기 나는 목재)를 쓰지 못하고 수레에 대모를 붙여 장식하지 못한다.

수레 등에 사용하는 담요나 깔개로 구수탑등(페르시아 양탄자)과 중국 담요를 금하며 집 짓는데 중국 기와를 금하고 침향이나 대모도 장식하지 못한다."

신라는 비취모·대모·자단·침향을 캄보디아·보르네오·필리핀·자바·수마트라 등 남방지역에서 수입하였고 슬슬전·구수탑은 러시아 타쉬켄트 및 페르시아 등지에서 수입하였다. 물론 이 물품들은 신라상인이 직접 수입하였거나 중국 및 이슬람 상인들을 통해 수입되었을 것이다. 이렇게 신라인들은 온갖 나라의 고가의 사치품을 사용할 만큼 사치문화가 성숙한 나라였다.

한편 대도시 경주에는 귀족·승려·고급 및 하급관리·의사·수공업자·상인·화가·건축가·조각가·예술가·예능인 등 수많은 사람들이 살았다. 그리고 이들은 신변 경호인·하인·거리 청소원·마부 등 생계를 위해 일하는 단순 노동자를 고용하였다. 그리하여 도시의 소비 증대는 산업을 일으키며 도시로의 인구 집중을 가져왔고, 이는 다시금 사치소비수요를 일으키는 경제 순환이 이뤄졌다.

일반적으로 도시의 사치소비수요는 상업의 발전과 비례한다. 도시가 성장할수록 사치소비수요는 늘어나고, 그만큼 상업의 발전을 가져오는 것이다. 즉 사치는 개인의 입장에서 해로운 악이고 죄이지만 산업을 촉진시키기 때문에 전체에게는 이익을 가져온다. 모든 사람들이 사치하면 자본의 재생산과 자본 축적은 어찌하나 하는 우려는 기우에 불과하다. 도시의 사치소비에는 언제나 자본의 축적을 가져오는 검소한 사람들이 어느 정도 항상 존재한다. 왜냐하면 인간에게는 내일의 소비를 위해 오늘을 준비하는 기본 심성이 있기 때문이다.

또 사치는 소득 재분배 효과를 일으켜 도시를 키워 나가고, 사치품을 생산하는 사람과 서비스를 제공하는 사람들에게 일자리를 제공해 준다. 게다가 좋은 제품을 선호하는 소비자의 욕구는 생산노동자의 능력 발휘를 유도하고 노동의 질을 제고하여 궁극적으로 산업기술의 발전을 촉진한다. 이렇게 사치소비는 경제의 선순환을 유도하는 중요한 역할을 한다.

4. 무역대국 통일 신라

통일 신라의 수공업 제품은 세계 최고였다. 우수한 신라 제품은 중국과 일본 등지로 수출되었다. 신라는 중국과 일본의 중심에 서서 무역으로 국부를 키워 무역대국이 되었다.

신라는 건국 초기에 기술자를 대단히 우대하였다. 고구려와 백제가 가로막고 있어 대외 교역은 한계에 봉착해 있었고 믿을 것은 수공업 기술뿐이었기 때문이다.

통일 전 신라 제품의 우수성은 경주시 황남동에 있는 5~6세기경 고분 천마총의 출토물을 통해 알 수 있다. 1973년 천마총을 발굴하자 하늘을 나는 말을 그린 말다래와 함께 모두 1만 5천여 점의 유물이 쏟아져 나와 세상이 깜짝 놀랐다. 특히 말안장에 까는 깔개와 말의 배 양쪽에 늘어뜨리는 말 장식용 다래에 사용한 평견 직물이 주목되었다. 왜냐하면 사람이 입는 옷이 아닌 말 장식에 사용한 직물이 실의 굵기 및 밀도(평균 0.163mm, 157.5/

inch)가 조선시대의 명주 직물보다 훨씬 가늘고 밀도도 치밀하기 때문이다. 즉 신라는 1,000년 후의 조선시대 비단보다 섬세한 비단을 말 덮개에 사용한 것이다. 이렇게 우수한 수공업 기술은 바닷길이 열리자 우수한 수출품 제조로 이어졌다.

무역대국 신라의 모습은 오늘날 일본 동대사 정창원에 소장되어 있는 신라 물품을 통해 상상할 수 있다. 정창원에 소장된 신라 물품 가운데 가장 많은 것은 거울이고, 그 다음이 소방(蘇芳)이란 붉은 색의 염료이다. 정창원에 소장된 거울은 철로 만든 거울이 하나 있고 그 외는 모두 백동으로 만든 백동거울인데, 당시 일본에서는 백동을 생산하지 못하였다. 그러므로 정창원에 있는 동 또는 백동으로 만든 그릇, 소반, 수저, 물병, 화로, 촛대 등은 신라 제품이거나 신라가 중국에서 가져와 일본에 수출한 중계무역품이다.

특히 소방은 타이·미얀마 등 열대지방의 특산물이다. 당시 신라는 중계무역을 통해 소방을 중국과 일본에 공급하고 있었다. 이를 위해 신라는 정부에 소방전이란 전담 기관까지 두고 있었다. 정창원의 소방은 신라가 타이·미얀마의 소방 원료를 수입한 뒤 가공하여 일본에 수출한 것이다.

정창원 소장품 가운데 신라 명칭이 명확히 찍혀 있는 물품으로 먹이 있다. 현재 정창원에 보관중인 먹은 15자루이다. 이 중 길이가 16cm이고 배 모양을 한 원통형 먹이 두 자루 있는데, 한 자루는 먹의 중앙부에 '신라양가상묵', 또 한 자루는 '신라무가상묵'이라는 이름이 찍혀 있다. 여기서 '양가'·'무가'는 먹을 제조한 집, 즉 가문의 이름이다. 오늘날로 치면 기업의 이름이다. 신라에는 수출용 먹을 전문으로 생산하는 가문이 다수 있었고 이들은 자신의 상호를 국제시장에 내세울 정도로 명성을 얻고 있었던 것이다. 즉 당시 신라사회는 오늘날로 치면 고유의 브랜드를 내세워 기업 활동을 할 수 있을 정도로 영업의 자유가 보장된 경제 선진국이었다.

다음 정창원에 소장된 신라 유물 중에 당시 신라의 사회상을 밝혀주는 귀중한 문서가 있는 유물이 2개 있다. 1933년에 발견된 「신라촌락문서」와 1976년에 공개된 「사하리가반부속문서」가 그것이다.

「신라촌락문서」는 불교 경전인 화엄론을 감싸는 덮개 안에서 발견된 폐지 문서이다. 즉 화엄론 덮개를 만들 때 덮개 속을 채운 폐지이다. 이 폐지에 오늘날의 청주지역 4개 촌락의 인구, 호구수, 소와 말의 수를 비롯하여 뽕나무와 잣나무의 본수, 논밭의 면적 등과 이들의 증감 상황까지 적혀 있다.

「사하리가반부속문서」는 신라 사하리지역에서 생산된 가반에서 발견된 문서 쪽지를 말한다. 정창원에는 86세트 436개의 가반이 있는데, 그 가운데 4중 가반의 네 번째 그릇에 이 문서가 붙어있다. 이 문서에는 앞면에 축산물과 쌀·콩 등 공물 내용이 그리고 뒷면에 3명의 관리에게 곡물을 지급한 사실이 적혀 있다.

이와 같이 「신라촌락문서」와 「사하리가반부속문서」를 통해 당시 신라가 고도의 행정관리체제를 갖추었으며 생활용품뿐 아니라 불교 경전까지 일본에 수출하였음을 알 수 있다.

또 정창원에는 신라의 수출 내용을 밝혀주는 특별한 물품이 있다. 그것은 오늘날의 모직 담요와 같은 모전이다. 모전은 양털을 압축해서 만든다. 붉은 색·갈색·백색 등 색깔이 하나뿐인 단색의 모전을 색전이라 하고 꽃이나 나뭇잎 등 여러 가지 무늬를 넣은 모전을 화전이라 한다. 대개 길이 1.2m, 폭 1m 남짓한 장방형이고 법회나 강연장 등의 방석 또는 수레의 좌석 깔개로 사용하였다.

정창원에는 현재 이러한 모전이 50여 점 보관되어 있다. 그 중 색전 1매와 화전 1매에 물품 꼬리표가 부착되어 있는데 그 꼬리표에 한자가 먹으로 쓰여 있다. 그런데 일반적으로 모전 제품은 만리장성 밖의 지역에서 만들어졌고 서역과 교역이 활발하였던 수·당시대 무렵부터 중국에서 유행한 것이어서 서역 또는 중국 제품으로 보아 왔다. 하지만 정창원의 모전 꼬리표에 먹으로 쓴 한자는 중국식으로는 전혀 해석이 되지 않는다. 신라식으로 읽어야만 해석이 가능하다. 두 개의 물품 꼬리표를 신라어로 해석하면 다음과 같다.

> "자초랑택(紫草浪宅)이 (대가로) 자색의 색전을 1장,
>
> 염물(희망하는 물건)은 사나 (혹은) 면을 얻을 수 있도록"
>
> "(김)행권한사(行卷韓舍)가 대가로 화전을 1장,
>
> 염물은 면을 얻을 수 있도록"

여기서 자초랑택은 진골 귀족의 저택을 의미하고, 한사는 신라 17관등 중 제12관등인 대사의 다른 이름이다. 따라서 물품 꼬리표의 주인은 신라귀족이거나 고위관리임이 확실하다. 그렇다면 신라는 서역에서만 생산할 수 있다는 모전을 직접 생산한 것인가?

일반적으로 어떤 물품을 생산하려면 그 물품의 수요가 있어야 한다. 그것도 제조비용을 충당하고 이윤을 남길 만한 수요가 있어야 하며, 그에 미치지 못하면 그 물품은 외국에서 수입하여 쓰는 편이 경제적이다. 다시 말하면 물품 꼬리표가 붙은 모전이 신라 제품이고 신라에서 제작되었다면 신라의 국내 모전 수요가 그 만큼 충분히 존재해야 한다는 뜻이다. 또 신라의 국내 모전 수요가 상당하다면 당시 신라는 모전을 생산하여 국내 수요에 충당하고 수출까지 하였던 것이 된다.

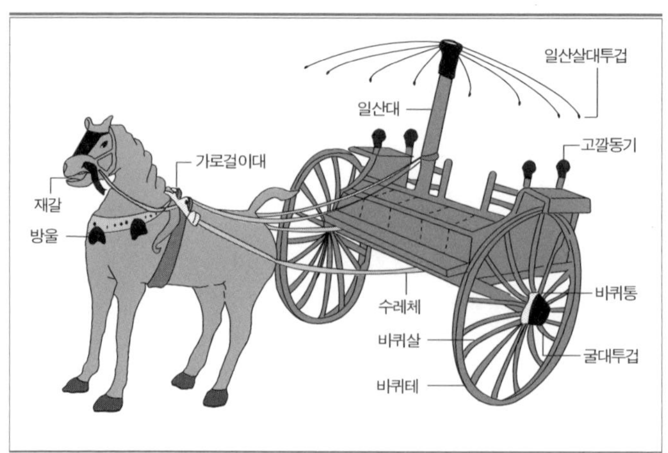

광주(光州)에서 신창동 발굴 마차 복원도. 국립광주박물관

　　신라의 모전 수요는 대단하였다. 경주의 도로 발굴 때 마차 바퀴가 많이 출토된 것처럼 신라인들은 마차를 타고 다녔다. 따라서 마차 깔개 수요가 특히 많았다. 예를 들어 흥덕왕 9년에 신라 정부는 골품 신분에 따라 마차 깔개용품을 규제하였다. 그것은 진골 귀족과 6두품은 비단을 쓰게 하되, 5두품은 비단을 쓰지 못하고 모직 담요인 모전을 사용하도록 하는 것이었다. 또 페르시아에서 수입한 고급 양탄자는 진골 귀족만 사용을 허용하고, 당나라에서 수입한 담요는 4두품 이하 일반 백성들은 쓰지 못하게 금지하였다. 이 당나라 수입 담요의 사용금지는 일반 백성들은 신라에서 만든 국산 담요를 쓰라는 것이다. 결국 이것은 신라가 모전을 직접 생산하였다는 사실을 증거 한다. 이와 같이 당시 모전은 사치품이 아니고 일반 대중이 애용하는 일상품이었다. 신라는 모전을 제조하여 국내수요에 충당하고 일본에 수출 한 것이다.

　　이상에서 살펴본 정창원에 소장된 거울·먹·가반(加盤)·모전 등과 고

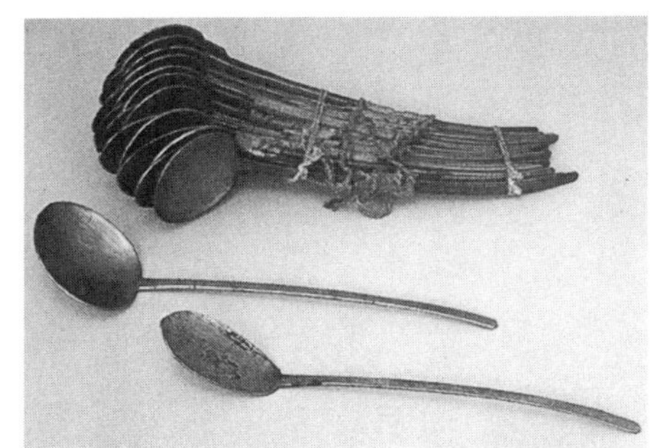
수저

가반

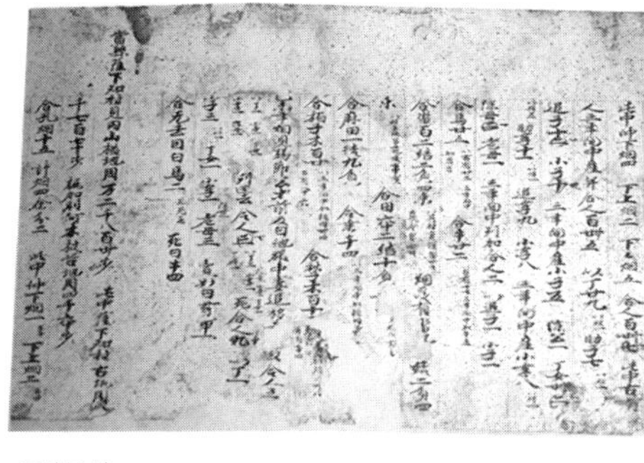
촌락문서

정창원 보물(수저, 가반, 촌락문서)과 정창원 전경

분이나 유적지에서 출토되는 금·은 세공품 및 옥·유리 제품 등을 통해 신라는 다양한 고급 사치품과 품질이 뛰어난 일상용품을 수출을 겨냥하여 전문적으로 생산하고 또 이를 수출한 것을 알 수 있다.

결론적으로 말하자면 통일신라는 상공업 선진국이었고 이를 토대로 하여 무역대국이 되었다. 상공업의 발달은 사회에 소비수요가 존재하고 사적인 이익 추구가 보장되어야 가능하다. 당시 신라는 보다 질 높은 제품을 선호하는 사치소비성향이 상당히 높았으며 생산과 거래를 통한 개인의 사적 이익 추구가 보장되었는데, 이것이 상공업 선진국으로 도약하는 원천이 되었다.

5. 신라-당의 공무역

우리는 조공이라고 하면, 무언가 조상들의 나약한 모습을 떠올리곤 한다. 중국을 큰 나라라며 섬기고, 중국이 짠 지배질서에 순응하며, 특산물을 갖다 바치고 나라를 보존하는 모습을 생각하기 쉽다. 그러나 그건 꼭 그렇지 않다. 조공이 있던 과거시대는 오늘날과 같이 나라들 간에 평등 의식이 없었다. 마치 사람을 귀족·양인·천민으로 나누듯이 나라도 형과 아우, 상국과 신하국 등으로 서열을 세워 구분하였다. 따라서 정치적으로 아우국이 형님국에게, 신하국이 상국에게 조공으로 예를 올리는 것이 자연스런 국제질서였다.

물론 이 질서는 중국이 세웠고 중국이 역사상 거의 대국이어서 인근 나라로부터 조공을 받았을 뿐이다. 하지만 경제적으로는 조공과 답례로 상호간의 이익을 위한 대등한 거래였다. 그러나 힘의 균형이 깨지면 형님국이 아우국에게 먼저 선물을 주거나 조공품보다 답례품을 더 많이 주고 대신 위신과 체면을 세우는 고도의 정치외교적 수단으로 활용되었다. 즉 각 나라는 국제정치 상황에 따라 자기에게 유리하도록 이를 이용한 것이다.

신라는 한강 유역을 확보한 이후, 중국과 끊임없이 사신을 주고받았다. 당시 신라의 대표적인 항구는 당은포(지금의 경기도 화성군 남양면 당항진)이다. 그리고 울산만과 경남 김해·양산 사이의 낙동강에 있었던 황산진도 동남 연안의 유명한 항구였다. 삼국통일 후에는 지금의 전남 나주군 문평면에 위치한 회진이 국제항으로 많이 이용되었다.

경주에서 당으로 가는 길은 경주-당은포를 잇는 북로, 경주-회진을 잇는 남로, 경주-울산을 잇는 동남로 등 세 가지 노선이 있었다. 주 노선은 경주-당은포였다.

신라의 중국에 대한 조공무역은 고구려와 백제에 비해 매우 늦은 6세기 초에 양나라에 사절을 보냄으로서 비로소 이루어졌다. 그러다가 7세기 초에 이르러 당나라와의 조공 교류가 활발히 전개되었다. 신라는 당에 보내는 견당사를 180여 회 정도 파견하였다. 이들은 외교적인 축하 인사 또는 조공을 위해 당의 수도 장안을 방문하였다. 이때 상인들도 동행하여 무역을 하였다. 당시 조공은 일종의 정치적 행위였지만 사실상 문화 교류와 교역까지를 포함하는 복합적인 외교 행사였다.

신라와 당의 조공무역의 규모가 어느 정도였는지는 분명하지 않다. 『삼국사기』의 기록에 의하면 723년·730년·733년·734년에 행해진 것이 최대 규모였던 것으로 보인다. 모두 신라 성덕왕과 당 현종 사이에 있었던 것이다. 723년에 성덕왕은 과하마 1필, 우황, 인삼, 장식용 여자두발, 조하주, 어하주, 누응령, 해표 가죽 그리고 금은을 현종에게 보냈고, 현종은 답례로 금포 옷, 금제 허리띠, 채견과 소견 등 비단 2,000필을 보냈다.730년에는 왕족 김지만을 사신으로 삼아 보내며 말 5필,개 1마리, 금 200냥, 장식용 여자두발 80냥, 해표가죽 10장을 보냈고 현종은 능채 500필과 비단 2,500 필을 답례하였다. 733년은 현종이 성덕왕에게 먼저 흰 앵무새 암수 각 한 마리, 금은 기물과 고급 비단 500단을 보냈다. 이에 대한 답례로 성덕왕은 734년에 말 2필, 개 3마리, 금 500냥, 은 20냥, 포 60필, 우황 20냥, 인삼 200 근, 장식용 여자두발 200냥, 해표가죽 60장을 보냈다.

이와 같이 서기 730년을 전후하여 조공 왕래가 빈번하였고, 그 규모도 최대 규모였다. 그 이유는 당시 발해가 강성하여 당을 공격하였고, 신라도 이에 다소 위협을 느끼고 있던 시기여서 양국은 우호관계를 돈독히 할 필 요성이 있었기 때문이었다. 그러므로 당과 신라는 발해의 위협에 맞서 최 대한의 성의를 다한 선물과 답례로서 우호협력 관계를 긴밀히 다져 나갔던 것이다.

실제로 733년에 발해가 바다를 건너 산동반도 등주를 공격하자 당은 신라에 원병을 청하였고, 신라는 이에 응하여 발해의 남쪽 변경을 공격하 였다. 신라군은 때마침 약 3m나 쌓이는 폭설이 내린데다 산길이 험해 실제 로 발해군과 직접 맞닥뜨린 전투를 하지 못하고 되돌아 왔다. 당은 신라가 발해의 배후를 공격해 준 것에 대한 감사의 표시로 735년 대동강 이남의 땅 이 신라에 속한다는 사실을 문서로 공인하였다.(『삼국사기』 권8, 신라본기8)

[조공무역이란?]

조공은 주나라 시대에 지방을 통치하기 위해 왕실의 인척들을 지방 의 봉건 제후로 임명하고 제후가 신하의 예의로서 토산물을 공물로 바치도록 한 것이다. 그러므로 조공은 제후들을 지배·통제하기 위한 정치적 수단이었다. 그러다가 진과 한이 중국을 통일하자 봉건 제후들이 모두 중앙의 인사권에 구속되는 내부 신하가 됨으로써 조공제도는 의미를 상실하였다. 하지만 이 제도는 중국과 주변의 여러 국가와의 사이에 봉건적인 정치 질서를 구축하는 목적으로 운용되기 시작하였다. 즉 중국을 중심으로 하는 국제 질서를 조공체계로 제도화 한 것이다. 즉 변방국의 왕이 신하의 예의를 갖추고 방물(토산물 및 수공업품)을 선물로 바치면 중국 황제가 답례품을 주었다.

최고의 신분에 있는 자들이 선물을 주고받는 행위이므로 그 선물은 진귀한 특산물이거나 최고급 호화사치품이었다. 따라서 조공은 황제와 왕의 권위를 대내외적으로 높여주고 권력의 안정성을 확보해주는 대단히 중요한 정치 행사인 반면 서로가 필요로 하는 물품을 교환하는 최고 수준의 상거래라고 할 수 있다.

조공무역량은 비록 그것이 최대의 성의를 담은 것이라 할지라도 부피나 무게를 추산해보면 무역품으로서 큰 이익을 낼만한 대단한 것이 아님을 알 수 있다. 왜 조공물품의 규모가 상상하는 것보다 적었을까? 조공무역의 규모가 크지 않았던 이유는 무엇보다 물품의 운송이 어려웠기 때문이다. 신라 경주에서 당의 수도 장안까지의 사행 길은 멀고 험한 노정이었다. 사신과 수행원은 목숨을 걸어야만 하였고 조공품의 운송은 그것이 귀중품이었기에 더욱 까다롭고 힘든 일이었다.

신라 견당사가 주로 이용한 노선은 바닷길이 비교적 안전한 북로였다. 북로는 경주-선산-상주-함창-계립령-충주-당은포 ······서해(북부)······ 등주-래주-청주-운주-변주-낙양-장안에 이르는 코스이다. 그 거리는 경주에서 당은포까지가 약 370km, 등주에서 장안까지가 약 1,600km이므로 육로가 총 약 1,970km이며, 서해 해로를 약 600km로 잡으면 총 거리는 약 2,570km이다. 이 거리는 서해를 배로 건너는 데 10일, 육로는 하루 50여 리 정도 걷는다고 보면 75일이 걸려 최소한

총 85일이 소요된다. 그러므로 경주를 떠나 장안을 다녀오는 왕복 여정은 총 170여 일로 약 6개월이 걸렸다.

그러나 만약 폭풍우를 만나 배와 수레가 고장 나거나 혹은 일행 중 위급한 환자가 생기는 등 불가피하게 지체되는 경우도 있어 실제 소요되는 시일은 6개월을 초과하였다. 또 당에서 체류하는 기간을 더하면 거의 1년여의 시일이 소요되기도 하였다. 그런데 만약 경주-회진을 잇는 남로를 택한다면 육로는 다소 단축되는 듯이 보이나 바닷길이 더 험한 탓에 여행의 위험도가 높고 오히려 북로보다 시일이 더 많이 걸릴 수도 있었다.

사행 길은 험한 바다를 건널 뿐 아니라 기후와 풍토, 음식이 다른 이국땅의 여행이어서 사람들이 지치고 병들어 죽는 일이 허다하였다. 730년대만 해도 735년 2월에 사신 김영이 당에서 죽었고 736년 11월에는 성덕왕의 사촌동생 김상이 장안으로 가는 도중에 사망하였다.

신라 견당사는 사절단과 수행원뿐 아니라 상인들이 따라 붙었다. 따라서 사절단은 경비를 벌기 위해 수행원들이 사무역을 하도록 허용하였다. 물론 상인들은 치밀한 계획을 세워 무역에 임하였고 무역을 통해 큰 이익을 챙겼다.

신라 사절단과 상인들이 장안에서 구입하는 물품은 주로 실크로드를 통해 들어온 서역의 향로, 보석, 양모 제품과 책, 불경 등 당의 문물 제품이었다. 하지만 구입 물품과 양은 그다지 많지 않았다. 왜냐하면 신라에서 수요가 많은 남방의 사치성 물품은 상인들이 산동지역과 절강성 초주 등지에서 값싸게 살 수 있었으므로 장안에서 구입하지 않았기 때문이다.

2. 대상인 김태렴의 일본시장 개척

752년 윤 3월 22일, 신라 왕자 김태렴과 사신 김훤 및 김필언 등 700명이 7척의 배를 타고 일본 규슈의 쯔쿠시에 도착하였다. 규슈지역의 일본 대재부(大宰府)가 이 사실을 즉시 일본 정부에 보고하자 일본 정부는 동월 28일에 역대 일본 왕들의 묘에 관리를 보내 신라 왕자가 도착한 사실을 알렸다.(『속일본기』 권18,) 신라 왕자가 700명의 사절단을 이끌고 온 것은 역대 왕들의 묘에 알려야 할 정도로 일본으로서는 중대한 사건이었다.

1. 700명 사절단의 비밀은?

쯔쿠시에 도착한 김태렴은 먼저 370명을 거느리고 일본의 왕도 평성경으로 가서 6월 14일 일본 국왕을 알현하고, 17일 정부에서 베푸는 연회에 참석하였으며, 22일 일본 최대의 사찰 동대사에 가서 예불을 드렸다. 그리고 다음달 7월 24일 난파진을 거쳐 귀국하였다. 김태렴은 약 120여 일 동안 일본에 체류한 셈이다.

김태렴이 이끈 사절단 700명은 당시로서는 엄청난 대규모로, 고려와 조선시대에도 쉽게 엄두를 낼 수 없을 정도의 놀라운 인원이다. 김태렴은 왜 700명이나 되는 대규모 사절단을 이끌고 일본에 갔을까? 김태렴의 일본 방문에 대해서 조공하러 갔다는 조공설을 비롯하여 발해 견제설, 동대사 대불 개안 축하설, 무역 촉진설 등 다양한 견해가 존재한다. 따라서 대상인 김태렴을 제대로 이해하기 위해서는 이 700명 사절단의 비밀을 풀어야한다. 과연 700명 사절단은 무엇을 위해서 일본에 간 것일까?

먼저 조공설을 살펴보도록 하자. 조공설은 『속일본기』에 기록된 김태렴과 일본 국왕의 대화에 근거한다. 즉 김태렴이 일본 국왕을 만났을 때 조공하려 왔다고 말하였으니 어디까지나 신라가 일본에 조공하러 갔다는 것이다. 하지만 당시 국력이 압도적으로 우세한 신라가 일본에 조공을 하러 갔다는 것을 그대로 믿기는 힘들다. 그래서 조공설의 다른 견해로는 북쪽의 신흥 강국 발해를 견제하기 위해서 조공을 하였다는 것이다. 당시 일본은 신라에 강력히 조공 요구를 하였고, 신라는 발해를 견제하기 위해 일본의 요청을 마지못해 응하여 왕자 김태렴을 파견하였다는 것이다.

다음으로 무역에 비중을 두는 견해도 주장하는 내용이 서로 다르다. 먼저 무역 목적을 인정하되 정치적 측면을 강조하는 것으로, 당시 교역은 자유로운 거래가 아니었고 일본의 주도면밀한 계획에 따라 일본 국왕이 참석한 공식 연회 석상에서 신라 사절단과 일본 관리들이 서로 물물교환을 하였다고 본다. 즉 김태렴이 일본에 간 것은 일본 국왕의 위신을 세워주기 위한 의도적인 정치적 연출이라는 것이다.

한편 신라가 일본에 대규모 외교사절을 파견한 것은 정치적으로 일본 국왕의 위신을 세워주고 신라 제품의 수출을 도모하는 경제적 실리를 추구하였다고 보기도 한다. 또 다른 견해로는 700명이나 되는 사절단 규모로 볼 때 신라가 적극적으로 추진한 무역진흥책의 일환으로 볼 수밖에 없다는 견해가 있다. 즉 신라는 당에서 수입하는 화물이 증가하고 자국에서 생산하는 수공업품이 늘어나자 일본 시장을 주목하여 거국적 차원에서 대일 무역을 진행코자 통상사절단을 파견하였다는 것이다.

또 일본은 당나라에 가는 일본 견당사가 신라 해역을 통과할 때 이의 보호를 신라 측에 의뢰할 필요가 있고, 신라 문화는 물론 신라를 통한 당 문화를 유입하려는 목적 등 다각적인 입장에서 신라가 요구하는 대규모 통상사절단을 받아들였다는 것이다.

이상의 견해들은 각각 나름대로의 타당한 일면을 가진다. 그러나 이들 견해는 그로부터 10여 년이 지난 760년대 이후 중국의 무역시장에 본격적으로 등장하는 신라 민간상인의 존재를 간과하고 있어 문제가 있다. 즉 김태렴 사절단을 통상사절단으로 여기는 경우도 이를 관무역으로 보고 10여 년 뒤 연근해 바다를 누비며 활약하는 신라 민간상인과 연계하지 않는 것이다. 하지만 불과 10여년 차이일 뿐인데 이를 연관 지우지 않는 것은 무리이다. 따라서 김태렴 사절단은 시대에 맞는 새로운 해석과 조명이 필요하다.

2. 신라를 둘러싼 국제 정세

김태렴 사절단을 제대로 이해하기 위해서는 당시의 국제 정세를 올바르게 파악할 필요가 있다. 김태렴 사절단에 대해 정치적 측면(조공설 등)을 주장하는 견해는 당시 신라가 불안을 느낄 정도로 국제 정세가 신라에 위협적이었고, 신라의 국력이 일본의 눈치를 살펴야 할 정도로 취약하였다고 보기 때문이다. 그러나 이는 사실과 다르다.

신라는 676년 나당전쟁에서 승리하여 당을 대동강 이북으로 축출하였다. 이후 신라와 당은 외교관계가 단절되었다. 양국 간의 외교는 698년 발해가 건국되자 당이 발해를 의식하여 먼저 신라에게 우호 표시를 함으로써 재개되었다.

이 시기에 당은 측천무후(689~702)가 집권하고 있었다. 측천무후는 692년 신라 효소왕이 즉위하자 축하 사신을 보냈다. 또 효소왕이 죽었을 때는 2일 동안 조회를 거르면서까지 애도를 표하였을 뿐만 아니라 별도로 조문 사절을 파견하였다.(『삼국사기』 권8, 신라본기8) 이와 같은 축하 사신과

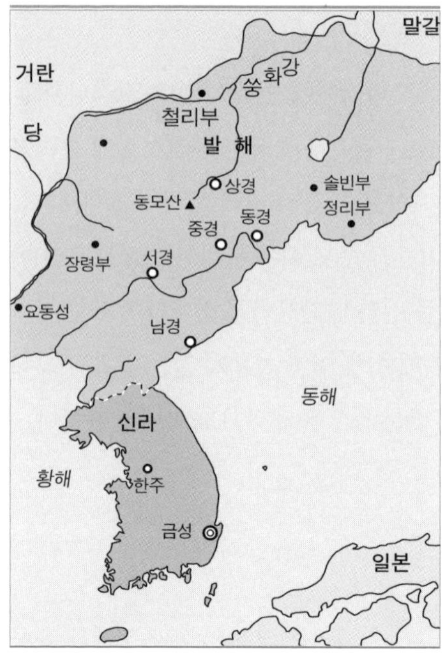

발해 영역도

조문 사절의 파견은 매우 이례적인 일이다. 외교 재개 이후 신라와 당은 거의 매년 교류하였다.

신라와 발해가 실질적으로 국경을 접하게 되는 시기는 760년대 이후다. 그리고 신라가 발해를 의식하고 일본을 경계하게 된 것은 안록산의 난(755~763) 이후 발해가 일본과 군사 동맹을 맺었기 때문이다. 따라서 752년을 전후한 시기는 신라가 발해를 의식하여 일본에 조공을 보낼 이유는 전혀 없다. 당시 신라와 당나라의 협력 관계로도 발해를 충분히 견제할 수 있었다. 733년, 당나라는 신라에게 발해 공격을 요청하였고, 신라는 이를 들어주었다. 비록 신라는 폭설이 내려 파병한 군대가 발해를 직접 공격하지 못하였지만, 발해는 신라의 행동으로 배후에 위협을 느꼈고, 당나라는 신라의 행동에 고마움을 표하고 대동강 이남의 영토를 공식적으로 인정해 줬다.

신라가 발해의 위협을 실제로 인식하기 시작한 것은 794년 발해가 수도를 상경용천부에서 동경용원부로 옮겼을 때이다. 당시 신라는 발해를 의식하여 782년에 선덕왕이 한산주(지금의 경기도 광주)에 순행하고 사람들을 패강진으로 이주시켜 장차 발해와의 무력 대결에 대비하였다. 또 신라는 발해의 의도를 파악하고 아울러 친선을 구하기 위해 790년과 812년 두 차례에 걸쳐 발해에 사신을 파견하였다.

이와 같은 사실을 통해 미루어 보면, 김태렴이 일본에 간 752년경에 신라는 발해를 위협적인 존재로 여기지 않은 것이 분명하다. 따라서 김태렴 사절단 700명은 발해가 두려워서 마지못해 일본의 요구대로 파견된 것이 아니다.

다음 신라와 일본과의 관계를 살펴보기로 하자.

『삼국사기』에 의하면 702년에 총 203명의 대규모 일본 사절단이 신라에 들어왔고, 702년부터 726년 동안 신라와 일본의 사신 교류는 각각 8회 있었다. 『속일본기』는 727년부터 752년 사이 신라가 일본에 5회, 일본이 신라에 4회 사신을 파견한 것으로 기록하고 있다. 그런데 흥미로운 점은 『삼국사기』에는 이 기간 중 양국이 사신을 파견한 기록은 없다. 다만 743년 10월에 신라가 일본 사신의 내조(사신이 왕과 조정에 인사하는 것)를 받아들이지 않았다는 기록이 있을 뿐이다. 즉 752년 김태렴 사절단의 일본 내항에 대해 신라는 기록조차 하지 않은 것이다. 사절단이 700명이라는 대규모임을 고려할 때 큰 의문이 생기지 않을 수 없다.

한편 신라는 731년에 일본이 병선 300척을 앞세워 신라의 동쪽 해변을 침입해 오자 이를 깨끗이 쳐부수고 대 승리를 거두었다. 또 742년 10월 경덕왕은 일본 사신을 받아들이지 않았다. 경덕왕은 753년에 온 일본 사신도 태도가 오만 무례하다며 접견치 않고 돌려보냈다.

신라가 일본에 조공을 갖다 바쳐야 하는 처지라면 경덕왕이 일본 사신의 알현 요청을 계속 거절할 수 있을까? 그리고 752년에 김태렴 사절단을 보낸 신라가 그 이듬해에 일본에서 보낸 사신(752년의 답례 사신일 것이다)을 왜 받아들이지 않았을까?

한편 7~8세기 일본의 지배층은 일본이 중심국이고 당은 이웃나라, 신라와 발해는 번국, 그 때까지 통합하지 못한 일본 열도 내의 기타 종족들은 멸시하여 오랑캐로 보는 대외의식을 가지고 있었다. 이와 같이 신라를 하위에 두는 것은 바다로 둘러싸인 일본이 일본을 중심국으로 하는 국내 정치용 대외 구도가 세월이 지나면서 일본 지배층에 의식화된 결과이다.

이에 대해 신라는 일본이 신라를 번국으로 취급하는 것을 결코 인정하지 않았다. 당시 신라가 일본을 어떻게 평가하고 취급하였는지는 명확한 기록이 없어 사료상으로 정확한 내용을 알기는 어렵지만 간접적인 사료에 의해 그 실상을 파악할 수 있다.

신라의 지배층은 신라를 중심국으로 굳게 인식하고 발해와 일본을 번국으로 취급하였다. 신라가 일본을 번국으로 취급한 예는 734년에 일본에 외교사절로 파견된 김상정이 신라가 중심국이며 종주국이라는 표시로 신라의 국호를 '왕성국'으로 호칭한 것을 들 수 있다. 또 신라는 836년에 일본 사신 키노미쯔를 추방하였는데, 추방당한 키노미쯔가 일본에 가져간 외교문서에 신라가 중심국이고 대국이라는 사실을 명백히 밝히고 있다. 신라가 일본을 신하국으로 취급한 것이다.

이 같은 당시 국제정세를 비춰볼 때, 김태렴의 700명 사절단은 결코 조공이나 정치적인 수단을 위한 것이 아님을 알 수 있다.

3. 김태렴 사절단의 시장 개척

김태렴 사절단의 비밀을 풀기 위해서는 김태렴 사절단의 세부적인 일정을 분석해 봐야 한다. 김태렴 사절단은 매우 치밀하면서도 실효성 있게 계획되었다. 700명과 7척의 큰 배는 인원을 규합하고, 선박을 마련하는 것

자체가 쉬운 일이 아니다. 배에 실을 막대한 물품을 조달하고 포장하는 것도 세밀한 준비가 필요하다. 뿐만 아니라 이에 소요되는 어마어마한 비용도 치밀한 준비 없이 그냥 뚝딱 마련되지는 않는다. 그리고 만약에 실패하거나 차질이 생기면 빈털터리가 될 수 있으므로 일본 측과의 사전 연계 없이 무작정 간다는 것은 있을 수 없는 일이다.

이에 대해 김태렴이 쯔쿠시에 가기 3개월 전 1월 25일에 일본 정부가 야마구치 히토마루를 신라에 보내는 사신으로 임명하였다는『속일본기』의 기록에 의하여 일본이 먼저 사절단 파견을 요구하고 그에 응해서 신라가 사절단을 보냈다고 보기도 한다. 하지만 이는 앞서 따져본 것처럼 3개월의 기간에 모든 준비를 마치고 쯔쿠시까지 항해를 한다는 것은 현실적으로 불가능하다. 따라서 일본의 견신라사 임명은 김태렴 사절단의 일본 방문을 돕기 위한 조치였다고 하겠다. 즉 사전 계획에 따라 일본 측에서 방문일정, 의전, 인원, 교역품 등을 협의하려 사신을 보낸 것이다.

김태렴 사절단의 계획과 준비가 치밀하다는 것은 일본에 도착한 700명 중 370명만 평성경으로 갔고 330명은 쯔쿠시에 잔류한다는 점에서 곧바로 드러난다. 평성경에 갈 사람들이 미리 예정되어 있었던 것이다. 쯔쿠시에 잔류한 330명은 무슨 일을 하려고 남았을까?

당시 신라 사절이 일본 수도 평경성에 가는 길은 관례로 정해져 있었다. 울산항을 떠난 사절이 일본 규슈에 도착하면 일본 관리의 영접을 받았다. 다음 일본 관리의 안내를 받아 배를 타고 세토내해를 지나 오사카 부근의 난파진에 상륙한 뒤 외국 사신 접대용 숙소인 난파관에서 유숙하였다. 이후 외교상의 일정에 맞춰 평성경으로 들어갔다. 귀국할 때는 이와 반대의 코스를 밟았다.

세토내해는 호수같이 잔잔한 바다로 태풍이 부는 시기 외에는 항해하

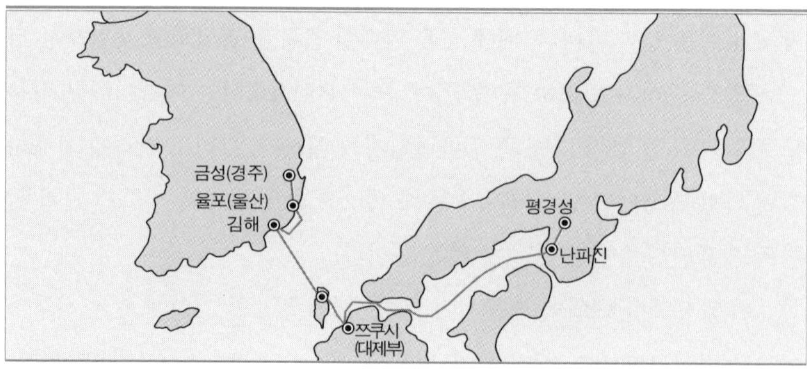

김태렴 사절단의 행로

는데 어려움이 거의 없는 곳이다. 윤 3월 22일에 도착한 사절단의 소식을 일본 정부가 동월 28일에 역대 왕묘에 알린 것으로 보아 서두르면 6일 이상 걸리지 않는 여정이다. 그런데 김태렴 일행은 쯔쿠시에 도착한 지 80여 일이 지난 6월 14일에야 평성경에서 일본 국왕을 만났다. 김태렴은 80여 일 동안 어디에서 무엇을 하며 지냈을까?

일본 정부는 6월 14일 김태렴이 일본 국왕을 만나자 곧 바로 귀족들에게 김태렴이 가져온 물품에 대해 구입을 신청하라고 하였다. 기간은 6월 15일부터 7월 8일까지였다. 이 물품 구입 신청서를 「매신라물해」라 한다. 그런데 일본이 김태렴 사절단 파견을 주도적으로 계획하였고 사전에 이들을 맞이할 준비를 하였었다면 도착한 지 80여 일이나 지난 시점에서 「매신라물해」, 즉 물품구입신청을 받는 것은 앞뒤가 맞지 않는 처사가 된다.

따라서 일본 체류 일정과 일본의 대응을 놓고 보면 김태렴 사절단은 무역을 하기 위한 통상사절단이 분명해진다. 물론 일본 정부는 김태렴을 정치적으로 이용할 목적으로 국빈 대우를 한 것이다. 따라서 『속일본기』에 기록된 김태렴과 일본 국왕 간의 조공 운운하는 대화도 외교상 선물수수에 따른 의례적인 겉치레 인사말을 편찬자가 일본의 입장에서 이를 유리하게 윤색하여 기록한 것에 불과하다.

김태렴 사절단은 신라의 상업 세력이 일본 시장을 진출하기 위해 일본의 상업 세력과 짜고 추진한 통상사절단이다. 이 계획에는 일본 정부의 상당한 실력자도 가담하였고 김태렴은 이들에게 일정분의 사례를 약속하였을 것이다. 또 김태렴은 일본 왕실과 정부에 막대한 액수의 선물을 약속하였고 이를 이행하였다. 일본 정부가 역대 일본 왕묘에 사절단의 내왕을 알린 사실이 이를 입증한다. 왜냐하면 묘역 관리소에 미리 김태렴의 내왕을 알리는 것은 곧 특별한 선물의 기부가 있을 것임을 알리고 이에 대한 준비를 지시한 것으로 볼 수 있기 때문이다. 아마도 동대사에는 특별 시주를 하였고 이 시주품은 부속 창고인 정창원으로 보내졌을 것이다.

김태렴의 700명 중 쯔쿠시에 잔류한 330명은 대재부 관할인 규슈 지역에서 교역을 전개하기 위해서였을 것이다. 즉 당시 규슈 지역에는 이미 신라 상인들의 교두보가 마련되어 있었는데, 그 때에 특별히 대규모의 교역활동을 벌린 것이다.

『속일본기』에 의하면 일본에 보낸 신라 사신단 규모는 734년까지는 대체로 10명 내지 40명의 소규모였다. 이후 738년에 147명, 742년에 187명으로 대폭 증가하였다. 그러나 738년 이후부터 이들은 일본 국왕이 있는 수도 평성경에는 가지 못하고 규슈에서 대재부의 환대만 받고 돌아갔다.

그런데 738년과 742년의 150명이 넘는 신라 사신단도 김태렴의 경우처럼 신라 측의 기록에는 나타나지 않는다. 왜 신라는 이들 사신단을 모른 채 하고 기록에 빠뜨렸을까? 이는 공식적인 사절단이 아니거나 또는 신라의 입장에서 역사에 기록할 만한 가치가 없었기 때문일 것이다. 그러므로 738년과 742년의 대규모 신라 사절단도 신라 상인들을 주축으로 한 통상사절단이 일본에 진출한 것이 된다. 다만 일본 정부의 허락을 받지 못해 수도 평성경에는 가지 못하고 대재부가 있는 규슈에서 교역을 끝내고 돌아왔을 것이다.

당시 신라 정부는 상인을 주축으로 하여 구성된 통상사절단의 일본 진출에 대해 적극 후원은 하되 책임 소재를 밝혀야 하는 분쟁이 야기될 때에는 관여하지 않는다는 방침을 세우고 있었다. 따라서 753년에 경덕왕이 일본 사신의 알현 요청을 오만불손하다는 트집을 잡고 접견을 허용하지 않은 것은 표면상의 이유일 뿐이고, 실상은 김태렴 통상사절단과의 어떤 분쟁을 따지고 매듭을 짓기 위한 사신이었기에 이를 의도적으로 회피한 것이었다.

그렇다면 과연 당시 신라의 민간 상인들이 이처럼 대규모 상단을 만들어 일본으로 무역하러 다녔던 것일까? 이와 관련하여 『삼국유사』에 기록된 장춘의 사례가 유용하다.

『삼국유사』에 의하면 우금리라는 마을에 여자 보개가 가난하게 살고 있었다. 살림이 어려워 아들 장춘이 바다의 장사꾼들을 따라갔는데 오랫동안 소식이 없었다. 보개가 걱정이 되어 민장사에 가서 관음보살에게 7일 동안 기도를 드리니 장춘이 갑자기 돌아왔다. 장춘은 바다 한가운데서 폭풍을 만나 배가 부서져 중국 오나라에 표류되어 그 곳에서 살고 있었는데, 이상한 스님의 도움을 받아 돌아왔다고 말하였다.

장춘이 돌아온 때는 745년 4월 8일이었다. 김태렴이 일본에 간 752년보다 7년 전이다. 장춘의 일화는 당시 신라의 민간 상인들이 중국 오나라로 교역하려 다닌 사실을 말해 준다. 신라 상인들은 상선을 타고 연근해를 누비며 중국·일본 등지로 해상무역을 활발히 전개해 나갔던 것이다.

4. 김태렴이 수출한 신라 제품

그렇다면 김태렴의 통상사절단은 일본에서 무엇을 거래하였을까? 김태렴이 가져간 신라 물품은 그 종류가 워낙 다양하다 보니 일일이 나열하기가 귀찮을 정도이다.

예를 들면 향료만 하더라도 사향·침향·훈륙향·청목향·정향·곽향·영륙향·감송향·용뇌향(남중국·동남아시아·인도·아라비아산)과 훈의향·훈향·잡향 등 배합 향료가 있다. 모두 합쳐 12가지나 된다. 약재는 인삼·감초·수황·원지·가리륵(남중국, 인도차이나산)·육종용(서북중국산)·육계·필발(페르시아산)·지초(서북 중국산) 등이 있다.

그리고 안료는 동황·연자(인도차이나·인도산)·주사·김청·백청·호분(중국산) 등이 있고, 염료는 소방·자근 등이 있다. 또 기물로서는 거울·가위·소반·젓가락·금근(도금한 젓가락)·마구·화전·비전·구지·비단 등이 있고 목환자·송자(잣)·꿀 등도 있다.

이들 물품들은 대부분 신라의 토산품이다. 특히 사향·침향·육계는 신라가 아랍·이슬람 제국에 수출한 주요 품목이다. 또 용뇌향·가리륵·필발·연자 등 서역·인도차이나·아라비아 특산물품은 신라가 서역 및 아랍 제국의 특산품들을 일본에 중계 수출하는 것이다.

700명이 7척의 배로 싣고 간 물품은 당시로서는 어마어마한 물량이었고, 일본의 고급품 소비 수요는 이를 단시일 내에 처분할 만큼 크지 않았다. 2개월 동안의 매각에도 불구하고 가져간 물품은 많이 남았다. 김태렴은 그 처분이

수출품의 무게를 재던 청동추.
국립경주박물관.

일본 동대사

어려워서 6월 14일 일본 국왕을 접견할 때 매각하지 못한 물품 목록을 제출하며 특별히 처분을 부탁하였고 국왕은 이를 거절하지 않았다. 일본 국왕은 김태렴을 접견한 다음 날인 6월 15일부터 귀족들이 신라물품을 구매하도록 협조하였다.

김태렴 사절단은 6월 22일 동대사 참례를 끝으로 사실상 공식 일정을 모두 마친다. 그러나 7월 8일자 「매신라물해」 신청서가 있으므로 김태렴 일행은 6월 22일 공식 일정이 끝난 뒤에도 물품 처분을 위해 7월 중순 무렵까지 평성경에 체류하였을 것으로 보인다.

김태렴이 다녀간 이후 일본 정부는 신라와의 교역에 관한 모든 일을 대재부에서 처리하도록 하고, 신라 사절단이 평성경에 오는 것을 일체 금지하였다. 왜 그랬을까? 일본이 신라 사절단의 평경성 방문을 금지한 이유는 무엇일까?

그것은 신라를 번국이라 지칭해 온 일본 지배층이 김태렴을 따라온 신라 상인들의 세련되고 활기찬 행동을 본 일본 백성들이 자신의 곤궁한 모습을 대비하고 동요를 일으켰기 때문이었다. 이에 사회·정치적 혼란을 가져오는 위기감을 느껴 신라와의 접촉 기회를 차단하려한 것이다. 또 신라 상인들에 의해 유입되는 외래 문물의 충격, 물품 구매에 따른 귀족들의 불만, 왕실과 동대사의 막대한 선물 수수에 따른 시비 등의 후유증 역시 컸기 때문일 것이다.

이상과 같이 김태렴 사절단은 신라 상인을 주축으로 한 통상사절단이다. 오랫동안 대재부와의 교역에 실적을 쌓은 신라 상인들이 자신감을 가지고 김태렴을 중심으로 뭉쳐 일본의 수도 평성경 시장을 개척하려 나선 것이다. 따라서 700명의 인원을 평성경 370명, 대재부 330명으로 나누어서 평경성 시장 개척과 규슈 지역과의 교역을 각각 수행하도록 조치하였던 것이다.

김태렴, 그는 신라 진골 귀족출신으로 700명의 통상사절단을 이끈 대상인이며 우리나라 상인의 역사를 이끌어간 주역이고 독보적인 인물이다.

5. 김태렴은 무슨 배를 타고 갔을까?

752년 김태렴 통상사절단이 일본에 타고 간 7척의 배는 신라 기술로 건조한 신라 선박일까? 아니면 당 또는 일본의 선박을 구입하거나 빌린 것일까?

고대에 대외 교역에 나선 상인들은 대부분 정부의 어용상인이거나 귀족들의 가신 상인이었다. 민간 무역과 불법 밀무역이 정부의 통제가 느슨해진 시기에 성행하기도 하지만 대외 교역의 주류는 아니었다. 특히 중국이 조공무역체제를 고수하면 중국과의 민간 무역은 억제될 수밖에 없었다.

그러므로 신라의 민간 상인이 자신의 상선을 가지고 당·일본으로 교

신안선 상상 복원도. 국립해양박물관.

역에 나선 것은 역사상 흔히 있을 수 있는 일이 아니다. 큰 바다를 안전하게 항해할 수 있는 대형 선박을 건조하거나 구입하고, 뱃사람과 잡역 일꾼을 부리기 위해서는 막대한 자금이 필요하다. 뿐만 아니라 상품의 매집, 운송, 보관 등에 소용되는 비용을 충당할 수 있는 자금이 있어야 비로소 장사에 나설 수 있는 것이다. 물론 민간 영역을 허용하는 정부의 태도가 중요하다.

선박의 건조와 운영은 선박을 만들기 위한 벌목과 운반, 건조와 수리, 용선, 뱃사람의 고용 등으로 새로운 일자리를 창출한다. 또 해외무역은 수출품을 만드는 수공업의 발전을 초래하고 수입품의 매집과 운송·보관·포장·선적·하역 등 상업을 성장시킨다. 또 상업이 성장하고 무역이 증대되면 해외로 나가는 진취적인 사고, 모험심과 개척 정신, 자본을 축적하는 검약, 투입 산출을 따지는 실리주의, 이익과 손실을 저울질하는 협상, 거래를 성공시키는 지혜와 세련됨, 국제적인 안목과 지식, 철저한 계획과 민첩한 실천, 인내와 근면 등 상인정신과 상인윤리가 의식화 된다.

이렇게 선박의 건조와 운영은 경제적으로 중요한 일이며, 선박의 발전은 무역과 상업의 발전을 가져오는 기틀이다. 이미 우리 선조들은 일찍부터 중국과 일본을 대상으로 무역 활동을 전개하였다. 그리고 이를 위해서 선박을 건조하고 개량해 나갔다. 다음 그 노하우가 축적된 결과 김태렴 통상사절단처럼 많은 물건과 인원을 싣고 다닐 수 있는 배가 건조된 것이다.

[우리나라 배의 기원]

울산 반구대 암각화의 탁본

선박의 기원에 관해서 대나무 뗏목으로부터 발달하였다는 죽벌설과 통나무 속을 파내서 배를 만들기 시작하였다는 독목주설이 있다.

선사시대 우리나라 배와 항해술은 울산 태화강변에 있는 반구대 암각화를 통해서 이를 짐작해 볼 수 있다. 바위에 새긴 두 척의 고래잡이배가 협력하여 거대한 고래를 공격하는 그림은 신석기시대 말기로부터 청동기시대까지 긴 세월에 걸쳐 제작된 것으로 추정하는데, 이 배는 통나무배에서 다음 단계로 발전한 곤도라식 구조선으로 간주되고 있다.

하지만 우리나라 배에 대해서는 문헌자료가 많지 않고 발굴 출토품이 적다. 우리나라에서 출토된 배 유물 중 가장 오래된 것은 약 8,000년 전의 선체 길이 4m가 넘는 소나무 통나무선이다. 이 배 유물은 2005년 9월에 창령군 부곡면의 선사시대 유적지에서 출토되었다.

출토 유물 중 가장 큰 것은 현존 길이 17.1m의 고려 선박이다. 이 배는 2005년 7월 중국 산동반도 최북단 봉래수성의 해안뻘에서 발굴되었다. 그 외에 경주 안압지에서 출토된 길이 5.9m의 통나무선, 신안군 안좌면의 개펄에서 출토된 길이 14.5m의 고려시대 한선이 있다.

고조선과 삼한시대는 유물이 없어 구체적인 모습을 알 수 없다. 하지만 기원전 194년 고조선의 준왕이 위만에게 축출당해 배를 타고 마한 지역으로 도망간 사실을 통해 고조선과 삼한지역 간에 항로가 있었음을 알 수 있다.

또 삼한이 철을 생산하여 중국과 일본에 수출한 것은 당시 삼한이 무
거운 철제품을 싣고 바다를 안전하게 건널 수 있는 우수한 선박을 보유
하였고 조선술과 항해술이 뛰어났던 사실을 말해 준다.

삼국시대 고구려·백제·신라의 외교사절이 중국이나 일본으로 갈 때
승선한 배는 전투용인 군선이 아니고 사람과 화물을 싣는 상선이었다. 김
춘추가 당에 갔다가 돌아올 때 고구려 순시선에 붙잡힌 배도 상선이었다.

그렇다면 신라상선의 성능은 어느 정도였을까? 신라상선은 신라군
선을 통해 짐작 가능하다. 신라 군선은 성능이 뛰어났다. 조선술이 그만큼
앞서 있기 때문이다. 다음의 전투 기사가 이를 증거하고 있다.

"671년(문무왕 11년) 10월 6일, 당의 운송선 70여 척을 습격하여 100여
명을 사로잡았다. 물에 빠져 죽은 자는 이루 셀 수 없었다."
"673년(문무왕 13년) 9월, 대아찬 철천 등을 시켜 병선 100척을 거느리
고 서해를 지키게 하였다."
"675년(문무왕 15년) 9월, 장군 문훈이 1,400명의 목을 베고 병선 40척
을 빼앗았다."

통일신라시대에 조선술과 항해술의 발달 정도는 당 · 신라 · 일본 순
이었다. 일본은 고대부터 자주 우리나라를 침입하였기 때문에 조선술과

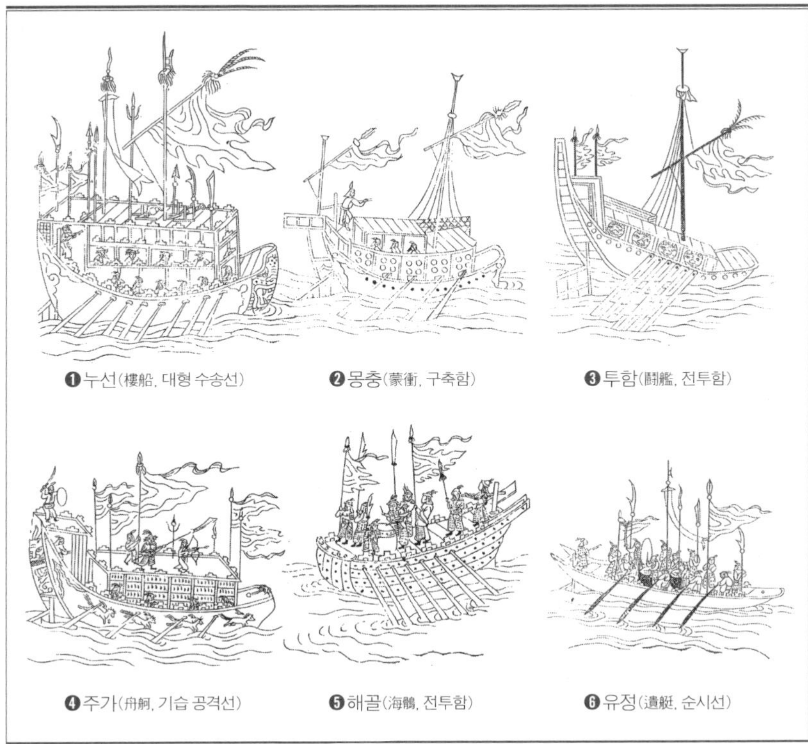

무경절요 군선

항해술이 뛰어났었다고 볼 수도 있으나, 이는 계절풍과 해류를 이용한 항해였고 배도 작았다.

일본은 630년부터 838년까지 200여 년간 당나라에 견당사를 17차례 파견하였는데, 이는 백제 사람들이 백제 멸망 이후 일본에 건너가 배를 건조해 주었기 때문에 가능하였다.

그 근거로 『일본서기』는 650년에 백제의 조선공이 안예국(지금의 일본 히로시마현)에 와서 백제선 두 척을 건조해 주었다고 기록하고 있다. 따라서 653년 일본에서 출항한 견당선 2척은 백제 조선공이 만든 백제선일 것이다. 안예국에서는 662년에 배 2척을 또 건조하였고, 746년부터 778년 사이에 5회에 걸쳐 선박을 건조하였다. 그러므로 그곳에 백제에서 건너간 조선 공들이 집단으로 거주하고 있었던 것으로 추측된다. 761년에 건조된 배는 길이가 8장(약 24m)이었다.

백제가 멸망하기 전까지 일본은 백제의 도움을 얻어 선박을 건조하고 백제의 연안을 이용하여 중국을 왕래하였다. 하지만 신라가 삼국을 통일한 뒤에는 전적으로 신라에 의지하여 중국에 내왕할 수밖에 없었다. 일본은 신라의 간섭을 피하기 위해 규슈에서 출발하여 제주도 남단을 거쳐 곧바로 중국의 소주 및 양주에 직항로를 개척하려 하였으나 이때까지 성공하지 못하였다.

삼국시대 고구려·백제·신라의 배는 황해를 건너 중국의 북부지역을 비롯해 남방지역까지 마음대로 드나들었다. 배는 사신, 상인, 승려, 여행객과 무역품을 싣고 중국 강남까지 항해할 수 있을 만큼 컸고, 선원들의 항해술은 이미 조류와 계절풍을 임의로 이용할 수 있었다. 특히 삼국 중에 백제는 선박 제조술이 뛰어나 일본에 배를 만들어 줄만큼 기술이 앞서 있었다.

일반적으로 배는 밑이 편편한 평저선과 밑이 뾰족한 첨저선으로 나뉜다. 백제선은 평저선이었다. 백제가 처한 연안 바다의 환경은 밑이 편편한 배가 유리하였다. 즉 서해안은 조수 간만의 차가 심할 뿐 아니라 갯벌이 유난히 발달해 있어 항구 축조 기술이 발달하지 않은 시대에는 연안 항구도 갯벌을 유의하지 않을 수 없는 실정이다. 따라서 배 밑이 편편해야 썰물 때 갯벌에 기대어 있거나 얹혀 있다가 만조가 되면 다시 뜰 수 있는 것이다. 그러므로 첨처선 보다 평저선이 이용하기가 훨씬 유리하여 수요가 많았다.

신라는 삼국통일 후 백제와 고구려의 조선술을 신라의 조선술에 융합하여 성능이 더 좋은 선박을 만들 수 있었다. 백제의 조선공이 일본에 큰

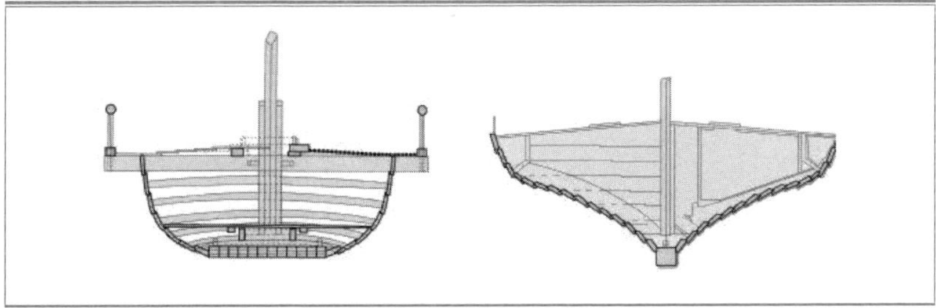

평저선과 첨저선 단면도

배를 만들어 준 사실과 신라의 건축술 등을 고려할 때, 당시 신라가 대형 선박을 만들 수 있는 기술을 보유한 것에 대해서는 부정할 수 없다. 즉 통일신라는 신라 고유의 특성을 가진 대형 선박 신라선을 건조하였다. 이는 삼국시대의 '백제선'이 통일 후 '신라선'으로 발전하였다고 할 수 있다.

신라는 앞서 얘기하였던 뛰어난 직조기술을 이용하여 돛베를 생산하였다. 신라가 생산한 돛베는 매우 질이 좋아서 명성이 높았고 이슬람제국에까지 수출되었다. 당시 이슬람제국에 수출한 신라 제품은 비단·검·말안장·도자기·돛 베 등이 있었는데, 그 가운데 돛베는 인기가 매우 높았다. 이와 같이 신라는 우수한 선체 건조기술을 바탕으로 질 좋은 돛베를 만들었던 것이다.

신라선은 장보고가 활동하던 시기를 전후하여 가장 많이 건조되었다. 장보고 무역선은 대외 무역 활동에 문제없이 사용될 수 있을 만큼 발달되어 있었다. 장보고 무역선은 산동반도에서 서해 북방 항로를 이용하여 신라와 일본 간을 내왕하였고 중국 남방 항로까지 진출하였다.

장보고 선단의 항해 범위가 중국 남부지역까지 넓어지자 중국 선박과 경쟁해야 하기 때문에 보다 빠르고 안전한 배가 절실히 요청되었다. 처음에는 원양 항해를 위해 중국선을 구입하거나 용선하였을 수도 있었을 터이지만 결국은 중국선의 장점을 접목시켜 첨저형 신라선을 건조하였다. 또 이 시기는 고려 문종(1046~83)이 송나라 상선과 대등한 대형 선박을 건조하려 하다가, 거란과의 외교상의 이유로 포기한 바와 같은 외교적 문제가 없었다. 따라서 장보고시대 신라는 필요에 따라 첨저형 선박을 건조하였고 장보고 선단은 평저선과 첨저선을 적당히 병용해서 구성되었다.

장보고 시대에 일본인들은 중국식과 다른 신라식의 배를 명백히 구별하고 있었다. 일본 승려 엔닌은 흰 돛을 단 신라선을 중국에서 직접 목격하고『입당구법순례행기』에 분명하게 기록하였다. 또『속일본후기』에는 신라선이 풍파에 매우 강해 높은 파도를 능히 헤치며 운항한다는 기록이 있다.

신라선은 주로 흰 돛을 달고 다녔다. 흰 돛을 단 신라선은 멀리에서도 그 모습을 식별할 수 있을 정도로 특색이 분명히 드러났다. 선박의 겉모습부터 중국 배와 구별되는 신라선이 동아시아 바다를 누비고 다닌 것이다.

신라선의 크기는 평저선은 일본의 견당선과 비슷하거나 그보다 다소 컸었고, 첨저선은 중국 남방 항로를 운항한 원양선 보다는 작으나 속도는 이들 배보다 훨씬 빨랐다. 엔닌의 일기에 의하면 847년 9월 2일 오후에 산동반도를 떠난 신라선은 다음날 새벽에 서해안에 이르렀고, 9월 10일에는 일본 북규슈에 도착하였다. 동력선이 아닌 범선임을 생각하면 오늘날의 기준에서도 대단히 빠른 속력이다.

결론적으로 752년 김태렴 통상사절단이 타고 간 배는 평저형 선박으로 백제와 신라의 조선술이 융합된 고유의 선형을 가진 신라선이었다. 신라 상인들이 대형 상선을 소유한 시점이 언제부터인지를 명확히 정할 수는 없지만, 이때에 이르러 무역선단을 편성하여 해외로 나갈 수 있는 능력을 이미 갖추었다고 볼 수 있다. 이는 해상왕 장보고 시대를 여는 중요한 단초가 되었다.

3. 동아시아 해상왕 장보고

1. 장보고와 신라방

미국 하버드대학의 역사학자 라이샤워(Edwin O. Reischauer) 교수는 동아시아 해양을 제패한 청해진의 장보고 대사를 '해양상업제국의 무역왕'이라고 불렀다.

장보고는 우리 역사상 일반 평민 출신으로 한국·중국·일본 등 동양 삼국의 역사에 기록된 유일한 국제적인 인물이다. 장보고는 중국의『신당서』와 일본의『일본후기』등에 기록되어 있고,『삼국사기』와『삼국유사』의 기록은『신당서』등의 기록을 발췌한 것이다. 하지만 이들 역사서는 장보고의 내력을 간략히 소개할 뿐이고, 장보고의 위상과 활약상은 일본 승려 엔닌(圓仁)(794~864)이 쓴 기행문『입당구법순례행기』를 통해 세상에 알려졌다.

장보고가 당에서 돌아와 흥덕왕을 만나고 완도에 청해진을 설치한 시기는 828년 4월이다. 골품제 신분사회인 신라에서 장보고가 당에 가서 성공하였다 하더라도 일개 지방민인 처지에 국왕을 만나는 것은 매우 이례적인 일이다. 더구나 청해진을 설치하는 중차대한 국정을 논의하고 무려 1만 명의 군사를 지원받는다는 사실은 특이한 경우이다. 따라서 이는 장보고가 흥덕왕을 만나기 이전에 왕을 만날 수 있도록 영향력을 행사한 배후가 있었고, 또 사전에 상당한 논의가 있은 것을 시사한다.

장보고

장도 청해진 유적지(청해진의 본영이 있었던 것으로 알려진 완도 장좌리 장도, 가운데 작은 섬)

　　장보고가 흥덕왕을 만나도록 주선한 자는 시중 김우징이었다. 그렇하기에 837년 5월, 상대등 김명과의 권력 투쟁에서 패배한 김우징이 처자식을 데리고 청해진으로 도피 해 오자, 장보고가 김우징 가족이 청해진에서 살도록 도와주었다.

　　다음 해 838년 김우징을 몰아내고 권력을 쥔 김명이 쿠데타를 일으켜 왕위를 차지하였다. 그가 민애왕이다.

　　한편 이 소식을 들은 김우징은 분노하고 민애왕을 축출하기 위하여 김우징이 장보고에게 쿠데타 협력을 부탁하자, 장보고는 정연(장보고의 오랜 친구)에게 군사 5,000명을 주어 김우징을 도왔다.

　　김우징은 서라벌로 쳐들어가 민애왕을 타도하고 신무왕으로 즉위하였다. 이와 같이 장보고와 김우징은 쿠데타를 같이한 정치적 동지였고 매우 돈독한 사이였다.

장보고의 어릴 적 이름은 궁복이다. 그의 고향과 부모는 알 수 없고, 또 언제 당나라로 갔고 언제 군인이 되었는지도 모른다. 다만 819년 고구려 유민의 후예 이정기 세력을 토벌하여 이름을 날리고 무령군소장으로 진급하였다.

그렇다면 군인 장보고가 왜 해상 무역에 뛰어 들었을까? 당나라는 이정기 세력이 토벌되자 군비를 줄이려고 감군정책을 추진하였다. 병사들을 매년 8%씩 줄여나갔다. 이때 장보고가 퇴역하였고 퇴역 후 동료 퇴역 군인과 재원신라인들을 규합하여 무역에 뛰어들었다. 오늘날로 치면 글로벌 무역회사를 창업하고 CEO가 된 것이다. 장보고가 흥덕왕을 알현한 828년은 사업을 시작한지 7년이 지나 사업기반을 확고히 구축한 상태였다.

장보고는 사업기반이 잡히자 신라·당·일본을 아우르는 동북아 무역권을 구상하고 구체화시켜 나갔다. 장보고는 사업경영 3년차 되는 824년에 일본 대재부를 방문하였다. 장보고는 일본 정부의 협조를 구하는 한편 재일신라인들의 동참을 이끌어냈다. 일본과의 교섭은 성공을 거두었다. 장보고는 돌아가는 길에 환속 승려 재일신라인 이신혜를 일어 통역관으로 삼아 데리고 갔다. 이후 장보고는 일본에 신라 정부와 별개의 독자적인 명칭으로 무역선을 보냈고 일본 정부는 장보고가 신라 신하이기 때문에 외교권이 없다고 하면서도 무역선을 받아들이고 교역을 허락하였다.

장보고가 김우징을 도와 승리한 사실은 신속히 재당신라인 사회에 전해졌다. 일본 구법승 엔닌은 839년 4월 20일 아침에 산동반도에 소재한 신라인 촌락 유산포에서 김우징이 장보고의 지원을 받아 신무왕으로 즉위하였다는 소식을 들었다. 소식을 전해준 사람은 작은 배를 타고 온 신라인이었다. 당시 엔닌은 입당허가를 얻지 못해 일본으로 되돌아가야 하는 어려운 상황에 처해 있었다. 엔닌은 그동안 신라 복장을 하고 신라인처럼 행세

적산 법화원

하며 입당허가가 나기를 기다렸으나, 끝내 허가가 나지 않자 귀국할 경우 도움을 청하려 유산포에 갔던 것이다.

엔닌은 장보고가 승리한 소식을 듣고 입당허가가 나지 않더라도 귀국하지 않겠다고 결심하였다. 장보고의 위상이 더욱 탄탄해졌으므로 앞으로 장보고의 도움을 받으면 입당허가가 나지 않더라도 충분히 활동할 수 있으리라고 판단한 것이다.

하지만 엔닌은 일본을 출발할 때 쓰쿠시 태수가 준 서신을 타고 있던 배가 좌초되어 잃어 버렸다. 이 서신은 쓰쿠시 태수가 장보고에게 엔닌을 부탁하는 편지였다. 엔닌은 840년 2월 17일 적산 법화원에서 장보고에게 도움을 청하는 서신을 썼다.

적산 법화원은 장보고의 대표적인 거점이다. 오늘날 산동성 문등현 적산촌에 위치해 있다. 적산이라 부르는 것은 법화원의 뒷산 바위가 붉은 색을 띠고 있기 때문이다. 법화원은 연간 곡식 500섬을 수확하는 농토를 소유한 부유한 사찰이다. 승려 26명(비구 24, 비구니 2)과 노파 3명이 살았고 구당신라소가 경영하였다.

엔닌이 법화원에 거주할 때 마침 법회가 열렸다. 839년 11월 6일부터 다음해 1월 15일까지 70일간 열린 법회에 매일 40여 명 안팎의 남녀노소 신도들이 함께 참석하였다. 마지막 이틀간은 첫 날에 250명, 둘째 날에 200명의 신도들이 대거 참석하였다. 법회 의식은 신라 말로 하고 신라 풍속에 따라 진행되었다.

엔닌은 적산 법화원에 두 번에 걸쳐 2년 2개월 남짓 체류하였다. 상당히 오래 동안 살은 셈이다. 그곳에서 장보고 무역선 2척을 이끌고 적산포로 온 최훈십이랑을 직접 만났고, 발해 교관선이 왔다는 소식도 들었다.

장보고는 재당신라인들을 연계시켜 나갔다. 재당신라인들은 산동반도의 등주와 그 연해안, 회수와 중국 대운하 주변 그리고 양자강 하류 등지에서 마을을 이루고 살았다. 신라인들이 많이 거주한 초주와 연수향 등지에는 신라방이 설치되어 있었다.

당시 초주와 연수향 같은 도시에 소재한 외국인 거류지를 번방이라고 불렸다. 특히 양자강 남쪽의 강동지

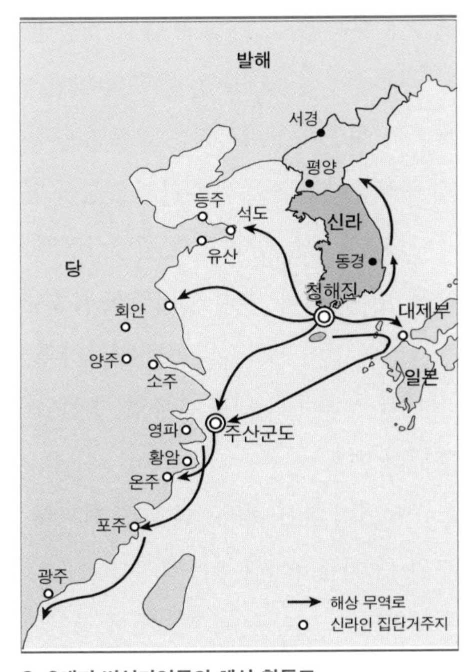

8~9세기 범신라인들의 해상 활동로

역에는 이슬람 상인들의 번방이 많았고 양자강과 산동반도 사이에는 신라 방이 많이 존재하였다. 이 번방은 재산권과 종교의 자유 등이 인정되는 외국인 자치구역이었다. 즉 신라방은 당나라 법률에 적용받지 않고 거류 신라인의 법과 관습에 의거하여 자치를 시행하는 특별구역이었다.

신라방의 자치사무를 보는 행정기관은 구당신라소이다. 구당신라소의 책임자를 총관이라 불렀고, 그 아래 행정 관리로서 전지관과 통역을 담당하는 역어가 있었다. 839년 엔닌이 초주에 갔을 때 초주 신라방 총관은 설전이었고 역어는 유신언이었다.

엔닌은 여행 중에 만난 신라인들을 일기에 꼼꼼이 기록하였다. 이 일기에 기록된 신라인을 살펴보면 당시 재당신라인들의 면모와 생활상을 대략적으로나마 알 수 있다. 엔닌의 일기에 등장하는 재당신라인들을 지역별로 분류하면 〈표 2-1〉과 같고, 직능별로 분류하면 〈표 2-2〉와 같다.

엔닌이 신라인을 가장 많이 만난 곳은 초주·명주·등주였다. 초주는 중국의 대운하가 시작되는 교통 요충지이고, 명주는 남해 제국을 잇는 국제 무역항이며, 등주는 신라와 일본을 연결하는 국제 무역항이다.

〈표 2-1〉을 살펴보면 재당신라인들은 대다수가 무역업에 종사하나 관료·통역·선원·승려 등 다양한 직종을 가지고 있다.

이와 같이 재당신라인들은 독자적인 상업망을 갖고 산동반도 연해안과 내륙 운하에서 해상 운송업, 조선업 및 조선 수리업, 선원 용역업 등을 영위하였다.

엔닌이 만난 재당신라인 중 최고위 인사는 장안에서 엔닌에게 숙식을 도와 준 이원좌이다. 이원좌(李元佐)는 신라 유학생 출신으로 종 3품의 고위관리였다. 엔닌은 840년 8월에 장안에 갔다. 그러나 때마침 불어 닥친 불교탄압의 법난을 맞아 845년 5월까지 약 4년 8개월 동안 환속 상태로 억류

되어 있어야 하였다. 이 시기에 이원좌가 엔닌의 말벗이 되어 주고 숙식을
제공해주었다.

표 2-1 | 엔닌 여행기의 지역별 재당신라인 내역

지역	재당 신라인
양주(陽州)	왕청, 왕종
초주(楚州)	유신언, 이명재, 설전, 고산, 염방금, 이국우, 왕가창, 장종신, 장영의 모(母)
해주(海州)	왕량
밀주(密州)	진충
등주(登州)	왕훈, 임대사, 장영, 최운십이랑, 법공, 성주화상 량현(諒賢), 상숙(常莤), 영현
소주(蘇州)	김자백, 김진, 흠량휘
명주(明州)	장지신(張支信), 이린덕사랑, 신어정, 춘대랑, 도중이랑
장안(長安)	이원좌(李元佐)

표 2-2 | 엔닌 여행기의 직능별 재당신라인 내역

직능	재당신라인
무역인	왕청, 도십이랑(陶十二郎), 고산, 최운십이랑, 염방경, 왕종, 이국우, 정객, 진충, 김자백, 흠량휘, 김진, 왕가창, 왕헌, 이인덕, 장지신(張支信), 이린덕사랑, 신어정, 춘대랑, 도중이랑
통역(역어)	김정남, 박정장, 도현(道玄), 이신혜(환속승) 등
관료	이원좌, 유신언, 설전, 장영, 장종언(장영의 동생), 이명재, 임대사(법화원 관리인), 법청(법화원 좌주)
촌노(촌장)	왕랑, 왕훈
승려	법공, 성주화랑 양현, 상숙, 영현, 사준(師俊), 천복사 승려 10명, 법화원 승려 26명
선원 및 조선공	선원 60여명, 조선공 36명
일반인	법화원 신도 250여 명, 낭자 30여 명 등

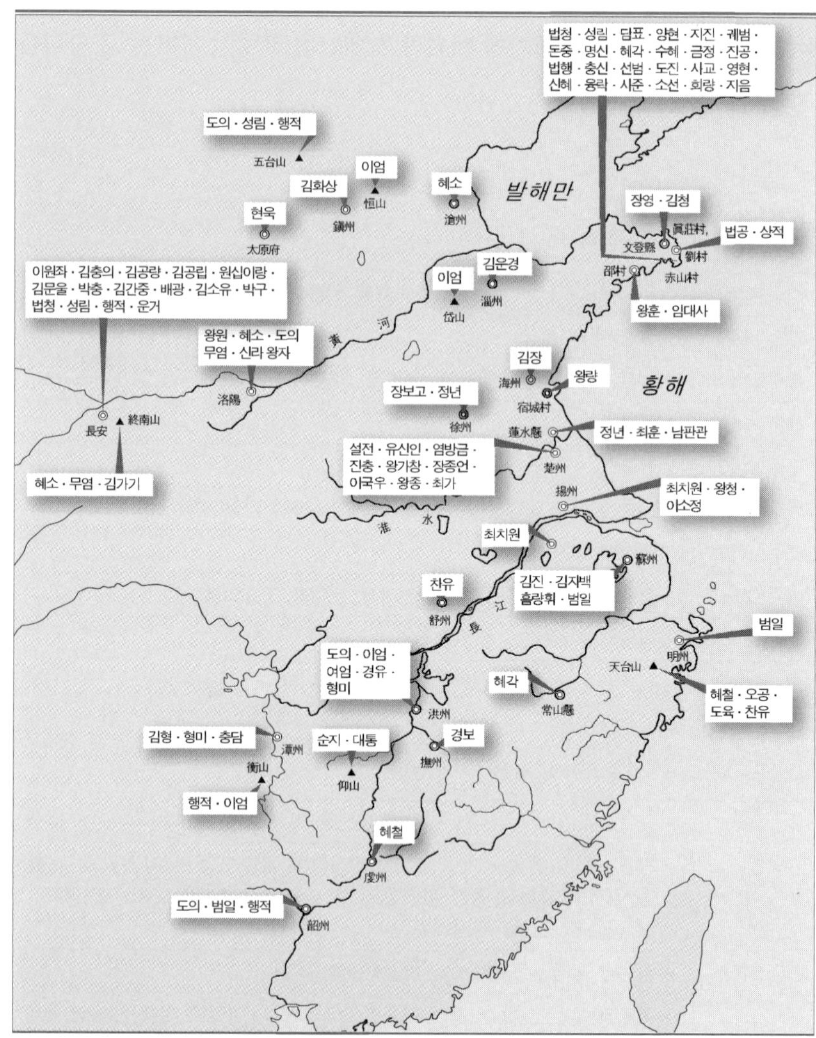

9세기 재당 신라인 거주 현황(권덕영, 『재당 신라인사회연구』, 일조각, 2005, p.145)

2. 한민족의 중국 진출

중국 땅에 깊숙이 뿌리박은 재당신라인 사회는 언제 어떻게 형성되었을까? 오늘날 중국 절강성 주산군도 남단에서부터 해안을 따라 쭉 내려가면 신라 명칭을 딴 지명이 여러 곳 있다. 신라초·신라오산·신라산·신라서·신라부산·신라왕묘 등이 그것이다. 이들 지명은 어떻게 하여 생겨났을까?

300여개의 섬으로 구성된 주산군도 남단에 보타도가 있고, 그 끝말 바다에 신라초가 있다. 지금 신라초에는 뱃길을 안내하는 등대가 서 있다. 신라초는 신라상인이 탄 배가 바다의 암초에 걸려 나아가지 않자, 신라상인이 배에 싣고 있던 관음보살상이 가지 않으려 하기 때문이라며 보살상을 보타도에 내려놓으니 배가 암초를 벗어났다고 하여 붙여진 이름이다. 이 후 보타도의 관음상은 영험이 있다고 소문이 나서 당시는 물론 근세에 이르기까지 선원, 상인, 여행객들이 와서 항해의 안전을 빌었다.

신라 사람들이 본격적으로 중국에 진출한 시기는 진흥왕이 한강 유역을 차지한 이후이다. 551년 신라와 백제는 연합하여 고구려를

주산군도 및 신라 명칭 지역도

중국 절강성 주산군도 남단의 신라초

쳐서 이를 빼앗고 한강 북쪽은 신라가 남쪽은 백제가 차지하였다. 이 때 고구려는 왕위 계승을 둘러싼 내분으로 인해 신라와 백제의 연합군을 막아내지 못하였다.

하지만 진흥왕은 한강 북쪽을 차지한 것에 만족하지 않고 2년 뒤 백제가 차지한 한강 남쪽 까지 빼앗아 점령해 버렸다. 백제는 성왕이 직접 출전하여 약속을 어긴 신라를 공격하였으나 관산성(지금의 옥천) 전투에서 성왕이 전사함으로써 실패하였다. 백제군이 퇴각하자 한강 유역은 완전히 신라의 차지가 되었다. 신라는 이곳에 강력한 군단을 배치하였다. 당항성(지금의 남양)에 교두보를 구축하고 중국으로 가는 뱃길을 열었다.

고구려는 빼앗긴 한강 유역을 되찾으려 애썼지만 온달 장군이 아차산 전투에서 전사함으로서 성공하지 못하였다. 또 해군과 순라선을 동원하여 해상 통로를 봉쇄하려 시도하였지만, 김춘추의 예에서 보듯이 신라 선박의 항해를 효과적으로 제어할 수 없었다.

중국으로 가는 바닷길이 열리자 신라 사람들의 중국 왕래가 급격히 늘어났다. 사신뿐 아니라 상인, 유학생, 승려, 여행객이 줄을 이었다. 정부의 출국 허가를 받지 못해 밀항하는 자도 많았다.『삼국사기』에 당나라에 밀항한 설계두의 이야기가 있다. 설계두는 신라 골품제에 불만을 품고 신분 차별이 없는 당나라에 가서 출세하겠다며 그를 따르는 사람들과 함께 밀항하였다. 그는 당나라 군인이 되어 고구려와의 싸움터에서 전사하였다. 설계두가 얼마나 용맹하게 싸웠던지 당나라 황제가 눈물을 흘리며 옷을 벗어 그의 시체를 덮어 주었다.

당시 당나라는 강대한 영토를 차지한 세계 제국이었다. 또 주변국 사람들을 차별하지 않는 개방성과 국제성을 표방하여 수도 장안은 외국인이 수없이 몰려들었다. 외국인도 원한다면 누구나 군인과 관리가 되어 출세할 수 있었고 장사를 해서 큰돈을 벌수도 있었다. 특히 외국인 유학생 수가 8천여 명에 달하였는데, 책값은 본국에서 가져와야 하되 의복과 식량 등 주거비와 생활비는 모두 무료로 지원해주었다.

신라는 640년에 처음으로 당에 유학생을 보냈다. 이후 유학생이 늘어나 장안에 머물렀던 유학생 가운데에는 신라 출신이 가장 많았다. 장보고가 한참 활약하던 837년 3월에 신라 출신 유학생이 216명에 달하였다. 신라 유학생들은 수학 연한이 끝나면 고국으로 돌아와야 하였다. 하지만 당의 과거시험에 합격하고 관리로 진출한 경우는 예외였다. 최치원처럼 과거에 합격하고 관리가 된 뒤 귀국한 유학생들은 흔치 않았다. 그러나 세월이 지나자 시험에 실패하더라도 그 곳에서 일자리를 얻어 생활한 자가 늘어나서 사회문제가 되었다. 귀국을 꺼리고 당에 체류하는 유학생이 늘어나자 신라정부는 이들을 강제 귀국시키려 하였다. 840년에는 강제 귀국 당한 유학생이 무려 105명이나 되었다.

재당 신라인 사회가 형성된 계기는 백제와 고구려의 멸망으로 고구려, 백제 유민이 중국으로 유입되었기 때문이다. 당은 660년 백제가 멸망하자 백제 유민 12,807명을 포로로 끌고 가서 강소성 서주와 산동성 연주(곡부)에 강제 안치시켰다. 그러다가 676년 복건성의 건안고성으로 모두 옮겼다. 다음 668년 고구려가 멸망하자 20만여 명을 포로로 잡아 갔다. 당은 고구려 유민을 네 집단으로 나뉘어 세 집단은 당나라 서북 국경 지역인 감숙성과 사천성 변경의 산남·병주·양주지역 오지 공한지에 안치하고 나머지 한 집단은 강서성 강회 이남에 안치하였다. 따라서 이 시기에 21만 명이 넘는 백제·고구려 유민이 포로로 끌러간 것이다.

고구려 유민을 서북 국경지역 오지에 이주시킨 것은 용맹한 고구려인들을 북방 서역 및 티베트의 공격을 막는 방패막이로 삼고자한 것이다. 따라서 고구려 유민 2세 고선지가 747년 역사상 최초로 1만 병력을 이끌고 실크로드와 파미르 고원을 넘어 서역으로 진출한 일은 결코 우연이 아니다. 고선지의 영광 뒤에는 고구려 유민의 애한이 서려있는 것이다.

당시 중국에 끌러간 고구려·백제 유민은 21만 명이 넘는다. 여기서 강회 이남에 안치된 고구려 유민 수를 20만 명의 4분지 1인 5만 명으로 치면 산동반도 남쪽에 안치된 고구려·백제 유민은 모두 6만 2천명이 넘는다. 이들의 삶은 어떠하였을까? 그리고 그들의 후손들은 언제까지 고향땅의 향수를 지니며 정체성을 이어 갔을까?

고구려·백제 유민들이 안치된 이 지역은 100여년 뒤 고구려 유민출신 이정기가 다스리게 된다. 따라서 이 시기엔 이르러 이들의 후손들이 이정기 세력을 구심으로 결집되고 나아가 당시 당에 진출한 신라인들과 융합하여 재당신라인 사회의 기틀이 되어 갔다.

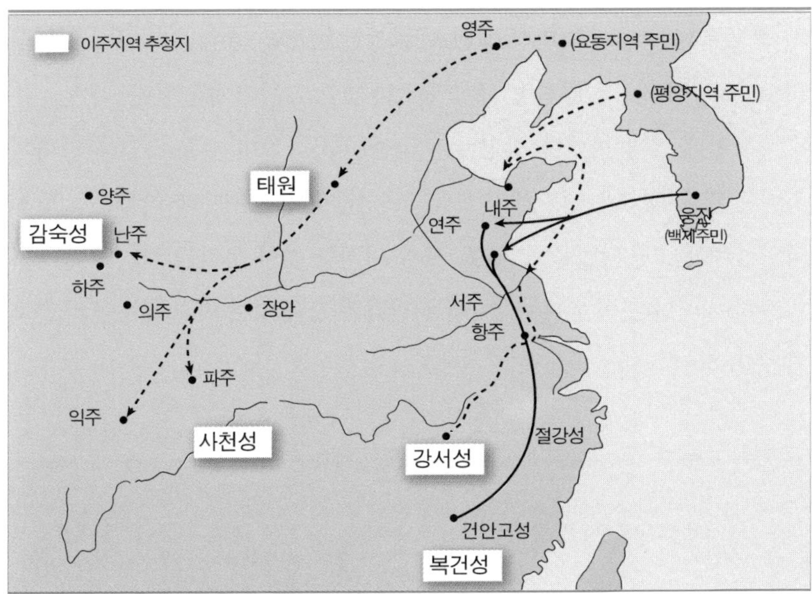

고구려·백제 유민의 이동 경로와 정착 지역

신라인의 중국 진출은 삼국통일이 되자 오히려 막혀버렸다. 신라가 한반도에서 당을 축출하기 위해 당과 싸웠기 때문이다. 이 나당전쟁은 676년 신라의 승리로 끝났으나 그로 인해 외교관계는 단절되고 말았다. 외교가 단절 된지 35년이 지난 703년 양국 간에 국교가 다시 열리자 외교사절을 필두로 하여 승려·유학생·상인·기술자·여행객들이 봇물 터지듯 당으로 몰려갔다.

『삼국사기』는 816년 흉년이 들어 굶주린 사람 170여명이 배를 타고 중국 절강지방으로 가서 먹을 것을 구하였다라고 기록하고 있다. 이 시기는 재당신라인들이 절강지방의 곳곳에 신라방을 이루고 활기차게 살고 있을 때이다. 따라서 이들은 재당신라인들의 도움을 바라고 도항한 것이 분명하다. 그런데 이에 대해 밀항이라고 하지 않는다. 이것은 결과적으로 당시 중국에 가는 일이 다반사로 있을 수 있는 어려운 일이 아닌 사실을 반영하고, 또 정상적인 허가를 받아서 출국한 것으로 여기게끔 한다.

그런데 당장 끼니를 걱정하는 굶주린 사람들이 배를 타고 절강까지 간다는 것은 뱃삯을 생각해 봐도 불가능한 일이다. 때문에 이들은 재당신라인들에게 고용되었을 수 있고, 또 일자리를 찾아 무리를 해가며 경비를 마련하여 떠난 것이 된다. 또 이것은 신라와 당을 잇는 민간 해운업의 존재를 증거 하여 준다.

[이정기(李正己) 왕국]

재당신라인 사회의 형성은 이정기가 산동지역과 강회지역을 다스리게 된 것이 결정적인 계기가 되었다. 이정기는 고구려 유민의 후예이다. 이정기는 안록산의 난이 일어나자 요동의 영주에서 고구려 유민을 주축으로 하여 군사 2만을 모아 761년 산동으로 건너가 안록산군을 물리쳤다. 이 공로로 산동지역을 다스리는 절도사가 되었고 이후 그의 일족이 산동지역과 강회지역을 55년간 통치하였다.

이정기는 10만의 상비군을 보유할 정도로 세력이 강성해지자 당 정부의 말을 듣지 않고 독자노선을 걸었다. 이정기 왕국이라 일컬을 만하게 독립적인 통치체제를 구축하였다.

특히 이정기는 재정확보를 위해 대외무역을 개방하고 적극 장려하였다. 그것은 조공무역만을 인정하고 민간 사무역을 금지하는 당의 무역정책을 정면으로 위배하는 것이었다. 하지만 이정기의 개방 조치에 힘입어 이 시기부터 산동지역과 장강 유역에 민간 사무역이 본격적으로 등장하고 번성해 가기 시작하였다.

신라 상인들은 이정기가 무역개방정책을 취하자 대거 이 지역과의 무역에 뛰어들었다. 그리고 신라·당·일본을 잇는 교역로를 개척해 나갔다. 신라 정부는 실리를 앞세워 신라상인들의 진출을 묵인해 주었다.

이정기시대는 819년 당과의 전쟁에서 패배함으로써 막을 내린다. 그러나 이정기 일족이 산동지역과 강회지역을 다스리는 55년 동안 이 지역은 고구려 유민을 위시한 한반도 출신이 주도하였다. 또 당시 대거 진출한 신라인들이 이들과 연계되면서 재당신라인 사회의 기틀을 다져갔다. 그리고 55년간의 이정기 일족의 지배는 이 지역에 중국과 다른 문화와 습속을 뿌려 놓았다. 한반도의 문화와 습속이 많이 유입된 것이다. 이것이 재당신라인 사회를 결속시키고 지속해가는 힘이 되었다.

한편 이정기 일족이 몰락하자 재당신라인 사회는 장보고를 구심으로 하여 다시 자리를 잡았다. 그리고 장보고 사후에도 상당기간까지 정체성을 유지하며 건재하였다.

3. 장보고의 개혁 실패, 상인의 한

장보고는 청해진에서 자객 염장의 칼에 피살되었다. 846년 봄 술에 취해 염장의 칼에 찔려 말 한마디 못하고 죽었다. 우리나라 해양사에 불멸의 업적을 세운 영웅의 최후로는 어이없다.

장보고는 왜 자객의 칼에 찔려 죽어야 하였을까? 이에 대해 『삼국사기』는 장보고가 딸을 왕비로 책봉시키려다 신하들의 반대로 무산되자, 이에 불만을 품고 반기를 들므로 조정에서 염장을 시켜 암살하였다고 한다. 그렇다면 장보고는 왜 딸을 왕비로 꼭 만들려고 하였을까? 단순히 권력쟁취를 위해서 일까? 또 왜 조정이 직접 암살에 나섰을까?

장보고가 자기 딸을 왕비로 만들려고 힘 쓴 것은 사실이다. 하지만 장보고와 신라 왕실 중 누가 먼저 왕비책봉을 제의하고 약속하였느냐를 따져 볼 필요가 있다.

『삼국유사』에 의하면 신무왕 김우징이 먼저 장보고에게 딸을 왕비로 삼겠다고 약속한다. 김우징은 청해진에 정치 망명을 할 때 장보고에게 '나에게는 이 세상에 같이 살 수 없는 원수가 있소, 그대가 나를 위해 그를 제거해 주면, 왕위를 차지한 후 그대의 딸을 맞이하여 왕비로 삼겠소'라고 제의한 것이다.

장보고는 쿠데타가 성공하고 김우징이 신무왕으로 즉위하자 약속을 지킬 것을 요구하였다. 김우징 역시 왕권의 유지에 장보고의 힘이 절대적으로 필요하여 약속을 지키려하였다. 김우징은 즉위 후 곧 장보고를 감의군사로 삼고 2천호의 식실봉(食實封)을 내려 중앙의 재상 반열로 승격시켰다. 이는 최고 공신에 대한 당연한 보답일 수 있지만, 한편 장보고의 신분을 격상시켜 그의 딸을 왕비로 맞을 경우 신분상의 논란을 미연에 막아보려는 의도가 있었다.

물론 문성왕(김우징의 아들)이 즉위하자마자 장보고를 진해장군으로 삼고 장복을 내려준 것도 같은 맥락의 조치였다. 특히 당시 장군 직함은 진골 귀족이 독점하고 있었다. 또 장복은 의전행사 때 장군이 입는 옷이다. 따라서 이 조치는 장보고를 진골 귀족과 동격으로 대우하려한 것이다.

김우징은 837년 8월에 청해진으로 갔고, 7개월 후 838년 2월에 거사를 일으켰다. 그러므로 7개월 동안 김우징 가족과 장보고 가족은 청해진의 울타리 안에서 함께 살았다. 당시 장보고는 40대 중반으로 과년한 딸이 있었다. 문성왕 역시 젊어 이들이 서로 연정을 느끼고 연애를 하였을 수도 있다. 그렇다면 김우징과 장보고는 정치적 동지로서의 합의와 함께 자식들의 장래를 걱정하며 서로 짝을 맺어주자는 약속을 하였을 수도 있는 것이다.

장보고 딸의 문성왕 왕비책봉은 845년에 시도 되었다. 이에 가장 앞서서 반대한 자는 김양이다. 그런데 김양은 이미 842년 3월에 자기 딸을 문성왕의 후비로 삼게 하였다. 따라서 김양은 장보고의 딸을 둘째 후비로 삼으려 한 것을 반대한 것이다. 문성왕의 왕비는 841년에 책봉한 아내 박씨였다.

김양의 반대 이유는 오로지 장보고가 진골이 아니라는 것이다. 장보고가 진해장군으로 진골과 동격의 신분이 되었지만 혈통을 문제 삼았다. 그리고 기어이 반대세력을 규합하여 왕비책봉을 좌절시켰다.

이에 장보고는 대응책을 강구하지 않을 수 없었다. 여차하면 정변을 일으켜 반대 세력을 제거하는 방안도 모의하였을 개연성이 있다. 하지만 장보고는 정변을 일으키지 않았다. 오히려 장보고가 두려운 김양 세력이 장보고를 모반죄로 엮고 비열한 술수를 써서 제거한 것이다.

장보고의 죽음에 대한 역사적 평가를 살펴보면 이 사실은 명확해진다. 『삼국사기』는 장보고를 의롭고 용맹스런 인물로 높게 평가하였다. 반역자라는 꼬리가 없다. 『삼국유사』는 더 호의적이다. 장보고가 군사 행동을 취하지 않았다는 사실을 분명히 하고 신라 왕실이 약속을 파기하였기 때문에 문제가 발생하였다는 점을 밝혀 놓았다.

조선시대는 장보고를 더 높게 평가하였다. 조선 초 1402년 권근이 편찬한 『동국사략』은 '왕이 장보고를 죽였다.'라고 기술하고 혼약을 파기한 신라 왕실의 잘못을 지적하였다. 또 1484년 서거정이 편찬한 『동국통감』은 장보고가 불만을 품는 것은 그럴만한 연유가 있다고 하고, 증거도 없이 장보고를 모반죄로 얽어매어 암살하였다고 하며, 오히려 명분과 의리를 모두 저버린 신라 왕실의 부도덕성을 비판하고 있다.

장보고 암살을 골품제와 연관 지어 생각하면 의미 있는 결론을 얻을 수 있다.

장보고는 궁복이란 이름의 가난한 시골 소년이었을 때 당나라에 갔다. 갖은 고생 끝에 출세하여 청해진 대사가 되고 진골에 해당하는 지위까지 올랐다. 장보고는 개방화한 당나라 사회에서 성공한 경험에 비추어 폐쇄된 골품제의 개혁을 바랬다. 골품제의 신라는 한계에 다다랐고 청해진 경영을 지속시키기 위해서도 골품제의 개혁은 꼭 필요한 일이라고 생각하였다.

이에 대해 김우징, 그의 아들(문성왕), 장보고가 청해진에서 함께 동고동락할 때 장보고는 당의 개방성과 번영에 대해 설명하고, 아울러 골품제의 폐단을 들고 개혁해 나갈 것을 설득하였고, 그들이 수긍한 것으로 생각할 수 있다. 따라서 장보고의 고집은 딸의 장래를 위한 배려 또는 한낱 정치적 야심이 아니다. 그것은 골품제체제를 깨뜨려보려는 도전이었다.

이에 골품제를 지키려는 진골 귀족들이 장보고와 왕실의 결합을 저지하기 위해 뭉쳤다. 그의 제거를 위해 반대세력이 결속하였다. 김양이 대표로 앞장 선 것은 정치적 경쟁자이기도 하지만 김양이 청해진을 관할하는 무주 도독을 지낸 바 있어 청해진 실정에 밝기 때문이었다. 이에 김양은 무주 출신 염장을 사주하여 장보고를 암살한 것이다.

한편 장보고의 죽음은 청해진의 운영과 관련지어 생각할 수 있다. 청해진이 완성된 뒤 성공적으로 가동되자 중앙 귀족들이 시샘을 하고 또 눈독을 들였다. 뿐만 아니라 청해진 설치로 말미암아 타격을 입은 서남 해안 지방의 군소 해상 세력들이 반발하였다. 그들은 그간 누리던 자유로운 항해와 비밀리에 몰래 챙겼던 노예무역의 기회를 잃어 버렸기 때문이다. 장보고의 제거는 시샘하는 중앙귀족과 반발하는 군소해상세력의 이해가 맞아 떨어지는 것이다.

여기서 장보고의 경제력과 청해진 경영의 틀을 살펴보자. 처음 청해진 구축에 든 막대한 자금은 어떻게 조달하였을까? 또 장보고의 주 수입원은 무엇인가?

우선 청해진에 요새를 건설하고 선단의 꾸미며 병력을 모병하는 초기 소요자금은 장보고가 당에서 조달해 왔다. 또 무역선 건조, 무역품 생산, 상비군 운영 등에 드는 막대한 자금도 거의 대부분 당에서 가져 왔을 것이다. 이를 위해 그동안 축적한 유보이익은 물론 투자자를 모집하고 차입도 하였을 것이다.

장보고는 청해진에 요새를 세우는 한편 수출품을 자체 생산하는 계획을 가졌다. 즉 무역항을 건설하는 한편 수출품생산기지를 만든 것이다. 오늘날 이것이 그의 CEO로서의 위대함을 더 빛나게 한다.

장보고는 도자기를 독자적인 수출 상품으로 삼았다. 장보고는 청해진을 개설할 때 당시 세계 최고의 인기 무역품인 도자기를 자체 생산하여 수출하려 하였다. 도자기 생산단지는 해남·강진에 조성하고 중국 월주요 도자기를 모델로 하였다.

당시에 중국 도자기는 세계 최고의 무역품이었다. 특히 해양 실크로드의 중심 항구인 명주(현재의 영파)와 아주 가까운 곳에 있는 월주요에서 생산한 청자 도자기는 멀리 아프리카 이집트까지 수출되었다.

그런데 강진에서 출토된 도자기가 월주요 도자기와 놀라울 정도로 서로 일치한다. 이것은 이를테면 장보고가 중국의 '명주와 월주요' 같은 구도로 '청해진과 강진요'를 구상한 것으로 볼 수 있다. 이 점에서 또 장보고의 국제적 안목과 청해진 계획의 원대함과 치밀함을 확인할 수 있다.

한편 오늘날 장보고의 강진 청자도자기가 고려청자의 시초라는 사실이 밝혀지고 있다. 1983년 해남 화원면과 산이면에서 대규모 청자 도요지가 발굴되었는데, 이는 청해진 개설과 동시에 제작된 것으로 본다. 또 강진군 지역의 고려청자 가마터는 청해진과 20km 거리이며, 당시는 두 지역 모두 양무군에 속해 있었다. 그리고 고려청자 가마터에서 나온 출토품 중 형태적으로는 중국 월주요 청자와 구별할 수 없는 것도 있고, 해무리굽 청자 파편은 월주 지역에서 출토되는 해무리굽과 매우 유사하다. 뿐만 아니라 강진 대구요 청자의 유약은 월주요 청자의 유약과 성분이 너무나 유사한 특징이 있다.

따라서 해남과 강진 등에 있는 도자기 요지와 고려청자와의 사이에 어떤 직접적인 상관관계가 있는 것은 아니지만, 장보고시대에 도입된 중국 월주요의 도자기 제작기술이 고려청자에 영향을 주었다고 추정하는 것은 무리가 아니다. 즉 청해진의 몰락으로 일시에 후원자와 수출 길을 잃은 도자기 요는 폐기되었고, 그나마 남은 도공들은 소규모로 생계를 이어 갔다. 그러다가 고려시대에 와서 지방 호족들의 후원을 받아 중국의 새로운 기술을 받아들이는 한편, 독자적인 제품을 창출하려는 노력 끝에 고려청자를 탄생시킨 것이다.

장보고의 죽음은 재당신라인과 재일신라인들에게 커다란 충격을 주었다. 그 동안 든든한 정치적 배경이었고 신라·당·일본을 잇는 삼각 무역망의 중추였던 청해진의 몰락은 상인들의 희망을 꺾었다.

그러나 장보고 사망 이후에도 재당신라인들에 의한 신라·당·일본 간의 해상무역은 상당기간 동안 쇠퇴하지 않았다. 이러한 사실은 엔닌이 일본으로 귀국하기 위해 847년 6월에 초주에서 신라 상인 '왕창'의 선박에 승선하여 등주로 출항한 바 있고, 동년 7월에 등주에서 엔닌과 그의 제자

등 44인이 신라 상인 '김진'의 선박에 승선하여 일본으로 출항하는 것에서
확인된다.

한편 세월이 흐르자 청해진체제에 의지하였던 상인들은 각각 나름대
로의 살길을 찾아야 하였다. 재당신라상인들은 중국 상인으로, 재일신라
상인은 일본 상인으로 모습을 바꾸어 갔다. 장보고를 따랐던 신라상인들
의 상당수가 박해를 피해 중국과 일본으로 떠나가는 것은 어쩔 수 없는 일
이었다. 그리하여 한국·중국·일본을 잇는 해상무역지배권이 한국을 떠나
서서히 중국의 수중으로 옮겨 갔다. 그리고 몇 세기 뒤에는 일본 상인과 해
적(왜구)들이 장악하였다.

장보고가 죽은 5년 뒤 851년, 신라 정부는 청해진을 폐쇄 하고 청해진
사람들을 김제의 벽골지로 강제 이주시켰다. 이는 돛과 키를 잡고 교역의
이익이 있다면 아무리 위험한 곳이라도 가기를 마다하지 않는 상인들을 호
미와 괭이를 든 농부로 탈바꿈시켜버리는 무도한 짓이었다.

바다를 장악하고 해외로 뻗어나가던 신라상인들의 의지와 기세는 신
라 정부의 가혹한 탄압으로 꺾여 버렸다. 세상을 주름잡던 진취적인 신라
상인들은 골품제의 모순을 끝내 깨뜨리지 못하고 밤하늘의 유성처럼 역사
속으로 묻혀 갔다.

4. 호족의 시대 해상 무역

장보고가 죽고 청해진이 폐쇄되자 신라의 해상무역 세력은 거의 와해
되었다. 그러다가 9세기 말에 들어 서남해 연안 곳곳에 해상 호족들이 많이
출현하였다. 이들은 해상무역으로 부를 축적하고 자체 군사력까지 갖추었

해무리굽 청자와 청자요 유적

다. 대표적으로 송악의 왕건, 백주의 유상희, 정주의 유천궁, 나주의 오다 련, 영암의 최지몽, 혜성의 복지겸, 강주의 왕봉규, 순천의 박영규 등이 그 들이다.

이들 해상세력들은 어지러운 정세 속에서 자구책으로 앞 다투어 교역 을 전개하였다. 때로는 해적질도 마다하지 않았다. 즉 합법과 불법을 가리 지 않고 무역으로 부를 축적하고 힘을 길러 해상 호족으로 성장하였다.

1. 호족의 등장

신라 말에는 해상 호족과 마찬가지로 내륙의 각 지방에도 호족들이 등장하였다. 이로 인해 천년이나 신분을 옭아 맺던 신라 골품제가 무너지기 시작하였다. 이제 정치·경제·군사·종교 등 어떠한 분야에서나 능력을 가진 자와 힘이 있는 지방이 주체로 떠올랐다. 관리·몰락한 귀족·군인·농부·기술자·상인 등 누구를 막론하고 실력을 가진 자가 시대의 주역이 되었다. 신라는 각 지역의 실력자들인 호족의 주도 아래 지역 단위로 분리되어 나갔다.

호족은 대체로 군이나 현 정도의 지역을 정치적·군사적·경제적으로 지배하였다. 호족들의 출신 성분은 다양하다. 대표적인 예를 들면 궁예는 정치권력투쟁에서 몰락하여 지방으로 낙향한 진골 귀족계의 호족이다. 다음 견훤은 신라의 관리로 봉직하면서 세력을 키워 독자적인 영역을 만든 호족이다. 그리고 왕건은 신라의 중심지 경주에서 멀리 떨어진 지방 토착 해상호족이다. 뿐만 아니라 호족들 중에는 농민·수공업자·상인들도 있고 천민 출신도 있다. 이들은 순전히 자신의 노력에 의해서 경제적·군사적 힘을 축적하고 뛰어난 능력을 발휘하여 민심을 모았다.

이와 같이 지방의 호족들이 성장하여 신라 정부에 영향을 미치기 시작한 시기는 대체로 880년대부터이다. 889년 진성여왕이 전국의 주·군에 세금 납부를 독촉하자 지방민들이 반발하고 도적이 벌떼와 같이 일어났다. 당시 발생한 지방의 반란이 신라 왕권으로부터 이탈하여 독립된 세력권을 본격적으로 형성해 나가 호족이 되었다. 그리고 호족을 '장군' 또는 '성주'라는 칭호로 부르기 시작하였다.

우리나라는 이때로부터 고려 성종 때까지 약 1세기 동안 호족이 지방을 실질적으로 지배하였다. 오늘날 이 1세기의 기간을 '호족의 시대'라고 일컫기도 한다.

이 호족의 시대에는 골품제의 신분사회가 무너져 상인·농민·장인·하급 군인 등 누구나 실력이 있으면 특정 지역을 장악하고 호령하는 호족이 될 수 있었다. 또 초기 고려는 각 지역에서 독자적인 행·재정 능력을 갖춘 호족들의 세력이 막강하여 중앙집권적인 강력한 통치체제를 구축하지 못하였다.

호족은 자신의 지배 영역을 효율적으로 통솔하기 위해 중소 호족을 정치·군사적으로 통할하며 독자적인 정치·행정 체계를 정비해 나갔다. 관리는 꼭 신분에 얽매이지 않고 능력 위주로 선발하여 채워 나갔다. 그러므로 당시는 평범한 농민과 상인도 실력을 쌓아 높은 벼슬자리를 차지할 수 있었다.

한편 호족들은 상업을 적극 권장하였다. 식량·소금·철·동 등 군수물자와 생필품의 확보는 물론 지배자로서의 권위를 위한 위세장식품을 구하기 위해서도 상인의 조력이 필요하였다. 그러므로 상업은 존중되었고 상인은 보호받았다. 때로는 부족한 물자를 확보하기 위해 호족들 스스로가 상인의 역할을 맡기도 하였다.

2. 신라 해적

장보고가 사망한 뒤에도 청해진은 5년간 지속 되었다. 친장보고 세력과 반장보고 세력 간의 알력을 간직한 채 청해진이 5년간 존속된 것이다. 아마도 청해진은 신라 정부가 몰수하고 장보고를 죽인 염장에게 경영을 맡겼을 수 있다. 어떻든 청해진이 존속한 5년간은 신라를 중심으로 하는 신

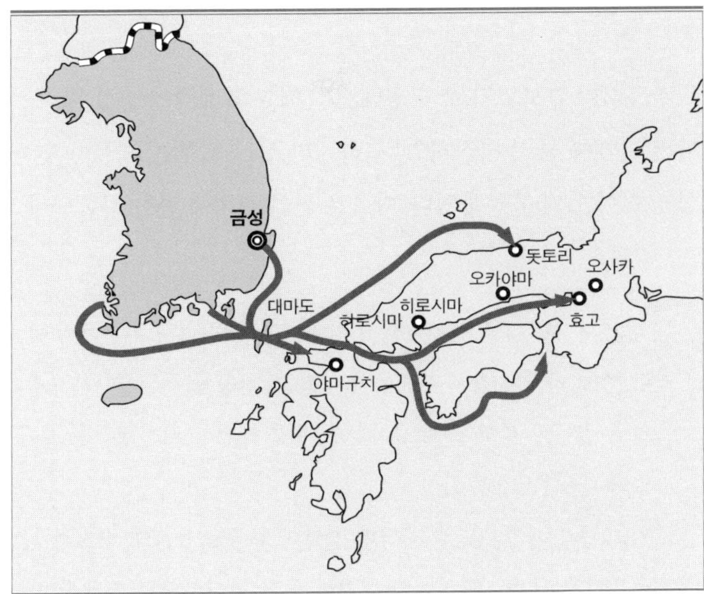

신라 해적 진출로

라·당·일본을 연계한 해상무역체제가 유지된 것을 뜻한다.

이는 엔닌이 9년간의 당나라 생활을 끝내고 847년 7월 일본으로 귀국할 때 유신언 및 장영의 도움을 받고 신라 상인 김진의 선박을 이용한 것과 853년 엔닌의 제자 엔친이 당으로 갈 때 신라 무역상 흠당휘·왕초의 선편을 이용한 것을 통해 확인된다.

당시는 당나라가 중국 상인의 해외 출국을 금지하고 있었다. 중국 상인의 해외 출국은 875년 황소의 난 이후에 풀렸다. 따라서 청해진이 폐쇄된 뒤에도 약 24년 동안은 신라상인과 재당신라인만이 자유롭게 해외를 나갈 수 있어 자연히 해상무역은 이들이 독점할 수밖에 없는 상황이었다.

장보고 사망 후에도 상당기간 동안 연근해 바다는 신라가 장악하고 있었다.

그러나 장보고가 죽고 청해진의 해상 통제력이 힘을 잃자 해적이 곳곳에서 고개를 들기 시작하였다. 하지만 신라 정부는 해적을 단속하고 퇴치할 능력이 크게 부족하였다. 다음은 신라 해적에 관한 기록이다.

"835년 3월 14일, 대제부에서 일지도는 멀리 바다 가운데에 있으며 땅이 좁고 인구가 적어 유지하기 어렵고, 신라상인이 방위사정을 엿보는 것이 끊이질 않았으나, 감시인을 두지 않아서 비상대책을 세울 수 없었다." —『속일본후기』

"842년 11월 17일, 신라 적병이 언제나 틈을 엿보고 있으며 ……, 장차 내습하는 적을 막을 수 있는 것은 오직 천지신명의 도움을 받는 것뿐이다." —『삼대실록』

"869년 6월 15일, 지난 달 22일 밤에 신라 해적선 2척이 하까다에 와서 풍전국의 공물인 비단과 포목을 탈치해 갔다. 추격하였으나 잡지 못하였다." —『삼대실록』

"870년 2월 15일, 신라 해적선 2척이 축전국의 황진에 내도하여 풍전국의 공물선에 실린 비단과 포목을 약탈해 갔다." —『삼대실록』

"870년 2월 20일, 종래 대제부 관내에 거주하는 (신라)사람은 많으며 이들은 표면적으로는 귀하 한 듯이 하지만 마음속으로는 역모를 품고, 만일 내침하는 신라인이 있으면 반드시 내응하였다." —『삼대실록』

835년은 장보고가 한창 활약할 시기이다. 장보고 무역상단에는 퇴역한 정예군인 출신도 상당수 포함되어 있었다. 또 청해진의 상비군 중에서도 상단의 호위나 보호를 위해 필요한 경우 상선에 승선하기도 하였다. 장보고 무역상단은 군사력을 상당히 갖추었던 것이다. 이는 또 신라상인의 우월적 지위를 확인케 한다.

860년대 이후 신라상인들이 일본 측에 상거래를 강압하기도 하고, 신라 해적들이 일본의 관물을 탈취하는 등 약탈 행위가 부쩍 늘어난다. 이는 장보고 사망 이후 신라 정부의 해상통제력이 사실상 거의 상실되다시피 취약해졌기 때문이다. 즉 장보고의 감시와 통제를 받던 해상 세력들이 독자적으로 활동하기 시작한 것이다.

860년대 들어 일본 정부는 재일신라인들을 탄압하기 시작하였다. 신라 해상세력과 재일신라인들 간의 교섭을 의심하였기 때문이다. 일본이 양 세력의 연대를 완전히 끊으려고 탄압정책을 지속하므로 일본으로 가는 신라상인들은 어쩔 수 없이 자신을 '당나라 상인'이라고 출신을 속였다. 그러다가 875년 황소의 난 이후 당이 중국 상인의 해외 출국을 허용하자 이제 떳떳이 당 상인으로 행세하였다. 따라서 중국 상인의 해외출국이 금지된 시기에 당 상인이라고 불리는 자들은 거의 모두 신라상인 또는 재당신라상인이다. 또 860년대와 870년대에 일본에 나타난 신라상인과 신라해적은 거의 대부분 신라 서남해에 근거지를 둔 해상 세력이었다.

890년대에 들어와서 신라 해적은 규모가 커지고 활동이 대담해진다. 893년 5월 22일 신라 해적이 규슈 북부의 마쓰우라군을 공격하였다. 이것을 시발로 하여 다음해 9월 30일까지 1년 4개월 동안 전면적인 해적의 침입이 일어났다.

해적의 세력 규모가 엄청나게 커졌고 침입 지역의 범위도 확산 되었다. 일본 규슈지역뿐 아니라 야마구치현·오카야마현·히로시마현·돗토리현·효고현·교토부 등 본토까지 북상하였다. 일본은 신라 해적을 효과적으로 제어하지 못하였다. 일본은 해적의 침입이 극심한 야마구찌·난요·돗토

고려 초기 지방 호족들의 투박한 문화를 상징하는 불상과 탑

리 지역과 세토내해 등지에 계엄을 선포하였다.

또 890년대에 들어와서는 신라 해적에 당나라 사람과 일본인이 가담하였다. 예를 들어 894년 9월 5일 신라 해적단 2,500여 명이 40여 척의 배를 타고 대마도를 습격하였다. 그런데 이 해적단의 장군 3명 중 한 명이 당나라 사람이었다. 이는 신라 해적의 규모가 확대되면서 재당신라인 또는 당인들이 가담하였기 때문일 것이다. 한편 2,500여명의 인원과 잘 짜여진 군대조직을 갖춘 집단이라면 단순한 해적이라기보다 서남해 연안에 기반을 둔 해상 호족이 보낸 군사였을 수도 있다.

해적은 양면의 얼굴을 가진다. 정상적인 거래의 얼굴과 힘에 의한 약탈의 얼굴이다. 해적은 언제나 상황에 따라 태도가 바뀌는 무장상인단이다. 해적은 시대환경에 따라 나타났다가 사라지고 또 나타난다. 그것은 현대에 있어서도 마찬가지이다.

신라 말에 일본을 노략질한 해적과 해상 호족을 경계를 지어 명확히 구별할 수 없다. 하지만 힘을 갖춘 호족들은 민심을 끌어들이고 정치적 입지를 강화하기 위해 해적을 토벌하거나 회유하여 휘하에 편입시켜 나갔다. 이로 말미암아 신라 해적들은 10세기 초반에 이르러 해상 호족으로 성장하거나 이들에게 흡수되었다.

3. 호족의 해외 교역

신라 말 견훤이 후백제를 건국하고 왕건이 고려를 건국하자, 각지의 호족들은 신라·후백제·고려 중 어느 한 곳을 선택해야만 하였다. 또 해상 호족들 역시 견훤을 선택하거나 아니면 왕건을 선택해야 하였다. 전체적으로 왕건 편에 선 해상 호족들이 많았다. 왕건의 할아버지 작제건이 유명한 무역상이었고 해상 호족이어서 해상 세력을 포용하기가 용이하였을 것이다.

특히 왕건이 견훤을 지지한 해상 호족 능창을 제거한 후부터는 해상 세력들이 왕건 쪽으로 많이 쏠렸다. 능창은 영산강 하구에 있는 섬 압해도에 근거를 둔 해상 호족인데, 왕건을 해치려고 하다가 도리어 왕건에게 잡혀 죽었다.

신라 말 호족들 간의 치열한 전쟁은 군수산업을 다시 일으키기 시작하

였다. 우수하고 강력한 무기를 만드는 것과 군마·의복·식량·소금 등 군수
물자의 확보는 호족들이 무엇보다 중요한 최대의 과제였다.

후삼국이 정립되자 경주를 중심으로 하였던 상권은 그 토대를 상실하
였다. 후백제의 무진주와 고려의 개경이 상권의 중심으로 급속히 부상해
갔다. 이런 분위기를 타고 수공업자와 상인들은 무진주와 개경으로 거처
를 옮겨갔다.

후백제와 고려는 해외 교역에 경쟁적으로 나섰다. 이는 군수품 조달
과 교역 이익의 획득뿐 아니라 대내외적인 권위와 위상에 직결되는 중차대
한 일이었다. 당시 중국은 당이 멸망하고 5대 10국으로 분열되어 있었다.
이들 각국도 후백제와 고려와의 교역을 희망하였다.

후백제와 고려의 무역 상대국은 주로 중국 동남 연안의 오, 남당, 오월,
민, 남한 등 5왕국이었다. 오와 남당은 산동의 남부에서 양자강 입구까지
를 포함하는 해안을, 오월은 양자강 입구에서 복건의 경계까지 해안을 차
지하고 지배하였다. 민은 940년 남당과 오월에 의해 멸망하기까지 복건의
모든 해안 지역을 차지하였고 남한은 광주를 중심으로 하여 남부 해안을
지배하였다. 특히 이들 왕국 중 오월·민·남한은 재정수입의 대부분을 무
역에 따른 관세수입에 의존하는 이례적인 무역 국가였다.

대외 교역망이 붕괴되고 분열되었을 때, 끊어진 연결선을 다시 이으
려는 상인들의 움직임은 자연스런 일이다. 이때 과거에 서로 연계가 두터
웠을수록 연결하려는 욕구는 크다. 한반도와 중국 간에도 정치적 혼란을
극복하면서 교역을 연결하려는 상인들의 희망은 양쪽 나라들의 희망이기
도 하였다. 후백제와 고려는 오월·민·남당 등 중국 동남 연안의 왕국들과
경쟁적으로 좋은 관계를 맺으려 하였고, 이들 왕국들도 우호 관계를 맺고
교역을 확대하기 위해 노력하였다.

견훤과 왕건이 동시에 우호 관계를 맺는 경우도 있었다. 그 대표적인 왕국은 오월국이다. 하지만 오월국은 왕건보다 견훤과 더 가까이 지낸 듯하다. 견훤은 900년에 오월 왕 전류에게 조공사절을 보냈다. 912년에는 좋은 말을 선물하였다. 또 927년에는 고려 왕건과의 전쟁을 중재해 달라고 요청하였다. 이 요청을 받은 전류는 동년 11월에 사신 반상서를 파견하여 견훤과 왕건의 화해를 주선하였다. 오월 왕의 평화 중재 노력은 성공하지 못하였다. 하지만 왕건이 반상서가 가져온 오월왕의 편지에 일단 경의를 표하고 경청하는 태도를 보였는데, 이는 오월과의 외교관계를 중시하고 지속적인 교역을 희망하였기 때문이었다.

오월국은 당시 일반 백성들에게 그 존재가 널리 잘 알려져 있었다. 백성들이 친근하게 여겼기 때문인지 신라 말에 내란을 피해 중국으로 피난간 자가 많았는데, 오월국으로 가장 많이 갔다. 그러나 이는 오월국 지방에 재당신라인들의 신라방이 많이 존재하였던 것과 무관하지 않을 것이다.

호족의 시대에 해상무역과 관련하여 중국 역사서인 『신오대사』, 『자치통감』등에 매우 흥미로운 사실이 하나 수록되어 있다. 고려가 한반도를 통일한 936년 후부터 940년대 초반 경에 신라 사절이 보검과 공물을 가지고 중국의 민 왕국에 온 것이다. 당시 신라는 이미 망하고 없으므로 민 왕국은 그들을 어떻게 대우할지 몰라 우왕좌왕 하였다. 이 무역사절단은 어떤 호족이 고려 정부와 상관없이 독자적으로 민 왕국에 보냈는데, 다만 고려 명칭을 쓰지 않고 종래의 관행대로 신라 명칭을 사용한 것으로 보인다.

신라 명칭을 임의로 사용한 무역사절단의 또 다른 예로 강주(지금의 진주) 지역의 호족인 왕봉규가 있다. 왕봉규는 924년과 927년 두 차례에 걸쳐 후당에 신라 정부 모르게 신라 명칭의 조공사절을 보냈다.

이와 같이 호족들은 대외 교역을 전담하는 상인과 무역선을 보유하고

공식적이건 또는 비밀리의 접촉이건 간에 독자적으로 해상무역을 전개하
고 있었다.

3부 상업의 나라 고려

1. 상인이 존경받는 나라

고려는 훌륭하고 위대한 나라였다. 고려는 강력한 정복국가 요나라와 당당히 맞서 싸워 승리하였다. 세계를 정복한 칭기즈칸의 몽고와도 40여 년 동안이나 항전을 지속하였다. 태조 왕건이 건국한 이래 고려는 474년 동안 살아 있었다. 고려가 존재하던 시절 동아시아는 송나라, 거란(요나라), 금나라, 몽골(원나라), 명나라 등 수많은 왕조의 부침이 있었다. 그러나 이 격변의 시기를 거치면서 고려는 끝까지 자존을 지켜낸 대단한 나라였다.

고려는 세계 역사상으로도 보기 드문 상업의 나라였다. 상업으로 국력을 키우고 쌓았다. 수도 개경은 국제적인 상업도시였고, 중국 사신이 감탄할 정도로 웅장하고 화려하였다. 풍요로운 개경 시가의 집들은 아름다운 빛깔의 단청으로 꾸며졌고, 또 수십 집 사이사이로 화려한 누각이 우뚝우뚝 서 있었다. 중앙시장의 시전거리에도 빛나는 장식을 한 누각들이 즐비하였다. 뿐만 아니라 무역항 벽란도와 개경을 잇는 30리 도로는 도로변에 집들이 연이어 차 있었다.

고려를 이토록 강인한 나라로 만들고 개경을 세계적인 상업도시로 키운 힘은 어디에서 나왔을까? 일반적으로 국력은 영토와 인구에 달려 있다고 한다. 당시는 농업이 국가경제의 중심이었고 영토에 비해 인구가 적었던 까닭에 무엇보다도 인구가 국력과 직결되는 주요한 요소였다.

그렇다면 고려의 인구는 과연 얼마쯤 되었을까? 각종 자료를 종합하여 고려 초기의 인구를 350만 내외로, 고려 말의 인구를 550만 내외로 추정하는 것은 무리가 없을 듯하다.

인구 350만~550만의 국가는 당시로서는 세계에서 몇 되지 않았다. 고려는 국력을 뒷받침하는 충분한 인적 자원을 가지고 있었고, 성장 잠재력이 풍부하였다. 이와 같이 고려는 상인들이 자신의 역량과 재간을 마음껏 발휘할 수 있을 정도의 인구 여건과 경제 환경을 갖춘 나라였다.

1. 세계 최고의 패션 도시 개경

태조 왕건은 919년 철원에서 개경으로 천도하였다. 왕건은 수도 개경을 궁성, 황성, 나성 등 세 겹의 성곽을 가진 도시로 계획하였다. 그리고 궁궐과 관청, 시장과 사찰, 도로와 주택 등 도시 기반시설을 건조해 나갔다. 그러나 개경이 왕도로서의 위상과 면모를 완전히 갖춘 것은 1029년 나성이 축조되면서였다. 나성은 개경을 에워싸는 바깥 성곽으로 높이가 약 9.5m, 둘레가 23km에 달하였고 성문이 20개였다. 나성의 완성으로 개경은 중국 사신들이 칭송할 정도로 웅장하고 화려한 세계적인 도시가 되었다.

개경의 인구는 대략 나성이 완성된 이후 50만으로 잡는

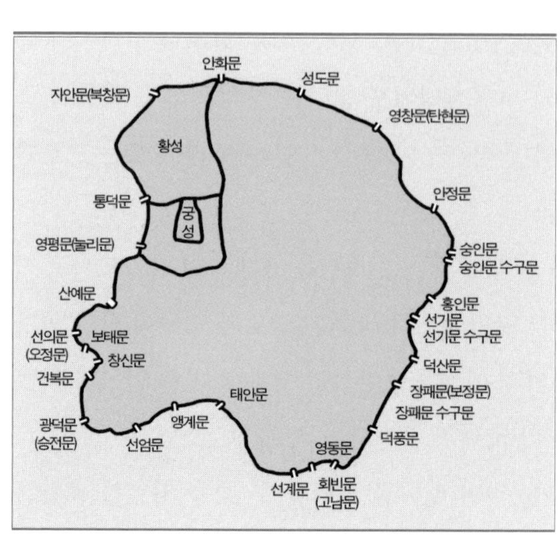

나성의 성문

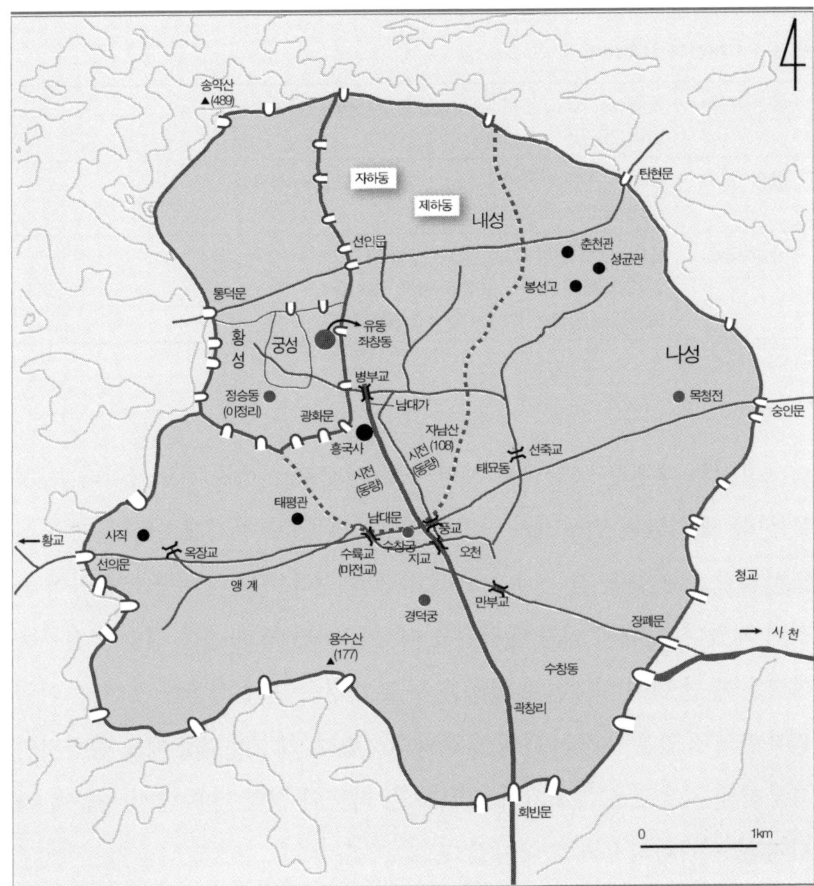

개경의 주요 시설도

것이 통설이다. 즉 개경은 전성기에 인구 50만에 달하는 '자유도시'였고, '상업도시'였다. 당시 50만 인구를 가진 도시는 중국 외에는 세계에서 찾아보기 어렵다. 즉, 개경은 당시 세계 최고의 도시였다.

궁성(宮城)	둘레 2,170m, 동서 373m, 남북 725m, 마름모 넓이 25만m² (약 76천평)
황성(皇城)	둘레 4,700m, 동서 1,125m, 남북 1,150m, 사각형, 넓이 125만m² (약 378천 평)
나성(羅城)	높이 27尺척(약9.5m), 성폭 12척(약 4.2m) 둘레 23km, 동서 5,200m, 남북 6,000m, 넓이 2,470만m² (약 7,47만 1천 평)

고려의 개경은 오늘날로 치면 수도 이전으로 생긴 신도시이다. 이것은 신라 때 최말단 변두리가 중앙이 되는 그야말로 천지개벽이다. 개경 신도시의 초기 기틀을 잡는 데는 발해 유민과 신라 유민의 대규모 유입이 큰 힘이 되었다. 발해의 세자 대광현을 따르는 수만 명과 신라 경순왕 김부를 따르는 수만 명이 약 1년여 시차를 두고 개경 주변에 정착한 것이다. 이런 외부인의 유입은 개경의 다양성을 확대시켰다. 개경은 애초에도 변경지역으로서의 자유로운 분위기가 있었지만, 이들의 정착 이후 출신 성분을 따지지 않는 기회의 도시로 나아갔다.

왕건은 수도 개경을 신속히 발전시키려 하였다. 수도의 발전은 곧 왕권의 강화와 직결되므로 소홀히 할 수 없는 일이었다. 하지만 개경은 허허벌판에서 새로 시작하는 신도시여서 수도로서의 면모를 갖추는 것이 무엇보다 시급하였다. 왕건은 개경을 키우기 위해 우선 사람들을 끌어 모우는 데 주력하였다. 먼저 수만 명의 신라인과 발해인을 개경 주변에 정착시킨 데 이어 후백제인·발해인·거란인·여진인·말갈인·흑수말갈인·회회인·중국인·일본인 등 누구든지 받아들였다. 이리하여 개경은 여러 족속이 함께 어울려 사는 거대한 신흥도시로 성장해 나갔다.

왕건은 개경을 거대도시로 키우기 위해 사유재산의 보호와 상공업을 장려하였다. 특히 도시민의 사유재산을 인정하고 보호하였다. 인류 역사 상 도시의 사유재산제는 궁극적으로 상공업의 발전으로 이어진다. 왜냐하면 사람은 재산을 보호 받을 때 더 많은 재산을 가지려고 노력하는 심성이 있기 때문이다. 또 도시는 최대 소비처이고 도시민은 소비자인 동시에 생산자이다. 도시와 상공업은 맞물려 순환한다. 그러므로 사유재산제, 상공업 발전 그리고 도시의 성장은 한 묶음으로 같이 돌아가는 것이다.

고려 사회는 부를 중시하였다. 부를 중요한 가치 기준으로 삼았기에 고위관리일지라도 부자가 아니면 행세하는데 지장을 받았다. 하지만 비록 지위가 미천하더라도 돈이 많으면 좋은 옷을 입고 큰 저택에서 살 수 있었다. 승려들도 돈이 있으면 개인 사찰과 주택을 각자의 재력에 따라 지었다. 이는 서울인 개경뿐 아니라 지방에서도 마찬가지였다.

고려 수도 개경은 세계 최고의 패션도시였다. 태조 왕건은 귀천을 불문하고 자유로이 좋은 옷을 입을 수 있도록 허용하였다. 따라서 누구나 황제와 왕을 상징하는 용 또는 봉황의 문양을 화려하게 수놓은 비단옷을 마음대로 입고 다녔다. 이는 당시로서는 동서양을 막론하고 상상하기 어려운 일이었다. 노비가 신라시대에 고위관리가 입던 자주색 비단 옷을 입고 다녀도 문제가 없었다. 승려들도 세속과 다름없이 사치스러운 옷을 입고 다녔다. 이렇게 복색의 자유가 개경을 활기찬 도시로 만들고 나아가 상공업을 성장케 하는 밑거름으로 작용하였다.그리고 복색의 자유가 개경을 세계 일류의 패션도시로 만들었다.

오늘날 왕건의 복색 자유는 대단한 의미를 가진다. 우리나라 역사상 고려 초처럼 백성들이 복색의 자유를 향유한 적이 없다. 중세에 있어서 복색의 자유는 외양상 신분의 구별이 없음을 뜻한다. 이것은 가히 혁명적이라고 할 수 있다. 또 이것은 외양상 신분의 구별이 부의 소유에 기반하고 있음을 의미한다. 값 비싼 옷은 그만큼 부가 소요되기 마련이다. 사람들은 좋은 옷을 입고 싶은 욕망을 채우기 위해 부를 가지려 한다. 이것이 사람을 부지런하게 하고 사회에 활력을 준다. 고려 왕건의 시대는 열심히 일하며 더불어 살만한 시대였다.

그러나 고려의 지배층은 복색의 자유를 못마땅하게 여기고 기회만 있으면 복색을 규제하려고 나섰다. 신분의 높낮이에 따라 옷을 구별해 입자고 주장하였다. 최승로가 성종에게 서민들은 비단 옷을 못 입게 하고 주택의 크기를 신분에 따라 정하자고 건의한 것이 대표적인 예이다.

최승로가 건의한 신분에 따른 복색 구별과 주택의 크기 제한은 당시에 이루어지지 않았다.

훗날 복색을 제한하려는 시도는 끊임없이 계속되어 결국 복제규정이 제정되게 되었으나 잘 지켜지지 않았다. 돈 있는 서민들이 좋은 옷을 입고 나다니는 사회현상은 고려가 멸망할 때까지 유지되었다.

이와 같이 고려는 부를 이룬 자가 살기 좋은 나라였다. 벼슬이 높아도 가난하면 좋은 옷을 입지 못하고 일반 백성들도 부유하면 최고급 비단 옷을 입었다. 또 부를 축적하여 부자가 되면 천한 신분일지라도 고위층과 사귀었다. 심지어 왕하고도 돈거래를 하였다. 1353년 8월, 공민왕은 재정이 어려워서 민간 부호들로부터 돈을 빌렸다. 고려는 누구나 부자가 될 수 있었고, 부자가 되면 신분에 상관없이 살기 좋은 나라였다.

한편 고려는 수도 개경 주변의 황해도 지역과 한강 유역을 의욕적으로 개발해 나갔다. 농업 인구의 증가와 농업 생산력 증대는 개경의 상업을 키웠다. 또 고려는 상인과 수공업자를 우대하여, 신도시 개경 발전을 위한 그들의 헌신적인 참여를 이끌어냈다. 이로써 개경과 그 주변 지역은 자생력을 갖춘 경제권역으로 우뚝 섰다. 또 국제적인 상업도시로 빠르게 성장해 나갔다.

예나 지금이나 상인은 도시의 얼굴이다. 상인이 없는 도시는 도시문화를 꽃피울 수 없다. 상인이 없거나 상인이 별 볼일 없는 존재로 취급당하는 도시는 인위적으로 만들어질 수는 있겠으나 자체의 성장 동력을 창출하지 못하고 결국은 몰락하고 만다. 상인은 시장경제원리에 따라 이윤을 찾아 스스로 움직이는 특이한 존재이다.

고려시대 상인들은 정부의 개경 발전정책을 지지하고 협력하는 것이 자신을 성장시킬 수 있는 지름길임을 믿고 적극 협력하고 기여하였다. 그러기에 신도시 개경 건설에 자발적으로 참여하고 열정적으로 일하였다. 개경 시장을 활성화시켜 나갔으며 몰려드는 유민과 이주민들에게 각종 생활물품들을 값싸고 원활하게 공급해 주기 위해 애를 썼다.

2. 화려하고 멋있는 개경 시전거리

태조 왕건은 개경 천도이후 가장 먼저 시전(시장)을 세웠다. 왕건은 개경 중앙에 시전을 위치시킨 다음 시전을 중심으로 하여 도시를 구획하고 도로망을 짰다.

도시와 시장은 동전의 앞뒤 면과 같은 불가분의 관계이다. 시장이 없는 도시는 상상할 수 없을 만큼 도시와 시장은 하나이며, 시장은 도시의 상징이다. 그러므로 개경에 무엇보다도 먼저 시장을 건설한 왕건은 도시와 시장의 관계를 잘 이해하였던 것이다.

개경의 도시 모델은 경주였다. 경주의 모델은 당나라 수도 장안성이다. 장안성은 도시의 한 구역을 시전으로 정하고 따로 구분하여 방책과 울

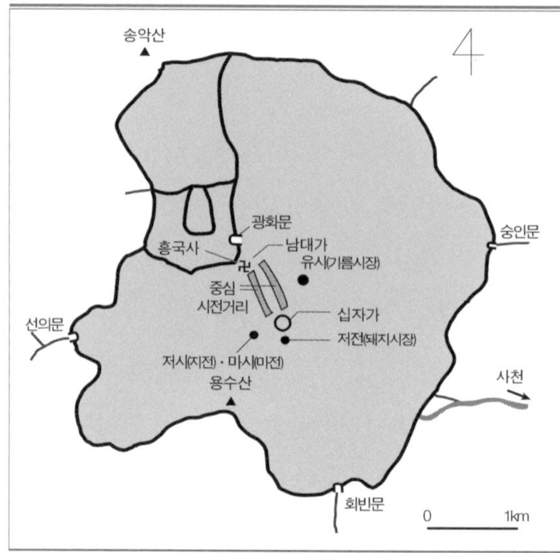

개경 시전의 분포

타리로 둘러쌌다. 방책 안에서만 상인들이 영업을 하게 하였고, 다른 곳에서는 장사를 못하게 금지하였다. 또 시민들의 출입시간과 영업시간을 엄격히 통제하였다. 그러나 경주는 주거와 출입을 통제하는 장안성의 방식을 채택하지 않았다. 개경 시전도 경주와 마찬가지로 주거와 출입이 자유로웠고 영업에 따른 통제와 규제는 크지 않았다. 시전과 민가를 구분하는 방책과 울타리는 없고 시전 건물과 민가가 거의 연접해 있었다.

개경의 시가지 중심 간선도로는 열십자 형태의 십자가 거리였다. 십자가 거리는 황성의 동쪽문인 광화문(현재의 개성 남대문)과 연결된다. 따라서 십자가 거리에서 서북쪽을 쳐다보면 웅장하고 화려한 광화문이 바라다보였다.

개경의 중앙시전은 황성의 동쪽문인 광화문과 십자거리 사이의 대로에 위치하였다. 바로 이 대로가 중앙 시전거리이다. 그리고 이 대로 좌우에 건립된 긴 장랑이 시가 상점이다.

개경의 중앙 시전은 규모가 얼마나 컸을까? 중앙 시전거리는 왕건이 시전을 건립한지 290년이 지난 1208년에 재건축하였다. 재건축에 1,008

개의 큰 기둥을 사용하였다.

본래 시전 장랑(長廊)●은 십자가에서 광화문으로 가는 도로 좌우에 지
은 행랑 건물이고 그 범위는 흥국사까지였다. 이때에 흥국사에서 광화문
까지 연장하고 전체 시전을 재건축한 것이다.

그렇다면 1,008개의 기둥으로 세운 장랑은 얼마쯤 길었을까? 이것은
1,008개의 기둥 중 도로를 따라 좌우에 선 기둥이 몇 개인지를 알면 간단
하다.

그런데 기둥 간격을 3m로 치고 장랑 내부를 받치는 기둥을 1개로 가
정하면 도로가를 따라 선 기둥은 모두 336개이고 길이는 1,008m가 된다.
도로 한쪽은 그 반으로 504m가 된다. 다음 내부 기둥을 2개로 가정하여 추
산하면 한쪽 길이는 378m가 된다. 그러므로 중앙 시전거리의 장랑은 구조

●장랑 [長廊] | 대궐 문이나 집 대문의 안쪽 좌우에 죽 붙어서 벌여있는 큰 규모의 행
랑이다. 군사들이 경비를 서거나 하인들이 거처하였으며, 물건을 보관하기도 하
였다. 개경 시전 장랑은 상품을 판매하는 공간으로 활용되었다.

여하에 따라 504m내지 378m로 추산 가능하다. 이것은 상가 건물이 선 상점가 거리가 400m내지 500m에 달하는 것을 말한다. 이처럼 개경의 시전거리는 그 규모가 대단하였다.

한편 상점가 거리의 도로 폭은 얼마나 넓었을까? 오늘날 도로 폭을 100m 이상으로 추정하는 견해도 있다. 과연 그 정도로 넓었을까? 그렇다면 또 거리의 모습은 어떠하였을까? 이에 대해서는 최충헌·최충수 형제의 전투와 우왕의 말달리기 시합을 통해 그 모습을 그려 볼 수 있다.

최충헌·최충수 형제가 1198년 쿠데타를 일으켜 이의민을 축출하고 정권을 장악하였다. 최충수는 앞날을 도모한다며 딸을 태자에게 시집보내려 하였다. 장차 딸을 왕비로 만들려는 것이다. 최충헌이 욕심이 과도하다며 이를 만류하였다. 어머니까지 나서 최충수를 말렸다. 하지만 최충수가 듣지 않고 끝내 강행하려하자 형제간에 생사를 건 싸움이 붙었다. 전투는 새벽녘에 흥국사 남쪽 상점가 거리에서 벌어졌다. 각각 군사 1,000명씩 총 2,000명이 시가전을 벌렸다. 이때 최충헌군이 화살을 쏘자 최충수군은 장랑의 판자 문짝을 뜯어 방패막이로 삼았다. 결과는 형 최충헌이 승리하였다.

이와 같이 시전거리는 수천 명이 시가전을 벌일 만큼 넓었다. 또 장랑은 판자로 만든 출입문이 붙어 있었다. 따라서 장랑은 상품을 진열하거나 판매하는 장소였고 그 뒤편에 상점의 본 건물 또는 창고 같은 부속건물이 붙어 있었던 것이다.

개경 시전거리에 얽힌 재미있는 일화가 또 있다. 고려 말 우왕의 이야기이다. 1386년 4월 어느 날 비가 축축이 내리는 저녁 무렵이었다. 젊고 건장한 22세의 우왕이 시종 5명을 거느리고 시전거리 길 한복판에 나타났다. 그들은 말을 타고 있었다. 그리고 길가에 운집한 군중들의 환호를 받으며 말 달리기 시합을 하였다. 다음 우왕은 동년 5월 단오 날에 시전거리에서 시장 상인들과 어울려 격구를 하였다. 아마도 단오 축제 행사로 왕실 격구 팀과 시장 상인 격구팀이 한판 겨루었던 모양이다. 개경 시전거리는 이처럼 격구 시합을 하거나 승마 경주를 할 정도로 폭이 넓었다.

오늘날 우왕의 시전거리 이야기는 곱씹어 음미해볼 의의가 있다. 우왕이 개경의 중앙 상가거리에서 일반 상인들과 어울려 격구를 하고 말달리기 시합을 하는 광경은 얼마나 신선하고 흥미진진한가? 미리 예고되었을 것이니 사람들은 또 얼마나 많이 모였겠는가? 놀라운 구경거리에 손뼉을 치고 기뻐하는 사람들의 얼굴이 선하다. 시장거리에 말을 타고 우뚝 선 우왕의 모습에서 상업의 나라 고려를 연상하고 고려다움과 고려의 기상을 찾는다 해도 지나친 표현은 아닐 것이다.

개경에는 중앙 시전거리 말고도 장랑이 또 있었다. 광화문에서 관청이 있는 곳과 사신이 묵는 객관으로 가는 길에 장랑이 있었다. 이에 대해 송나라 사신 서긍(徐兢)이 쓴『고려도경』에 다음과 같은 기록이 있다.

"왕성에는 본래 방시가 없고, 광화문에서 관부와 객관에 이르기까지, 모두 긴 장랑을 만들어 백성들의 주거를 가렸다. 때로 장랑 사이에다 그 방의 문을 표시하기를, '영통'·'광덕'·'흥선'·'통상'·'존신'·'자양'·'효의'·'행손'이라 하였는데, 그 안에는 실제로 가구(네거리)나 시정(시장)은 없고, 절벽에 초목만 무성하며, 황폐한 빈터로 정리되지 않은 땅이 있기까지 하니, 밖에서 보기만 좋게 한 것뿐이다."
―『선화봉사고려도경』 권3, 성읍, 방시

왕성에 본래 방시가 없다는 것은 무슨 뜻일까? 이는 개경에는 중국 장안성의 방시와 같이 방책과 울타리를 친 특정한 시장구역이 없다는 것이다. 그런데 긴 장랑에 방문의 표시라며 열거한 '영통'·'광덕'·'홍선' 등 8개의 명칭은 무엇을 뜻하는 것일까?

장랑이 주거를 가렸다 함은 장랑 뒤편에 원래 건물이 있다는 것, 즉 장랑은 부속 건물이라는 의미를 가진다. 그러므로 장랑은 필요에 따라 열고 닫을 수 있는 문짝 또는 가리개가 부착된 도로변의 행랑인 것이다. 여기서 서긍은 장랑의 문을 통해 잡초더미와 넓은 빈터가 보인다 하였는데, 이는 장랑의 문이 본 건물로 들어가는 상당히 큰 문이라는 것을 나타낸다.

개경 시가지에는 이 8개의 명칭과 유사한 명칭을 가진 문이 많이 있었다. 983년 성종이 개경 시내에 6개 주점을 설치하였다. 나라에서 직접 술집을 만든 것이고 서긍이 고려에 오기 140년 전이다. 그런데 그 술집 상호가 '성례'·'낙빈'·'연령'·'영액'·'옥장'·'희빈' 등이다.

이들 명칭은 서긍이 본 '영통'·'광덕'·'홍선'·'통상'·'자양'·'효의'·'행손' 등과 너무나 비슷하다. 서로 섞어 놓으면 따로 구분할 수 있겠는가?

따라서 서긍이 본 명칭은 풍기는 이미지로 보아 주점, 찻집, 숙박업소, 음식점의 상호일 것이다. 더구나 광화문에서 객관으로 가는 거리는 관청과 가까워 관청에서 손님 대접하기도 좋고 관원들이 회식

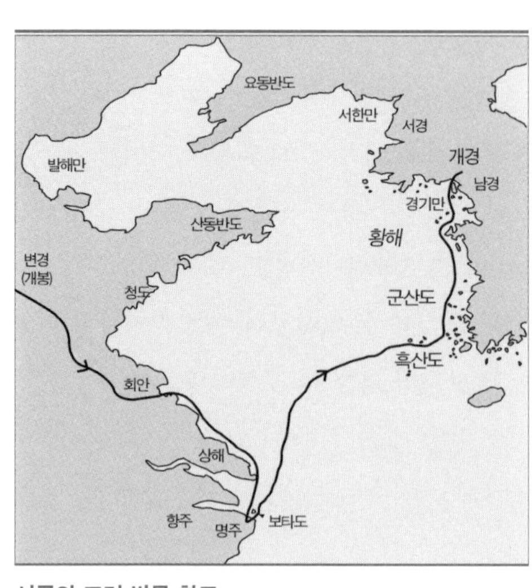

서긍의 고려 방문 항로

하기도 적합한 곳이어서 더욱 그러하다.

한편 시전거리 상점들은 업종별로 대형 표시물을 걸어 놓거나 개별 가게마다 나름대로의 상호 표시를 하고 있었다. 소비자들의 편이와 홍보를 겨냥하여 문짝이나 기둥에 업종 표시물을 부착하고 색깔 있는 깃발을 세우거나 처마에 걸어 놓았다. 또 아름답게 장식을 한 연등을 걸어 놓았다.

개경 중앙 시전거리는 대단히 멋있고 화려하였다. 웅장하고 화려한 누각이 거리를 따라 우뚝우뚝 서 있어 번화함을 더하였다. 시전거리에 놓여진 다리에도 단청을 칠한 아름다운 누각이 있었다. 누각은 2층 또는 3층이었고 연회를 베풀 정도로 컸다. 우왕은 시가의 누각에서 격구와 씨름을 구경하고 선수들에게 상을 주기도 하였다. 또 시전거리에 놓여진 그 다리에도 단청을 칠한 아름다운 누각이 있었다.

시전거리에서 가장 화려한 누각은 홍국사 근처의 서로 마주보는 누각이다. 누각 이름이 왼쪽은 박제, 오른쪽은 익평이다. 누각은 단청이 아름답고 발과 장막이 화려하게 꾸며져 있어 중국 사신들도 감탄하였다. 뿐만 아니라 시전거리의 집들도 화려한 단청 채색을 하고 있었다. 이렇게 아름다운 장식을 한 누각들, 누각 있는 다리 그리고 단청집이 어울려 시전거리가 한층 화려하게 빛났다.

그렇다면 시전거리에는 어떠한 상점들이 들어와 있었을까? 요즈음 상가거리처럼 신발 코너, 의류 코너, 화장품 코너, 식료품 코너 등으로 업종별로 구획되어 있었을까? 아니면 입맛대로 가게를 내고 어떤 물건이든 팔았을까?

개경 시전거리는 오늘날과 비슷하게 업종별로 구역을 나누었다. 즉 업종 단위로 장랑의 일정 구역을 차지하고 장사를 한 것이다. 하지만 500m나 되는 시전거리 좌우에 어떤 업종이 어느 위치에 자리를 잡고 영업을 하였는지는 밝혀지지 않고 있다.

당시의 주요 업종은 모시와 베를 파는 포전, 비단을 파는 명주전, 가죽 제품을 파는 피혁전, 의복을 파는 의전, 신발을 파는 혜전, 고려자기를 파는 자기전, 유기그릇을 파는 유기전, 옹기그릇을 파는 옹기전 등이다. 뿐만 아니라 갓을 파는 갓전, 말채찍과 말굴레 등을 파는 마구전, 곡식을 파는 곡물전 등도 일정 구역을 차지하고 영업을 하였다. 또 종이·돗 자리·수산물·육고기 등을 파는 시전도 일정한 장소에 따로 설치되어 있었다.

한편 개경에는 중앙 시장 외에도 도시민이 편리하게 이용할 수 있는 소규모 상점거리와 시장이 여러 곳에 산재해 있었다. 선의문에서 숭인문으로 뻗은 대로변 가까운 곳에 종이를 판매하는 지전이 있고 그 옆 하천변에 말을 파는 마전이 있었다. 돼지를 파는 저전은 십자가 남쪽 편에 있었다. 십자가 가까이 산기슭에 유암이라는 바위가 있는데 그 주변에서 기름 시장이 열렸다.

왕궁의 동편 행랑에도 점포가 여러 개 있었다. 특히 곡물을 파는 가게는 장소 제한을 받지 않고 어느 곳에서나 낼 수 있었고, 오늘날의 골목시장과 유사한 일상생활용품과 채소 등을 파는 여항소시는 언제, 어디서나 열 수 있었다.

이렇게 개경은 중앙 시전거리를 중심으로 하여 소규모 상점거리가 요소요소에 자리를 잡았고, 또 주택가 여러 곳에 골목시장이 들어서 있었다.

3. 벼슬길에 나서는 상인들

고려는 상업의 나라였고 상인이 나라의 당당한 주역이었다. 상인 출신이 고위 벼슬을 많이 차지하였고, 상인 출신이 정권을 잡아 좌지우지한 적도 있다. 고려는 건국 초기부터 상인의 위상이 대단히 높았고 존경 받았다. 이것은 건국 과정을 살펴보면 분명히 알 수 있다.

고려 초기는 신라 말기의 연장선상에 있었다. 따라서 신라 때 비교적 높은 신분인 4~5두품을 유지하였던 상공인들의 사회적 위상이 고려 초기에 급격히 떨어질 이유는 없다. 그리고 신라는 골품제 사회여서 골품에 따른 신분상의 차별은 있을지언정 백성들을 사농공상으로 나누어 차별하지 않았다. 그러므로 상공인은 일반 농민보다 뒤떨어지지 않는 위상에서 고려 건국에 참여할 수 있었다.

초기 고려정부를 구성하는 개국공신들은 신라 말 대외 교역을 통해 부를 쌓은 상인세력과 밀접하게 연결되어 있었다. 또 고려는 당시 중국과의 대외 무역이 상당히 활발하였던 시기에 건국되었다. 왕건 집안이 바로 이름난 해상 호족이었다. 이러한 사정 등으로 인하여 고려는 건국 초기부터 적극적으로 상업을 장려하였다. 그리고 이런 분위기에서 상인 출신 개국공신들은 건국 후에도 자신의 경제력을 유지하기 위해 상업을 계속 경영해 나갔다.

게다가 개국공신의 자손으로서 상업에 종사하는 자를 찾아 벼슬을 주는 일도 있었다. 개국 220년이나 지난 1108년에 이뤄진 이 조치는 당시 상업에 종사하다가 고려 건국에 참여한 개국공신이 많았으며, 이들의 자손들이 상업에 계속 종사하고 있었던 사실을 알려준다.

그러나 상인 출신의 벼슬 진출을 못마땅하게 여기는 세력이 생겨나 상인 출신의 등용을 반대하기 시작하였는데, 그들은 중국 유학생 출신과 과거시험 합격자였다. 과거시험은 광종대에 실시하였다. 널리 인재를 등용한다는 명목 아래 중앙 관직 진출을 제한함으로써 지방 호족을 억제하려는 목적이 있었다. 그러나 호족들도 점차 과거를 통한 관리 진출을 꾀하여 과거 출신이 많아졌고 그들은 정치 세력화되어 갔다. 그들의 공동 목표는 중국을 모방한 유교식 정치질서인 양반사회를 구축하는 것이었다.

과거출신 관리들은 과거시험을 주관한 고위관리와 연대하고, 과거 합격동기 또는 공부를 함께 한 동료 등이 뭉쳐 친목회를 조직하고 결속력을 다졌고, 세력이 켜져 왕권을 견제하고 국정을 장악할 수 있는 수준에까지 이르게 되었다.

드디어 그들은 고려 성종 임금을 등에 업고 유교식 중앙집권체제를 구축하였다. 이때 사농공상의 신분을 구분하고 상인의 관리 진출을 제한하는 법을 만들었다. 이후 이들은 선비(士) 우위를 확립해 나가려고 상인에 대한 차별을 집요하게 획책해 나갔다.

하지만 상인의 관직 등용을 제한하는 법 규정은 잘 지켜지지 않았고, 상인들은 모든 분야의 주요 관직에 진출하고 있었다. 예를 들어 1073년 인사담당 관리가 문종에게 '상인에게 벼슬을 주지 말라'라고 강력히 건의하였다. 상인의 관리 진출을 제한하는 법 규정을 어겼다고 불평하였다. 이것은 과거출신 관리들이 그들의 이익을 위해 상인출신의 등용을 반대하는 한편 왕을 견제하려는 의도가 있었다. 왜냐하면 문종은 과거시험을 보지 않고 등용된 무신들을 중용하였고, 또 무신을 문신 자리에 임용하였기 때문이었다. 이 건의에 대해 문종은 어느 정도 들어 주는 척하고 말았다.

한편 고려시대 과거시험과 상인과의 관계에 대해 생각해 볼 점이 있다. 고려시대 과거 합격자는 총 6,522명이다. 그들 중에 상인출신이 전혀 없었을까?

과거 응시대상자를 구체적으로 지목하여 제한하는 규정은 정종 11년(1044)에 만들어졌다. 과거응시권이 없는 자는 오역·오천·불충·불효한 자, 천민 부락 거주자, 악공·잡류의 자손이다. 그러나 법 규정에 상인 출신의 과거응시금지는 명시되지 않았다. 따라서 응시권이 법제상 금지된 것이 아니므로 묵시적으로 허용되었을 가능성이 있는 것이다.

이를 중국과 비교하면 뚜렷한 시사점을 얻을 수 있다. 예를 들어 당나라는 상인의 벼슬자리 진출을 공식적으로 금지하는 명문의 법률 규정이 있었고, 평소에 입는 옷까지 차별을 두었다. 일반 평민은 백색 옷을 입고 상인은 검은색 옷을 입게 하였다. 그렇지만 상인이 과거를 봐서 관리가 된 예가 있다. 당나라 말기에 이르러서는 상인들의 과거에 의한 벼슬길 진출이 허다하였다. 따라서 과거응시와 옷 색깔에 명문의 차별 규정을 두지 않은 고려에서는 당나라 보다 과거를 통한 벼슬 진출의 가능성이 높다. 특히 고려와 가장 활발하게 교류한 송나라는 992년에 상인의 과거응시를 공식적으로 허용하는 조칙을 반포하였다. 송의 문물을 존중한 고려는 송나라의 영향을 어느 정도 받았을 것이다.

고려시대 과거 합격자의 출신 내력이 대부분 전해지지 않고 있다. 『고려사』 열전에 수록된 과거 급제자 288명도 상당수가 '미천한 가문 출신이다.', '가계는 알 수 없다.', '세계는 실전되었다.', '한미한 가문 출신이다.'라는 등으로 기록되어 있어 출신 내력이 분명하지 않다. 따라서 이들 중에 상인 출신이 전혀 없었다고 단언할 수 없는 것이다.

그렇다면 과거응시권이 없는 상인은 벼슬길에 어떻게 진출할 수 있었을까? 상인들이 벼슬을 얻는 가장 손쉬운 길은 일단 군인이 된 뒤 공을 세워 무신으로 진출하는 것이었다.

고려시대에 군인은 말과 칼·활·군복 등 군사 장비를 스스로 조달해야 하였다. 그러므로 부유한 상인 출신 군인이 더 좋은 말과 우수한 병장기를 구비함으로써 공을 세울 가능성이 더 많았다.

상인은 돈으로 명예직도 사고 재상의 추천을 받아 고을의 수령으로도

고려 시대 무신상과 문신상

진출하였다. 뿐만 아니라 일단 관리가 되면 돈은 귀신도 부린다 하였으니 돈의 힘으로 출세 길을 달리기도 하였다. 이에 대해 과거 출신 관리들이 문종에게 상인을 등용하지 말라고 건의한 것처럼 견제에 나서지만 그 흐름을 막을 수는 없었다.

일반적으로 상인의 사회적 위상은 어느 시대에서나 정권을 장악한 신분 계층의 성향과 관련이 매우 깊다. 고려시대의 정권은 전체적으로 볼 때 문신과 무신간의 대결이었다. 대체로 과거 출신 문신이 정권을 잡을 때보다 무신이 정권을 잡을 때에 상인의 발언권이 컸다. 문신이 확실히 경쟁 우위에 선 시기는 성종 때이다. 그 후 문신과 무신의 대립은 날로 심각한 국면에 빠져들었다. 현종과 문종 때에는 문신이 우위에 섰다가 숙종 때에는 무신이 중용되었다.

무신 정중부의 쿠데타는 이런 과정에서 온 결과였다. 정중부의 쿠데타는 의종이 문신을 과도하게 우대함으로써 빚은 불행이었다. 쿠데타를 성공시킨 무신들은 100여 년간 정권을 잡고 세상을 좌지우지하였고 문신은 별 볼일 없었다. 심지어 정중부의 쿠데타 이후 과거 응시자가 겨우 300여 명에 불과할 정도로 과거시험은 인기가 떨어졌다. 정권의 최고 의결기관 중서성의 재상 자리를 무관 출신들이 다수를 차지하였다.

상인들은 이런 정치사회 분위기를 타고 무신으로 활발히 진출해 나갔다. 그리고 그만큼 상인들의 사회적 위치가 두터워졌다.

4. 출세하는 상인들, 장사하는 고위관리들

고려시대 상인출신이 고위관리로 출세한 예는 아주 많다. 그리고 고위 관리가 가게를 차리고 장사를 한 예도 매우 많다.

고려왕들은 상인을 높은 버슬자리에 자주 발탁하였다. 대표적인 왕은 숙종이다. 숙종은 쿠데타를 일으켜 힘으로 헌종을 몰아내고 왕위에 올랐다. 그런데 즉위하자마자 곧바로 대대적인 논공행상을 하면서 상인들을 고위직에 과감하게 발탁하였다. 이 조치는 쿠데타에 상인들이 깊이 가담하고 있었음을 시사한다. 상인들로부터 자금을 도움 받았기 때문에 쿠데타에 성공한 후 관직으로서 이들에게 보답한 것으로 생각된다.

그러나 이는 숙종이 평소 상업의 중요성을 이해하고 상인 친구들을 많이 사귀고 있기 때문일 수도 있다. 그것은 숙종이 금속 화폐를 주조한 데에 잘 나타나 있다. 숙종은 해동통보 15,000 꿰미를 주조하고 이를 통용시켰다. 그러나 시중에서 화폐 유통이 부진하자 이를 유통시키기 위한 방책으로 관리들에게 특별 지시를 내렸다. 그 내용은 지위 고하를 막론하고 길거리 좌우에 각자 점포를 설치한 다음 화폐를 사용하라는 것이다. 고위 관리에게 상업을 겸업하라고 강제한 것이다. 오늘날로 치면 정경유착도 이런 정경유착은 없을 게다. 한편 숙종의 이 조치는 뒤집어 생각하면 상인의 관리 진출이 자유스럽고 당연하였던 사회현상을 반영한 것으로 볼 수 있다.

상인 출신이 발탁되어 하루아침에 벼락출세한 자도 많다. 충숙왕이 예성강에 민심을 살피려 미행 나갔다가 어떤 상인을 만났다. 마침 상인의 아들 이노개를 보고 마음에 들어 고위직인 밀직부사로 발탁하였다.(『고려사』 권35, 세가) 또 상인 이인길도 발탁하여 밀직부사로 임명하였다. 당시 밀직부사는 종 3품으로 요즈음으로 치면 대통령비서실의 수석비서관쯤 된다. 숨은 연유가 무언가 있겠지 하는 생각이 들지만 어떻든 대단한 발탁이 아닌가?

이와 예는 다소 다르지만 대장군 이영진이 있다. 그는 시장에서 생선 장사를 하다가 정중부의 쿠데타에 가담하여 라졸(순찰병)이 되었다. 정적을 쳐부수는 피비린내 나는 싸움터에서 닥치는 대로 사람을 많이 죽여 악명이 높았다. 생선 장수여서 남달리 칼을 잘 휘둘렀던 모양이다. 하지만 그 공로로 발탁되어 일약 대장군까지 올랐다.

고려시대는 돈으로 관직을 사고 출세한 예도 많다. 역사상 어느 시대나 돈으로 관직을 사는 일이 다반사지만 대게는 명예직인데 비해 고려는 실직이 많았다.

고려시대에 돈으로 관직을 사고 출세한 대표적인 사람은 송유인(?~1179)이다. 송유인은 그의 아버지가 인종 때에 나라를 위해 목숨을 바친 공로로 산원 벼슬을 받았다. 오늘날의 국가유공자의 공무원 특별임용인 셈이다. 태자부에 근무하면서 태자의 신임을 얻어 장군으로 임명되었다. 그러나 더 이상 높은 자리로 승진하지 못하였다. 그러던 중 송유인은 무역을 하는 상인 서덕언이라는 자가 죽자 과부가 된 그의 처와 결혼하였다. 서덕언의 처는 신분은 천인이나 거만의 재산을 가진 부자였다. 그녀는 송유인

과 혼인한 뒤 은 40근의 뇌물을 써서 송유인이 3품 벼슬을 받도록 해주었
다. 당시 개경 시내의 주택 한 채가 은 10근 내외였으므로 집 4채 값의 뇌물
을 쓴 것이다.

세월이 지나 의종 말엽 정중부가 정권을 잡고 있을 때이다. 당시 송유
인은 대장군이었다. 그러나 송유인은 평소 문신들과 가까이 지낸 것을 빌
미로 하여 정권을 잡은 무신들이 노리고 있었다. 신변의 위협을 느낀 그는
처를 섬으로 쫓아 보내고 정중부의 딸을 처로 맞았다. 당시 최고 권력자 정
중부의 사위가 된 것이다. 정중부가 정권 유지를 위해 송유인의 재산이 필
요하였기 때문에 딸을 주었는지도 모를 일이다. 어떻던 돈을 미끼로 한 대
단한 권력의 변신이다. 이후 송유인은 왕도 제지할 수 없을 만큼 제 마음대
로 권력을 휘두르다가 경대승이 쿠데타를 일으킬 때 살해당하였다.

고려시대 최고로 출세한 상인 출신은 누구일까? 결론적으로 말하면
한때 정권을 잡아 무소불위의 권력을 휘두른 이의민(?~1196)이라고 할 수
있다. 이의민은 천민 출신이다. 그의 아버지는 소금 파는 장사꾼이고 어머
니는 옥령사의 여종이었다. 어려서부터 몸집이 컸고 손을 쓰는 무예 수박
(手搏)을 아주 잘하였다. 이로 인하여 발탁되어 개경을 지키는 경군에 편입
되고 또 임금 의종의 총애를 받아 별장이 되었다. 이후 정중부의 쿠데타에
가담하여 공을 세워 상장군까지 승진하였다. 1179년 경대승이 정중부를
죽이고 정권을 잡자 신변에 위협을 느껴 고향 경주로 낙향하였다. 경대승
이 같이 일하자고 불렀으나 병을 핑계로 대고 경주에서 움직이지 않았다.
경대승이 병으로 죽자 다시 개경으로 올라와 실권을 잡았다. 고려시대는
이의민의 경우처럼 장사꾼의 아들이라는 출신 성분이 고위층으로 출세하
는데 하등의 장애가 되지 않았다.

그렇다면 최고위 관리가 된 상인은 누구일까? 이는 아마도 정승에 오

른 손기일 것이다. 손기는 본래 상인이다. 충숙왕에게 발탁되어 시종이 되었다. 이는 손기가 왕실의 어용상인으로 일하던 중에 충숙왕의 눈에 들어 시종으로 발탁된 것으로 보인다. 호위 시종이 아닌 재정자문관의 역할을 담당한 것일 게다. 특히 충숙왕이 모함을 당해 왕위를 박탈당하고 원나라로 송환되어 갔을 때 충숙왕을 따라 갔다. 그리고 그는 신변의 위협을 무릅쓰고 충숙왕이 다시 왕위에 오르도록 힘써 도왔다. 또 손기는 공민왕이 세자시절에 원나라에서 숙위하며 머물고 있을 때 세자 공민왕의 시종으로도 일하였다. 이 또한 어용상인으로서의 역할을 수행하였을 것이다. 그러다가 공민왕이 즉위하자 평해부원군으로 봉해졌고 정승에 올랐다. 그리고 명예롭게 은퇴하였다.

한편 고려시대는 왕실과 정부에 고용된 상인의 활약이 대단하였다. 고려 사회는 왕실과 정부가 상업을 중시하였고 상업으로 부를 이루려 하였으니 상인이 그 재주를 마음껏 발휘할 수 있었다. 왕실뿐 아니라 어떤 정치 세력이든 유능한 상인을 찾았고 그를 앞세워 무역을 하고 시중에서 장사를 하였다. 때로는 곁에 가까이 두고 재정 일을 맡겼으며 비록 얼마간의 문제가 생겨도 감싸 돌았다. 따라서 고려시대는 왕실에 고용된 어용상인이 역사의 숨은 주역이었다라고 할 수 있다.

특히 대외 무역에 종사하는 상인은 높은 벼슬을 받았다. 왜냐하면 외국에 나가서 교역을 상담할 경우 공식 직함이 있어야 상대국에서 그에 맞는 대접을 하기 때문이다. 따라서 왕실과 정부는 상인들에게 벼슬을 내려 공식 직함을 갖도록 배려해 주었다. 또 상인들도 정부의 직함이 외국에서 활동하는데 도움이 되었으므로 가급적 높은 벼슬을 얻기 위해 노력하였다.

『고려사』에는 고위 직함을 가진 상인이 많이 등장한다. 대표적인 사람을 꼽으라면 이인길과 남궁신을 들 수 있을 게다. 이인길은 본래 상인이다.

이인길은 손기와 마찬가지로 충숙왕이 발탁하였다. 충숙왕이 호위 군사로 등용하여 원나라에 파견 보냈다. 이 역시 무예를 하는 호위군사가 아니고 재정관리를 맡았을 것이다. 이인길은 1327년 충숙왕이 원나라에 소환되었을 때 호종하면서 공을 세워 1등 공신에 봉해지고 농토와 노비를 하사 받았다. 하지만 충혜왕이 즉위하자 충혜왕에게 붙어 총애를 받으니 충숙왕이 의리 없는 놈이라고 꾸짖고 귀양 보내려고 하자 충혜왕이 이를 말렸다. 이처럼 그는 임기응변이 능하였던 것 같다. 이인길은 이성계 세력이 질이 나쁜 왕실의 어용상인이라고 지목할 정도로 고려가 망할 때까지 왕실의 최고 권력자 곁에서 상인으로 활약하였다.

다음 남궁신이다. 남궁신은 본래 상인이 아니다. 충혜왕이 왕위를 박탈당하고 원나라로 잡혀갈 때 호위 군사로 왕을 따라갔다. 그때 충혜왕의 눈에 들은 모양이다. 옥에 갇혔던 충혜왕이 모함에서 풀려나 왕위를 되찾고 귀국하자 다시 왕을 호종하여 공을 세웠다. 1343년 충혜왕은 남궁신을 불러 원나라에 가서 무역할 것을 부탁하였다. 남궁신은 위탁 받은 포목 2만 필, 금·은, 원나라 화폐 중통초 등을 가지고 중국의 유주, 연주 지방에 가서 교역하여 큰 이익을 남겼다. 남궁신은 본래 상인이 아니나 충혜왕이 그의 상재를 눈여겨 보고 이때에 이르러 큰 역할을 맡긴 것이다.

한편 충혜왕이 총애한 상인은 또 있다. 충혜왕은 어느 날 상인 임회와 윤장 등 부유한 상인 10여 명을 불러 왕실 보물창고에 있는 보물을 밑천으로 하여 원나라에 가서 무역을 하도록 시켰다. 또 1344년 9월에는 충혜왕이 밤중에 왕실 창고에서 보물을 꺼내어 상인들에게 맡기며 원나라에 가서 무역할 것을 부탁하고 그 자리에서 그들에게 장군 벼슬을 주었다.

역사상 어느 시기나 정국이 불안하거나 정부가 부패해지면 관리의 인사에 부조리가 따르게 마련이다. 대개의 경우 인사 부조리는 권력의 힘에 따르고 또 권력은 돈에 의지함이 크니 돈을 가진 상인 출신이 이를 이용하기에 앞선다. 고려 말 정국이 불안한 시기에 정부 인사는 당파와 뇌물 그리고 인척관계에 따라 처리되는 경향이 농후하였다. 상인들 역시 연줄을 타거나 매관매직 등으로 높은 벼슬에까지 오를 수 있었다. 특히 이인임·임견미 등이 집권한 시기에 인사 문란이 극심하였다. 물론 상인들도 한 몫 거들었다. 이때 시장 통에서 성장하고 시정잡배로 지탄받던 지불배가 대사헌으로, 변벌개가 장령으로까지 올랐다.

이와 같이 고려시대는 상인이 관리가 될 수 있는 여러 가지 길이 있었다. 또 관리로서 생활하는 동안 상인 출신이라는 이유로 핍박받거나 차별을 받지 않았다. 오히려 상인 출신 관리는 그들의 재력을 활용하여 남들보다 더 나은 관직 생활을 꾸려나갔을 가능성이 높았다. 고려는 신분사회이면서도 실력과 능력 있는 사람이 존중받는 사회였다. 실력 있으면 얼마든지 신분을 끌어올릴 수 있었다. 상인을 천시한 사농공상체제는 아직 그 뿌리를 내리지 않았다. 상인 출신 왕비도 있었고 상인 출신이 정권을 오로지 장악하기도 하였다.

고려는 정부 주도로 상업을 육성시켜 나간 나라이다. 우리나라 역사상 고려만큼 정부 주도로 상업진흥정책을 추진한 나라는 없다고 해도 과언이 아니다. 고려는 정부가 자금을 직접 투자하여 주점을 내고 음식점을 개설하여 경영하였다.

성종은 983년 10월에 개경 시가지에 성례·낙빈·희빈·연령·영액·옥장 등 주점 6개소를 열고 정부가 직영토록 지시하였다. 주점을 설치한 위치는 십자가 시전거리와 시가가 조성된 여타 지역일 것이다. 다음 숙종은 1102년 12월에 앞에서 살펴본 것처럼 개경 시가지 도로 양쪽에 신분이 낮고 높음을 불문하고 각각 점포를 내어 경영하게 하였다. 또 이 업무를 관장하고 차질 없이 추진하기 위해 개경 좌우에 각각 주무를 설치하였다. 업무 담당 기관까지 설치한 것으로 보아 고위직도 핑계를 대지 못하고 꼼짝 없이 점포를 내었을 것이 분명하다. 물론 그 경영은 유능한 상인은 초치하거나 장사에 밝은 노비에게 맡겼을 것이다.

뿐만 아니라 숙종은 1104년 7월에 지방의 주·현이 술과 음식을 파는 주식점을 내어 백성들에게 팔도록 하였다. 요즘의 도와 시군이 자금을 투자하여 주식점을 내도록 하고 운영케 한 것이다.

이 조치에 대해 당시 정부가 금속화폐 유통정책으로 추진한 것이라고 대수롭지 않은 듯이 여기는 경우도 있지만 그건 그렇지 않다. 일반 백성들에게 끼치는 영향은 대단하다. 정부가 고위층에게 점포를 내 장사를 하도록 지시하고, 또 직접 주점과 주식점을 내어 경영하는 것은 사회 분위기를 상업에 대해 우호적이게끔 바꾸어 놓았다. 상인과 상업 그리고 부에 대한 사람들의 인식을 긍정적이고 호의적으로 전환시키는 계기로 작용하였다.

고려는 상업이 생동하는 나라였고 장사는 해볼 만한 생업이었다. 상업을 생업의 일로 여겼고 천한 일로 여기지 않았다. 고려 사회는 무엇보다도 돈 버는 일을 중요시하였고 돈 잘 버는 사람이 존경 받는 사회였다. 권력을 쥔 귀족이라 해서 그들 모두가 부와 명예를 세세토록 누릴 수 있는 사회가 아니었다. 아무리 신분이 높은 왕족이라고 해도 생업을 돌보지 않고 재산을 잃으면 딸도 시집보내지 못하였다. 귀족이든 고위관리이든 또 평민이든 천민이든 누구나 부자가 되기 위해 노력하였다.

한편 고위관리가 장사를 하고 무역을 한 구체적인 예가 있다. 추밀원부사 조원정은 집에서 부리는 종에게 시장에 나가 꿩을 팔도록 하였다. 추밀원부사는 왕명의 출납을 담당하는 정부 핵심 기관인 추밀원의 정3품 최고위 관리이다. 당시는 종이 도둑질을 하면 그 주인이 연좌되어 처벌을 받는 시대였다. 따라서 종이 하는 일은 곧 주인이 하는 일로 여겼던 때이다. 그런데도 정3품 최고위 관리 조원정은 종에게 시장에 나가 장사를 하게 하였다. 고려 사회는 고위관리라도 가계의 보탬이 된다면 종에게 장사를 시켰고 또 이를 부끄러워하지 않고 떳떳한 일로 여겼던 것이다

다음 고위 관리가 버젓이 가게를 열고 장사를 한 예를 보자. 명종 때 이유의가 낭중 벼슬을 하면서 찻집을 경영하였다. 정 5품관 낭중은 오늘날의 중앙부처 국장급의 높은 벼슬이다. 벼슬은 높지만 집안 형편이 여의치 않아서 그랬을까? 살림이 쪼들려서 장사를 한 것은 아니다.

당시 정 5품관은 녹봉으로 논밭 60결과 연료림 21결을 지급받았다. 뿐만 아니라 그는 딸 셋을 문종에게 시집보내 왕비로 만든 이자연의 동생 이자상의 증손자로 당대의 최고 명문가 출신이다. 즉 최고 명문가 출신이고 정 5품관의 명망 있는 고위관리가 차를 파는 가게를 직접 운영한 것이다.

당시 이유의의 찻집은 매우 인기가 있고 유명세를 타서 명사들이 즐겨 찾았다. 고려시대를 대표하는 풍류 시인 임춘은 이 찻집에서 낮잠을 즐기다가 「다점주수」라는 유명한 시를 지었다. 임춘의 시는 『동문선』에 실려 있다.

다점주수(茶店晝睡) − 찻집에서 낮잠 자면서 −

임춘(林椿)

몸을 던져 평상에 누워 문득 이 몸 잊었더니
한낮 베개 위에 바람 부니 잠이 절로 깨누나.
꿈속의 이 몸은 머물 곳이 없었어라.
건곤이란(乾坤) 도무지 이 한 장정인 것을

빈 다락에 꿈을 깨니 정히 녁접일세.

흐릿한 두 눈 먼 봉우리 보노메라.

누가 알리, 유인(幽人)의 한가한 멋을

한 자리 봄잠이 천종(天鍾)에 맞먹느니.

고위관리가 직접 밀무역에 가담하여 탄핵 받은 사건도 있다. 송분이 여진과 불법 교역을 한 죄로 탄핵을 받았다.

송분은 돈 많은 부자 관리로 유명한 사람이다. 충렬왕 때 경기현의 토지를 소유한 관리들 중에서 송분이 가장 많은 토지를 가지고 있었다. 또 송분은 자신의 정치기반을 강화하기 위하여 원 황제의 유모의 아들을 막내 사위로 삼았다. 풍부한 재력을 밑천으로 하여 권력의 핵심에 연줄을 댄 것이다. 어떻든 당대 최고의 부자 고위관리가 여진과 불법 교역을 하다가 발각되어 탄핵을 받고 면직 되었다. 이 사실은 당시 고위 관리들이 암암리에 더 많은 부를 좇아 이런 저런 연줄로 대외 무역에 손을 대고 있었던 세태를 보여준다.

그리고 문종 때 연료를 공급하는 장작감 상인은 숯 값을 올리기 위해 고의로 관가의 숯 창고에 불을 지른 사실이 발각되어 처벌받고 섬에 귀양 갔으며, 한순이라는 자는 정부의 창고 곁에 살면서 창고의 곡식을 훔쳐 거만의 재산을 축적하고 고관들과 교제하다가 들켜 처벌을 받았다. 고려가 관리의 상행위를 허용한다고 해서 불법적이며 비양심적인 상행위를 용납한 것은 아니다.

5. 무역에 뛰어 든 고려 왕실

　몽고의 내정 간섭을 받은 원 간섭기 동안 고려 경제는 불가피하게 원의 영향권에 편입되었다.

　원 간섭기 동안 고려 왕실은 직접 국내 상업과 해외 무역에 뛰어들었다. 왕실의 상행위는 몽고 전란으로 피폐해진 왕실의 경제를 일으켜 세우려는 수단이었다. 하지만 이것이 일반 백성들에게 끼친 영향은 지대하였다. 국왕과 왕비가 직접 나서서 공공연히 상업을 독려하고 무역을 지휘하였다. 이들의 우두머리 장사꾼 행세는 그간의 사회 가치체계를 송두리째 뒤흔들어 놓는 일이었다. 이러한 사회분위기를 타서 출세한 상인이 많이 생겨났다. 그리고 성공한 상인은 선망의 대상이 되었다.

　왕실의 무역 경영은 충렬왕의 왕비 제국대장공주로부터 본격적으로 시작한다. 제국대장공주는 원나라 황제 쿠빌라이의 딸이다. 충렬왕과 혼인하여 왕비가 된 뒤 고려로 왔다. 당시 왕실 재정은 강화도 항쟁 시기를 거치면서 거의 고갈된 상태였다. 제국대장공주는 궁핍한 왕실 재정을 다시 일으켜 세우기 위해 친히 무역에 나섰고, 공주는 무역에 대단한 수완을 보였다. 이것은 유목 민족인 몽고의 상관습에 익숙했기 때문이었다. 고려의 특산물인 잣과 인삼을 중국 강남으로 수출하여 많은 이익을 남겼다.

　원제국의 광범한 시장과 쿠빌라이의 딸이라는 공주의 명성과 위세는 품질 좋은 물품만 있다면 매우 양호한 조건으로 용이하게 수출할 수 있었을 것이다. 매년 수출품을 대기 위해 전국 각지에서 잣과 인삼을 매집하였다. 때로는 생산이 많지 않는 곳에서 강제로 매집하기도 하여 백성들의 원성을 사기도 하였다.

　그러나 지속적인 수출은 생산 장려로 이어져서 유휴 노동력을 흡수하고 지역경제를 활성화시켰으며 고려 경제에 커다란 도움을 주었다. 공주가 직접 앞장선 수출 주도는 고려 사회에 수출 분위기를 한층 고조시켰고 수출 산업을 한 차원 높이는 계기를 조성해 주었다.

한편 공주를 도운 상인 중에는 이슬람 상인이 있어, 고려 상인들은 이들을 통해 세계의 경제 상황을 듣고 이슬람 상술을 접할 수 있었다. 그리고 이러한 일들 역시 고려의 수출을 한 단계 끌어올리고 상품 경제가 발전하는 밑거름이 되었다.

상업에 뛰어난 왕비가 또 있었다. 충혜왕의 후비 은천옹주 임씨이다. 그녀는 상인 임신의 딸로서 단양대군의 여종이었다. 그녀는 오지그릇을 팔아 생활하였기 때문에 사람들은 그녀를 '오지 옹주'라고 불렀다. 충혜왕이 그녀를 후비로 맞이할 때 그녀를 위해 새로이 궁을 지었는데 일반 궁궐과 달리 창고가 1백간이나 되었다. 이제 그녀는 후비 은천옹주가 되었지만 궁실 생활을 즐기지 않고 쉬지 않고 일에 매달렸다. 그녀는 1백간의 창고를 곡식과 비단으로 채웠다. 뿐만 아니라 행랑에는 베를 짜는 여공을 두어 베를 짜도록 하였다. 심지어 궁내에 곡식 찧는 방아와 맷돌까지 설치하였다. 그야말로 버젓한 수공업 가내공장을 차린 것이다.

은천 옹주는 우리 역사상에 새롭게 들추어내어서 바라보고 싶은 왕비이다. '오지 옹주'라는 애칭에 상업의 나라 고려의 숨결이 살아 숨 쉬는 것 같다. 은천옹주의 예와 같이 고려는 상인의 딸이 왕비가 될 수 있었고 왕비가 되어서도 베를 짜고 곡식을 찧으며 장사를 하는 일이 가능한 사회였음을 직시할 필요가 있다.

상인 집안이 왕실과 혼인을 맺은 또 다른 예가 있다. 충혜왕의 후비인 화비 홍씨이다. 홍씨는 대부호 권준의 외손녀였다. 권준은 보초 1,000정을 왕에게 바쳤다. 당시 고려에서 유통된 「지원보초」와 「중통보초」의 명목 가

원나라 보초

치가 은 1~2관이었으므로, 권준은 외손녀를 후비로 들이며 무려 은 1,000~2,000관을 왕실의 재정자금으로 바친 것이다.

고려 역대 왕 중에서 가장 이재에 밝은 왕은 충혜왕일 게다. 충혜왕은 왕실의 재산 증식에 가장 많은 관심을 기울이고 정열을 쏟았다고 할 수 있다. 충혜왕은 먼저 사사로이 보흥고를 설치하였다. 이는 왕실 재정을 관리하는 별도의 왕실 전용 창고이다. 즉 정부 대신들의 간섭을 받지 않는 왕 직속의 재정기관을 만든 것이다.

왕실 전용 창고는 충렬왕과 충선왕도 만들었다. 그러나 충렬왕과 충선왕이 설치한 내방고는 왕실 토지의 확보와 그로부터의 수입 증대가 주목적이었다. 그러나 충혜왕의 보흥고는 토지에 얽매이지 않고 시장을 이용해 재정 수입을 확보하려 하였다. 즉 왕실 자금을 투자재원으로 삼아 시장에 진출하고 무역을 하여 상업 이익을 획득하려 한 것이다.

충혜왕은 보흥고 재원을 원천자금으로 하여 적극적으로 사업을 전개하였다. 포목을 투자하여 시장에 점포를 열었다. 또 앞에서 살펴본 바와 같이 남궁신·임회·윤장 등 상인들에게 보흥고의 보화를 밑천으로 하여 원나라에 가서 무역을 하도록 조치하였다. 이에 대해 국왕이 왕실 사업과 무역에 치중함으로써 결과적으로 정부 재정을 더욱 어렵게 하였다며 충혜왕을 힐난하는 견해가 있을 수 있다.

하지만 원 간섭기에 정부의 관영무역은 빈번한 사행을 통해 이미 활성화되어 있었다. 따라서 충혜왕의 사사로운 사업은 왕실의 궁핍을 스스로 타개하려는 것이다. 한편 충혜왕의 상행위는 그가 북경에 살면서 몽고 왕실의 재정관리 방식을 이해하고 이를 적용하려 한 것일 수도 있다. 그러나 그 무엇보다 충혜왕이 상재에 밝았고 상행위에 재미를 느꼈기 때문일 것이다.

그렇다면 충혜왕이 점포를 연 시장은 어느 시장일까? 아마도 그 점포는 중앙 시장의 목 좋은 곳에 위치하였을 것이다.

고려 왕실은 점포 만들기를 좋아한 것 같다. 1377년 5월, 우왕이 왕궁의 동편 행랑에 새로 점포를 차렸다. 그런데 '새로 점포를 차렸다.'라는 것은 그 이전에 차린 점포가 이미 운영되고 있음을 뜻한다. 오늘날 왕궁 동편에 있는 행랑의 위치와 그 규모는 알 수가 없다. 아무래도 시전거리가 있는 광화문 근처는 아닌 것 같다. 광화문 부근이면 그냥 막연히 왕궁의 동편 행랑이란 표현을 쓰지 않았을 것이기 때문이다. 또 이것은 왕궁의 동편 행랑의 일부가 점포로 이미 사용되고 있었는데, 수요가 증가하여 점포를 증설한 것으로 보인다.

이곳 점포는 어떤 업종이었을까? 왕궁과 가까운 관계로 시끌벅적하고 떠들썩한 업종보다는 찻집·옷가게 또는 서점 등 조용하면서도 고급스런 업종이 아니었을까? 아마도 점포 경영은 어용상인을 두고 직접 경영하거나 임대하였을 것이다.

2. 고려의 대외 교역

1. 거란(요)과의 교역

고려 초 고려와 거란 간에 외교 분쟁이 일어났다. 오늘날 이를 '만부교 낙타 사건'이라 부른다.

942년 10월, 거란 사신 30명이 낙타 50마리를 끌고 와서 태조 왕건에게 바치며 국교를 맺자고 요청하였다. 태조는 이를 단호히 거절하고 사신들을 모두 섬으로 귀양 보냈다. 또 낙타 50마리는 개경 시내에 있는 만부교 다리 아래 매어두어 굶겨 죽였다.

태조가 거란을 거부하는 이유는 거란이 발해와 동맹을 맺었다가 약속을 깨고 발해를 멸망시킨 무도한 나라라는 것이었다. 이것은 태조가 친선을 맺었다가 발해처럼 거란의 침공을 받느니 차라리 처음부터 외면하고 대비책을 세우는 것이 최선의 방책이라고 생각한 것 이다. 또 후삼국을 통일한 강력한 군대를 가지고 있었으니 거란과의 싸움에 자신이 있었던 것이다.

고려와 거란의 중간에 있던 발해가 멸망하자 양국은 인접국이 되었다. 양국 사이에 팽팽한 긴장이 흘렀고, 거란이 먼저 양국 간의 냉각을 풀려고 시도하였다. 거란이 937년 한반도를 통일한 고려에 축하 사절을 보낸 것이다. 그러나 고려는 답례조차 보내지 않았다. 오히려 거란의 꼭두각시 나라인 후진과의 교류에 힘을 쏟았다. 이는 거란의 비위를 거스르는 일이었다.

고려는 거란을 경계하며 거란의 턱밑을 노리고 있는 후진과 외교를 맺

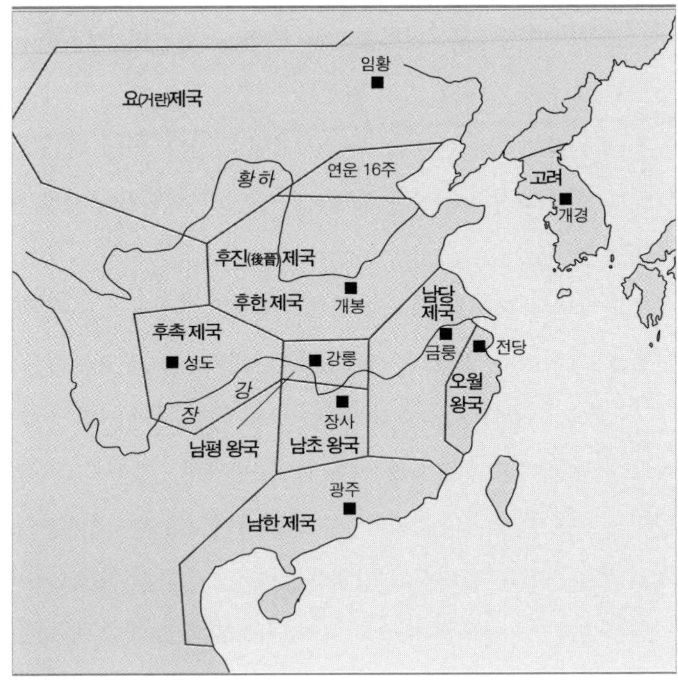

고려·후진·거란(요) 형세도

었다. 그리고 고려가 후진에 병장기를 많이 선사하였다. 944년에 보낸 병장기는 갑옷과 투구 각 4벌, 활 4벌과 화살 400개, 검 16자루, 장도와 비수 각 20자루, 창 10자루, 큰 칼과 작은 칼 220자루 등이다. 이례적이고 특이한 선물이다. 이것은 양국이 군사동맹 관계인 것을 시사한다.

고려는 후진에게 거란에 대적할 것을 끊임없이 부추겼다. 고려가 배후에서 거란을 공격할 수 있다는 신호도 보냈다. 그러자 후진은 그 동안 거란에 눌려 기를 못 펴던 저자세를 버리고 대항해 일어섰다. 거란과의 무역을 끊고 거란 상인을 찾아 전부 죽이라는 명령을 내렸다. 또 거란을 정벌하겠다며 전국에 동원령을 내렸다.

그렇다면 태조의 '만부교 낙타 사건'은 후진이 거란에 맞서는 데 대한 강력한 호응 조치이고, 발해 멸망을 이유로 들어 거란이 차지한 발해 영토를 되찾겠다는 단호한 선언적 조치였던 것이다. 이에 대해 거란이 고려에 낙타를 보낸 목적은 후진을 정벌하기에 앞서 배후의 고려를 견제하고 회유하려는 것이었다.

하지만 하필이면 왜 낙타일까? 그것도 관상용으로 한두 마리가 아니고 50마리씩이나, 더구나 낙타는 먹이를 많이 먹고 고려에는 별 쓸모가 없는데 말이다. 낙타는 600kg이 넘는 짐을 싣고 사막을 다닐 수 있는 운송에 유용한 동물이지 육고기를 얻을 목적만으로는 키우지 않는다. 낙타는 사막의 운송용 가축이다. 따라서 낙타 50마리는 고려-거란간의 사이가 교역으로 이어지기를 강력히 희망하는 뜻이 담겨 있었다. 즉 거란은 고려에게 외교를 트면 또 낙타를 이용하여 서역 등지와 교역할 수 있도록 협력하겠다는 제의를 한 것이다.

고려는 건국 초기에 북쪽 거란과는 교역의 필요성을 크게 인정하지 않았다. 거란의 특산 교역품인 모피·말·모직물 등 북방 물품은 여진으로부터 구할 수 있었기 때문이었다. 하지만 거란의 입장은 달랐다. 금·은·동 제품과 곡물·인삼·모시 등 고려 특산물은 지배계층의 애호품이었고 중요한 중계무역품이었다. 즉 상업을 중시한 거란의 입장에서 고려와의 교역은 기본적인 생활물품을 얻는 통로일 뿐만 아니라 중계무역의 이익을 획득하는 길이었다.

고려는 거란이 나라 이름을 요나라로 바꾸고 난 뒤에도 외교를 트지 않았다. 요는 국교를 맺길 강력히 희망하였으나 고려가 이를 외면하였다. 그러나 요는 후진을 멸망시키고 나서 더욱 강성해졌다. 986년 정월, 요가 사신을 보내 화친을 청하며, 압록강 유역의 여진 세력을 토벌하였다는 사실을 알리고 통교하기를 바랐다. 하지만 고려는 이에 화답하지 않고 오히려 국경 방비를 강화하였다.

당시 압록강변의 여진은 고려의 북진을 저지하는 최대의 장애 세력이었다. 때로는 조공하며 머리를 조아렸고, 때로는 배반하기 일쑤였다. 발해가 망하자 고려는 일단 압록강변의 여진을 완충 지대로 하여 거란과 직접적인 충돌을 피하려 하였다. 그러나 이제 요가 압록강변의 여진을 토벌하자 불가피하게 고려와 거란이 맞부딪치게 되었다.

요는 993년 10월, 소손녕을 앞세워 80만 대군으로 쳐들어왔다. 이것을 거란의 제1차 침입이라 한다. 당시 중국은 북쪽의 요와 남쪽의 송이 팽팽한 대결을 벌이고 있었다. 따라서 요(거란)의 제1차 침입은 요가 송을 침략하기 전에 고려를 완전히 제압하거나 또는 관계 개선을 도모하여 배후의 안전을 확보하려 한 것이다. 이에 고려는 서희를 앞세워 30만 대군으로 맞섰다. 서희는 소손녕과 담판에 나서 요와 수교하는 조건으로, 요가 여진을 몰아내고 차지하고 있던 압록강 동쪽 280리 땅을 고구려의 옛 땅이라며 양도해 줄 것을 요구하였고, 이를 관철시켰다. 반면에 요는 강동 280리를 양도함으로써 고려의 영토적 숙원을 들어주는 대신 배후의 안전을 확보하고 교역권을 얻어냈다. 즉 태조에게 낙타 50마리를 보내기까지 하며 희망하였던 양국 간의 통상을 실로 50여년 만에 해결해낸 것이다.

요는 고려에게 각장 무역을 요구하였다. 각장은 중세 동아시아에서 나타난 전형적인 사무역으로 국경지대에 설치된 무역시장이다. 당 멸망 이후 5대 10국 시대를 거치면서 전통적인 조공무역체제가 와해되자 각국은 상호 호혜의 입장에서 사무역과 자유무역을 발전시켰는데, 이것이 각장 무역으로 발전해 나갔다. 각장은 양국 간의 국경 지대에 각각 세워졌고 각국은 자국에 세워진 각장을 관할하면서 관세 및 중계무역의 수입을 차지하였다. 따라서 각장은 비록 국가의 통제를 받으며 거래의 우선권을 관이 가지고 거래 물품에 제한을 두었지만, 관의 허가만 받으면 누구라도 교역에 참여할 수 있는 자유무역 시장이었다.

요는 1005년에 압록강 남단 보주(의주)에 각장을 개설하였다. 이때는 요가 송 정벌에 나서 송을 굴복시키고 '전연의 맹약'이란 화평조약을 맺은 직후였다. 따라서 요는 제1차 침입으로 배후의 고려를 묶어둔 뒤 총력을 쏟아 송을 공격하여 굴복시키고 나자, 곧 보주(의주)에 각장을 설치하고 본격적으로 교역에 나선 것이다.

보주에 각장이 설치된 시기는 서희-소손녕 담판 이후 12년이 지난 때이다. 당시 고려는 이미 강동 6주 즉 흥화진(의주 동쪽)·용주(용천)·철주(철산)·통주(선천 서북쪽)·곽주(곽산)·구주(구성)에 성을 쌓고 백성들을 이주시켜 놓았다.

고려는 보주 각장에 대응하는 각장을 설치하지 않았다. 각장 경영에 따른 재정수입이 대단함에도 불구하고 이를 개설하지 않은 것은, 각장 무역에 생소하였기 때문일 수도 있겠지만 새로 개척한 영토 내의 안전을 무엇보다도 중요시하였기 때문이었다. 또 요의 보주 각장과 상응한 고려 측의 각장 설치가 자칫하면 양국 간의 영토 획정으로 이어질 수 있음을 염려하였고 이를 원치 않았기 때문이었다.

고려는 요가 점유하고 있는 압록강 동쪽 땅을 결코 요의 영토로 인정하지 않았다. 따라서 고려가 요에 대응하는 각장 설치를 아예 회피한 것은 보주를 거란의 영토로 확실히 인정해 주는 결과로 이어짐을 경계한 것이고, 또 앞으로 이곳을 모두 영토로 편입하고자 하는 강력한 뜻이 내재해 있었던 것이다.

보주 각장은 개설되어 약 5년간 운영되다가 요의 제2차 침입 때 폐쇄

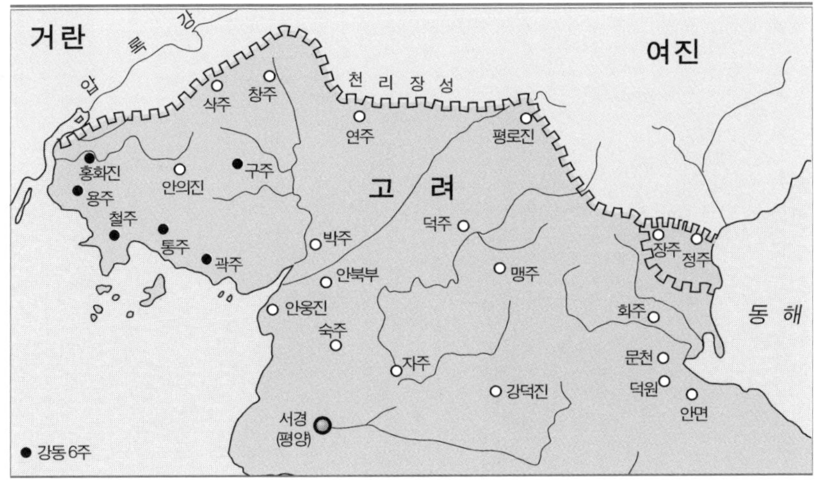

강동 6주와 천리장성

되었다. 요의 제2차 침입은 1010년 11월에 있었다. 그러나 요의 황제 성종이 직접 참전하였음에도 불구하고 고려의 강력한 저항에 부딪혀 별 소득 없이 돌아가야만 하였다.

하지만 요는 강동 6주를 빼앗으려고 또 침공해 왔다. 그러나 이 제3차 침입은 소배압의 10만 대군이 구주에서 강감찬에게 참패당하고 물러갔다. 고려의 당당한 승리였다.

그렇다면 요는 강동 6주를 왜 다시 빼앗으려 하였을까? 이는 요가 고려에게 강동 6주를 양도한 이후 그 가치를 새삼 인식하고 빼앗으려 한 것이다. 당시 보주 각장은 고려·요·여진과의 직접 교역 또는 중계무역의 요충 시설이었다. 그러나 고려의 협조가 없어 별다른 성과를 거둘 수 없었다. 고려가 상응하는 각장을 설치하지 않아 거란 상인이 장사하려 고려 경내에 들어 갈 수 있는 길이 차단되었기 때문이다.

요는 함흥 지역의 동여진과 직접 교역하고 싶었지만 강동 6주가 가로

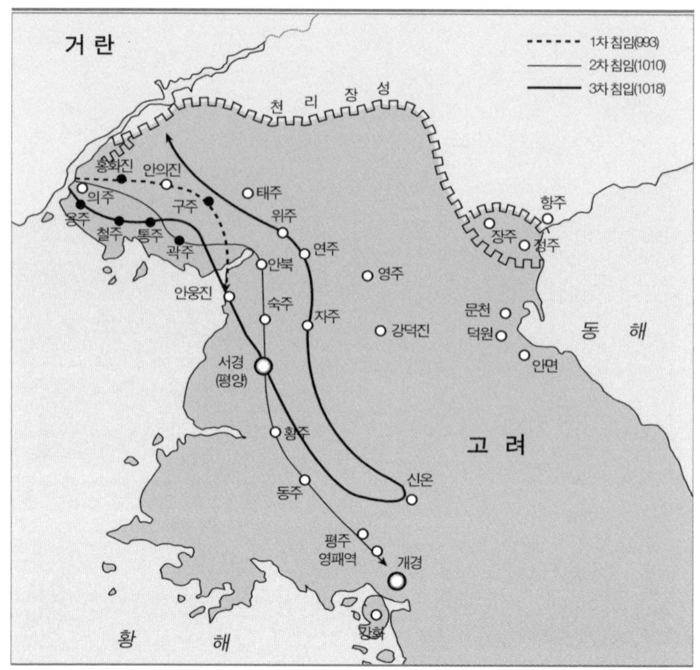

요의 1, 2, 3차 침입로

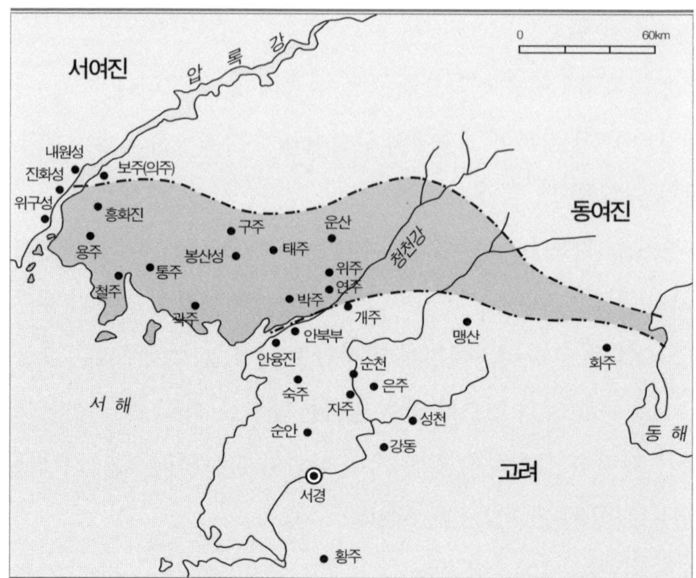

거란 전쟁 후 확장된 고려 영토

막고 있어 불가능하였고, 고려 또한 동여진에 대한 중계무역의 이익을 놓치지 않으려 하였다. 결국 요의 강동 6주 반환 요구는 군사·전략상 이유뿐 아니라 교역의 이익을 쟁취하려는 목적이 있었다.

이후 요는 각장을 세우려 하고 고려는 반대하였다. 이에 각장의 설치와 폐쇄가 반복된다. 하지만 고려가 각장 무역을 반대한 것은 거란과의 교역 자체를 거부하거나 회피하려는 것은 아니었다. 각장 설치와 관련하여 고려가 우려한 점은 국방상의 문제였다. 각장이 설치되면 이의 보호와 치안 유지의 명목으로 군대의 주둔이 필연적이므로 국경 가까이 거란군의 진출을 꺼리는 고려로서는 국토 방위상 거부할 수밖에 없는 일이었다. 또 각장 설치 거부는 동여진에 대한 교역권을 장악하고 중계무역의 이익을 독점하기 위한 방책이었다. 뿐만 아니라 각장은 양국 간에 교역의 주도권을 누가 쥐느냐의 첨예한 문제이기도 하였다. 고려·요 양측에 각장을 설치한다면 북방 물품과 송 및 서역의 중계 물품까지 취급하는 요가 무역의 주도권을 쥘 확률이 높은 것이다.

고려는 각장 무역은 극력 반대한 반면 사행 무역은 적극적이었다. 이것은 무역의 이익을 정부가 독점하려는 의도에서였다. 각장무역은 민간 사무역이고 사행무역은 정부의 공무역이어서 이익의 대부분이 정부나 권세가에게 귀속 된다. 또 외교사절에 따르는 전통적인 사행 무역은 교역 주도권과 관련하여 신경 쓸 일도 없다. 이 때문에 각장 설치를 반대하고 사행 무역을 환영한 것이다.

고려·요는 994년에 수교한 이래 128년 동안 교류하였다. 이 기간 동안 고려는 거란에 총 232회 사신을 파견하였다. 1년에 2회 꼴인 셈이다. 반면에 요는 고려보다 많은 총 239회 사신을 보냈다. 그런데 특이한 사실은 고려사절 중 교역 목적만을 가진 사절이 55회로 평균 4회 중 1회는 그야말로 장사하러 요에 갔다.

고려는 사신과 상인들 뿐 아니라 말단 수행원과 수행 군인들도 무역할 수 있도록 폭넓게 허용하였다. 북방 국경부대에서 근무하는 병사를 사신단 수행원으로 뽑아 교역하게 하기도 하였다. 따라서 고려의 사행 무역은 말단 수행원들까지 제각기 보따리나 봇짐 등에 물건을 휴대해 가지고 가서 장사를 한 것이다.

요 상인들도 사신을 따라 또는 독자적으로 대거 고려에 와서 교역하였다. 요 사신들의 개경 숙소는 남대가의 흥국사 남쪽에 있는 영은관과 인은관이었다. 일반 상인들은 이곳이나 민간이 경영하는 객관에서 유숙하였다.

양국 간의 사행 무역이 가장 활발하였던 시기는 문종 때라고 할 수 있다. 하지만 문종 30년간 양국의 사신 교류는 고려가 37회, 요가 78회로 요가 압도적으로 많았다. 또 고려 사행 37회 가운데 교역을 위주로 한 사행이 13회로 35%나 차지하였다. 이를 통해 양국의 교역 수요가 그만큼 많았다는 것을 알 수 있다.

이렇게 상인들의 왕래가 빈번해지자 요는 자국의 상인을 지원하기 위해 1062년, 선의문 남쪽에 상인들의 숙소로 매매원을 설치하였다. 이 매매원은 시장 가까이 인접해 있어 이곳에서 물품이 거래되기도 하였다.

양국 간에 사행무역이 활발하다고 해서 밀무역이 줄어든 것은 아니다. 압록강의 내원성과 포주성에는 민간인들이 자유롭게 물건을 사고팔 수 있었다. 이 민간 상거래는 일종의 밀무역 행위였다. 국경 관원들은 이를 내버려 두고 간섭하지 않았다. 이것은 평소에 국방상 별 문제가 없을 경우 밀무역을 내버려 두고 관여하지 않았다는 사실을 말한다.

당시 압록강 지역은 국경선이 완전히 확정되지 않은 상황이었고 국경을 넘나들며 목축을 하는 여진족도 섞여 살고 있었다. 즉 밀무역이 성행할 조건이 충분하였다. 그러므로 밀무역은 거란 및 여진 등 북방 유목민족과의 접경지대에서 거의 관행화한 거래 수단이었다. 따라서 이것은 밀무역이라기보다 정부가 공공연히 묵인한 가운데 행해지는 사무역이었다.

고려의 수출입품 내역은 아직 일목요연하게 밝혀지지 않고 있다. 다만 예물이나 공물의 품목을 통해 파악해 볼 수 있을 따름이다. 지금까지 알

[실버로드]

11세기 전후 고려·요·송 시대에 국제 교역로에 큰 변화가 일어났다. 당대에 개척된 중앙아시아와의 교역로 '실크로드'는 당시 '실크로드'의 교통 요충지를 대부분 차지한 서하에 의해 차단당하였다.

서하는 상인들로부터 수탈에 가까울 정도로 고율의 관세를 부과하였다. 이렇게 되자 상인들은 새로운 교역로를 찾기 시작하였고 고비사막을 넘어 위구르와 요를 잇는 북방의 초원로를 개척하였다. 이 북방 초원로를 따라 동서 간에 교역이 이루어졌고 서역 제품이 유입되었다.

요의 수도 임황에는 위구르 상인들이 집단적으로 거주하며 상점을 열고 장사를 하였다. 요는 고려와 송 등에 서역 제품을 중계무역 하여 막대한 이득을 챙겼다.

이 때 국제 무역의 결제 수단은 당시 이슬람 세계에서 은 수요가 매우 높아 은으로 이루어졌다. 따라서 새로운 북방 교역로는 '실버로드(Silver Road)' 즉, '비단길'이 아닌 '은 길'로 불리어졌다. 고려는 양질의 은 생산국이어서 요에 은을 수출하고 동서 교역에 참여할 수 있었다.

려진 고려의 수출품은 금·은·동 제품, 견직물·삼베·모시 따위의 직물류, 종이와 먹·뇌원차·돗자리·칠기 등 수공업품과 인삼·곡물·매 등이다. 수입품은 능라(비단)·단사(비단실)·모직 등 직물류, 말·양 등 가축류, 술·향료·보석 등 서역산 중계물품을 들 수 있다.

금·은·동은 고려의 대표적인 대외 수출품이다. 고려는 금·은 가공 기술이 요보다 섬세하고 뛰어나 금기·금실·금병·은 주전자 등 가공제품을 많이 수출하였다. 특히 고려의 동 세공 기술은 매우 훌륭하고 우수하여 고려의 완상용 동 기물은 당시 국제적으로 인기가 있었다.

고려는 견직물과 삼베·모시 등 직물류를 대량 수출하였다. 삼베는 통일신라시대에 촌락마다 1결의 마전이 있을 정도로 전국적인 생산체제를 갖추고 있었다.

고려 모시는 국제적으로 인기 있는 최고가 수출품이었다. 하지만 견직물의 경우 수출은 주로 중·저가품이었고 그 원료인 단사는 요나라에서 많이 수입하였다. 고려 상인들은 단사를 대량 수입한 다음 이를 원료로 하여 중·저가 견직물을 직조하거나 염색 가공하여 거란뿐 아니라 송·일본·여진 등에 재수출하였다.

지금까지 알려진 고려의 수출품을 살펴보면 고급 수공업품 외에 중·저가 견직물과 삼베·모시·돗자리·인삼·곡물 등은 일반 농가 또는 가내 수공업으로 생산된 것임을 알 수 있다. 즉 고려의 수출 경제는 전국적으로 광범위한 생산기반을 바탕으로 하여 가동되었다. 이것은 수출이 전 국민의 참여 속에서 지속적으로 이루어졌고, 수출로 얻어진 이익이 국민들에게 어느 정도 환원된 것을 시사하고 있다.

2. 송나라와의 교역

960년 송나라가 건국되자 고려는 북쪽의 요를 견제할 목적으로 서둘러 송과 국교를 맺었다. 이때로부터 고려·요·송 사이에 힘의 삼각관계가 형성되어 칭기즈칸의 몽고가 뛰쳐나올 때까지 지속되었다. 고려는 중립의 태도를 유지하며 이를 잘 이용하여 실리를 챙겨 갔다.

하지만 1115년 여진이 급속히 성장하여 금나라를 세우고 요나라를 공격하자 국제 정세는 다시 소용돌이로 빠져들었다. 요가 금의 공격을 받고 퇴각하면서 압록강의 내원성과 포주성을 고려에 넘겨주었다. 이에 고려는 힘 안들이고 압록강까지 영토를 확장하였다. 하늘이 도운일이라며 자축하고 압록강에 방책을 구축하였다.

따라서 10세기 말에서 12세기 초에 이르는 국제 정세는 고려에게 불리하게만 작용한 것은 아니고 오히려 기회가 되었다. 특히 고려가 요의 침공을 잘 막아내어 정치외교적 발언권이 강화되고 위상이 올라갔다. 뿐만 아니라 고려는 압록강까지 영토를 넓히고 상권을 확장시켰다. 고려·송, 고려·요, 고려·금 사이의 교역은 공무역에 비해 민간의 사무역이 성행하였다.

송상은 집단으로 고려에 와서 장기간 체류하였다. 송상을 통해 학문·종교·의술과 행·재정 제도 등 송의 선진 문물이 고려에 유입되었다. 또 송의 도시문화를 비롯한 서민 대중문화도 고려에 전해졌다. 고려 상인들은 송상을 통해 세계의 교역 상황에 관한 지식과 정보를 얻고 상술을 소개받거나 접할 수 있었다.

『고려사』에 최초로 송상이라고 명확히 기록된 자는 1017년 7월 천주에서 온 임인복 등 40명이다. 마지막 송상은 1278년 충렬왕 때 온 마엽이다. 따라서 『고려사』 기록에 의하면 송상은 261년 동안 고려에 내항한 것이 된다.

고려에 내왕한 송상은 대게 수십 명에서 수백 명이 상단을 지어 왔다. 가장 큰 상단은 1090년 서성이 이끈 150명이다. 그리고 한해에 가장 많이 온 것은 1162년에 총 364명이 왔다.

그렇다면 고려에 내항한 송상은 모두 몇 명이나 될까? 지금까지 대체로 약 5,000여명이 내항한 것으로 알려져 있다. 하지만『고려사』의 기록을 꼼꼼히 따져 보면 이 숫자는 6,000여명 이상으로 늘어난다. 또 여기에다 뱃사공과 인부 등을 합하면 내항 총 인원은 1만 명 이상으로 추산 가능하다.

송상은 거의 대부분 7-8월의 서남 계절풍을 타고 와 다음해 2-3월에 북풍을 타고 돌아갔다. 보통 6개월 쯤 체류하는 것이다. 고려에서 혼인하여 살림을 차린 송상도 많았다. 고려에 상주하는 송상은 시전거리에 가게를 내고 장사를 하는 자도 있었고, 또 꽃나무를 전문으로 키워 파는 자도 있었다.

송상 중에서 특별히 주목해야할 인물이 있다. 고려에 5번이나 내항한 서덕영(徐德榮)이다. 그런데『송사』는 서덕영을 고려 상인의 우두머리로 명시하고 있다.『고려사』의 기록과 다르다. 이 서덕영은『송사』를 신뢰하여 고려 상인으로 보는 게 타당할 것이다. 왜냐하면『송사』는 고려 상인뿐 아니라 다른 외국상인도 많이 기록하고 있어 고려 상인을 명확히 구별하여 기록하였을 것이기 때문이다.

서덕영의 예로 보아 당시 고려 상인들이 송상들과 함께 송 상선 또는 고려 상선을 타고 어울려 다녔다. 이에 대해『고려사』편찬자들이 고려 상인을 따로 구분하여 기록하지 않아 고려 상인을 송상으로 잘못 기록한 것이 상당수 있다고 할 수 있다.

송상들이 타고 다닌 무역선은 크고 성능이 우수하였다. 상인들뿐만 아니라 양국의 관리·승려·유학생·여행객 등 다양한 사람들이 이용하였다. 송의 무역선은 대형과 중형 등 2종으로 구분된다. 대형선은 길이가 약 50~60장(147m~176m), 넓이가 약 14장(41m)으로 600여 명의 인원과 5천 석의 양곡을 실을 수 있었다. 중형선은 길이가 약 12장(35m), 넓이가 약 3장(9m)으로 2~3백명의 인원과 2천석의 양곡을 실을 수 있었다. 대형선은 주로 아라비아 지방으로 취항하였다. 고려에 내항한 상선은 대부분 중형선이고 대형선은 특별한 경우에 내항하였다.

송나라는 북쪽의 요나라와 북서쪽의 서하와 분쟁이 끊이지 않아 국방비 지출이 매우 컸다. 송은 국방비에 충당할 막대한 재원을 마련하기 위해 국내 상업과 대외 무역을 장려하는 상업진흥정책을 추진하였다. 특히 무역 정책은 현대 국가의 그것과 비교해도 손색이 없을 정도이다. 예를 들어 정부 자금을 직접 무역에 투자하고 관리가 무역에 공을 세우면 급료를 올려주고 승진시켰다. 또 송의 무역을 통한 관세수입 총액은 송 정부 전체 재정수입의 1/30에 해당하는 엄청난 규모였다. 고려는 송의 무역정책을 파악하고 이를 잘 이용하였다.

송은 상업자유화의 방향으로 정책을 추진해 상공업이 획기적으로 발전하였다. 이 결과 상업 면에서 그 이전의 나라들과 비교하면 사람들의 의식과 관습까지 바뀌는 근본적인 변화를 보였다. 예를 들면 송의 수도 개봉은 자유로운 개방 도시가 되었다. 송 이전까지는 도시에 사람이 주거하는 곳과 물건을 사고파는 시장을 엄격하게 구분하였지만, 송은 이들의 구분을 없애 버렸다. 따라서 상인들은 일정한 상세를 납부하면 도시 어디에서나 상점을 열 수 있게 되었다. 또 이 조치는 결과적으로 상거래에 관한 각종 규제를 완화하고 상인의 활동 범위를 대폭 확장시켜 주었다.

고려는 송나라가 건국되자 신속하게 송과 교역을 트려하였지만 양국 간의 공무역의 연계는 쉽지 않았다. 고려는 962년 송나라에 축하 사절을 보내 토산물을 선사하였다. 963년 송은 답례 사절을 보냈으나 폭풍을 만나 화물은 파도에 유실되고 사신 90여 명이 모두 바다에 빠져 죽었다. 이런 곡절 끝에 맺어진 양국 간의 공무역은 얼마 있지 않아 곧 단절되었다. 왜냐하면 994년 거란의 침공을 받은 고려가 송에 군사 협력을 요청하였는바, 송이 핑계를 대며 거절하므로, 고려가 이를 괘씸하게 여기고 일방적으로 국교를 끊어 버렸기 때문이다. 이후 1071년까지 75년 동안 양국 간에 외교가 단절되고 공무역은 중단되었다.

그렇다면 고려·송간의 외교 공백기에 민간 사무역이 완전히 단절되었을까? 송이 중국을 통일하기 전의 5대10국 시대는 자유무역시대였다. 그리고 송은 자유무역의 시스템을 이어받아 무역을 진흥시켜 나갔다. 반면 고려는 건국 초기에 왕권이 취약하여 호족들의 독자적인 사무역을 통제하고 규제하지 못하였다.

광종은 호족들의 사무역을 억제하고 공무역을 신장시키려 애를 썼다. 하지만 의도한 만큼 큰 성과를 얻지 못하였다. 호족들의 사무역이 줄어들고 대신 공무역이 활성화되기 시작한 때는 성종대부터이다. 성종이 중앙집권체제를 확립함으로써 왕권이 강화되자 호족들은 성종의 눈치를 보며 사무역을 점차 공무역으로 전환하였다.

이러한 사정은 최승로가 성종에게 바친 시무책을 통해 확인할 수 있다. 최승로는 중국에 가는 사신 중에 무역만을 목적으로 한 사신이 너무 많아서 문제가 심하다고 지적하였다. 그리고 무역만을 목적으로 한 사신은 없애자고 주장하였다. 즉 당시 고려는 순전히 무역을 목적으로 하는 통상사절단을 자주 파견한 것인데, 이 통상사절단은 대개 호족들의 사무역을 수행하는 것이었다. 어떻든 최승로의 시무책 이후부터 호족들의 사무역이 공무역으로 편입되어 갔다.

고려·송 양국은 962년부터 994년까지 32년간 국교가 끊겼었다. 그러나 이 32년 동안 양국은 고려가 30회, 송이 10회 사절을 파견한 것으로 『고려사』에 기록되어 있다. 그러므로 이 기간 중의 사절은 최승로가 지목한 무역만을 목적으로 한 사신이 분명하다. 또 고려 초기에 사무역은 정부 사절단외의 사사로운 사무역도 존재하였을 것이므로 일반적으로 생각하는 것 이상으로 대단히 성행하였다고 할 수 있다.

고려는 무역을 중시하였고 무역상이 크게 활약하였다. 하지만 고려 무역상의 활약상을 밝혀주는 문헌기록이 매우 희소하여 아직까지 그 전모를 파악하기 어렵다. 그러나 고려 무역상과 무역선에 대한 기록이 전혀 없는 것은 아니다. 1013년에 완성된 송나라 역사서 『책부원구』에는 고려 초 934년 7월에 고려 상인 노흔이 70여 명의 상단을 이끌고 후당의 등주에 진출하여 무역을 하였고, 동년 10월에도 고려 상인들이 천주에 진출하여 무역한 사실이 기록되어 있다. 또 『송사』는 앞서 살펴본 바와 같이 서덕영을 고려 상인으로 분명히 명시하고 있고, 『고려사』에도 1079년 고려 상인 안광이 이끈 44명의 상단이 폭풍을 만나 일본에 표류한 사실이 기록되어 있다. 이 같은 기록을 미루어봐서 고려 상인이 배를 타고 해외로 진출한 것은 확실하다.

다음 고려 무역선은 2005년 7월 산동반도 북쪽 봉래수성의 해안가 뻘에서 출토된 평저형 선박을 통해 확인할 수 있다. 봉래수성은 고려 무역선이 다니던 항구이다. 이 출토 선박은 현존 길이가 17.1m, 선체 폭이 6.2m이며 소나무로 건조되었고, 14세기 중·후반 무렵에 침몰된 것으로 추정된다. 그리고 선창에서 고려청자 파편이 나왔다. 고려 상인은 고려 무역선을 타고 해외로 무역하러 다닌 것이다.

고려·송 간의 교역은 북송(960~1126)전기에는 산동성 등주를 주로 이

산동반도 봉래수성에서 발굴된 고려 무역선

용하였다. 그러다가 1074년 이후부터는 요나라의 견제와 간섭을 피하기 위해 명주(현재 절강성 영파)를 주로 이용하였다. 명주는 당시 국제무역항이 었고 고려 무역선의 중심 항구였다. 이곳에는 고려 무역선에 관한 업무를 전담하는 기구로 고려행아가 따로 설치되고 고려 상인의 접대 장소로 항제 정이라는 건물이 별도로 건립되었다. 그만큼 고려 상인과 무역선이 많이 내항한 것이다.

고려는 송나라의 최대 무역국이었다. 송이 교역하는 나라 중에서 고려가 가장 비중이 컸다. 남송 말기에 명주 시박사(市舶司)가 관세를 징수할 때 고려는 특별대우를 받았다. 아라비아와 자바·보르네오·베트남 등 동남아 제국의 무역선은 세율이 1/15인데, 고려 무역선은 1/19로 훨씬 낮았다. 고려 무역선이 특혜관세 혜택을 받은 것이다. 또 명주 시박사는 소규모 화물은 불문에 부치고 검열을 하지 않고 통관시켰다. 이것은 고려 선박의 왕래가 빈번하고 무역량이 다른 나라들 보다 월등히 많았기 때문에 특별히 우대한 것이다.

뿐만 아니라 당시 고려 선박이 명주 지방에서 자주 표류하자, 송 정부

고려 행아

가 명주 시박사에 조난당한 고려인을 특별히 우대하여 조치할 것을 지시하였다. 이처럼 고려는 당시 최혜국 대우를 받는 세계 일류의 무역 국가였다.

고려의 국제 무역항은 예성항 벽란도이다. 벽란도는 개경에서 서남쪽으로 30리 떨어져 있는 예성강가에 있었다. 중국 사신이 오면 강 언덕에 있는 벽란정에서 숙박하였는데, 벽란정은 좌우로 나뉘어져 있었다. 서쪽 벽란정은 외교 조서를 봉안하는 곳이고, 동쪽 벽란정은 사신을 접대하는 곳이었다. 수행원들 역시 동쪽 벽란정에 거처하였는데, 많을 때는 수백 명을 헤아렸다.

송상들이 벽란정을 이용하였는지는 명확하지 않다. 하지만 송 정부의 공빙을 가져오거나 사신의 임무를 띤 송상들은 벽란정을 당연히 이용하였을 것이다. 송의 공식 외교사절단은 평균 6년에 1회 꼴로 왔으므로, 사절단의 방문이 없는 동안 벽란정을 계속 비워두지 않았을 것이기 때문이다. 일

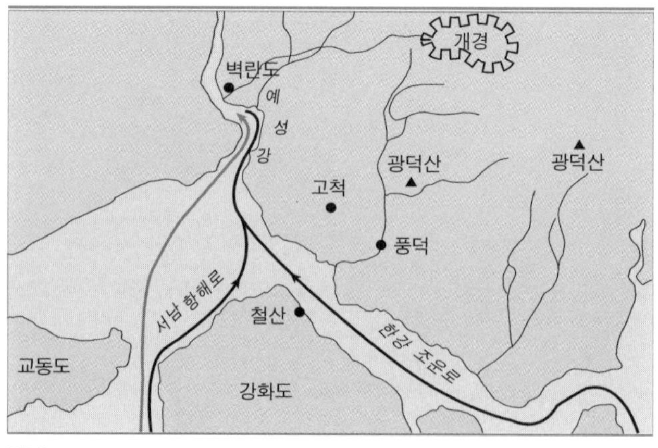

벽란도

반 상인들은 벽란도의 민간 숙박업소에서 유숙하였다.

개경에 있는 송 사신 숙소는 순천관이다. 그러면 송 상인의 숙소는 어디였을까? 1055년 2월 한식날, 송상 240명의 음식 대접을 오빈관·영빈관·청하관에서 하였는데, 아마도 이곳이 송상의 숙소 겸 상관이었을 것이다.

벽란도가 한창 번성할 당시 벽란도와 개경을 잇는 30리 길은 대단히 번화하였다. 도로는 잘 닦여져 있었다. 말을 탄 상인들과 물화를 나르는 수레들로 인해 거리는 항상 붐볐다. 도로가를 따라 민가가 처마를 맞대고 연접되어 있어, 비 오는 날 처마 밑을 따라 걸으면 비 한 방울 맞지 않을 정도라고 한다. 곳곳에 상점·음식점·휴게소·숙박업소 등이 들어앉았고 가내 수공업 공장과 일반 주택이 즐비하였다. 또 벽란도는 국제 무역선을 비롯하여 크고 작은 전국의 상선들이 모여드는 선상의 중심 도시였다. 국내외 상인과 선원들로 도시는 흥청거렸고 여관·술집·음식점 등은 활기차 있었다.

벽란도에 외국 상선이 입항하였을 때 어디에 배를 정박한 것인지는 아직 밝혀지지 않고 있다. 송 사신 서긍 일행은 대형 선박 신주 2척, 중형 선박 객주 6척 등 8척의 배에 200여 명이 타고 왔었다. 이들 선박은 배 밑이 뾰족한 첨저선이었을 것이므로 강 언덕을 이용한 별도의 부두 시설에 정박하였을 것이다. 하지만 평저선인 조운선이나 소형 상선 및 어선은 조수를 이용하여 강가나 모래밭에 많이 대었을 것이다.

벽란도는 외국 선박이 입항하면 성대한 환영식을 베풀어 주었다. 특히 송 사신이 입항할 때는 더욱 성대하게 환영을 하였다. 징을 울리고 북을 치며 깃발을 흔들었다. 물론 아라비아 등 여타 외국 상선들이 입항할 때도 환영 행사가 열렸다.

아라비아 상인들의 벽란도 내항은 11세기에 단 세 차례 있었다. 즉 1024년 9월에 열라자 등 100명이 왔고 그 이듬해 9월에 만하·선라자 등 100명이 왔다. 또 1040년 11월에 보나개가 수은·용치(龍齒)·점성향·몰약·대소목 등을 가지고 왔다.

아라비아는 오늘날 이란(당시 페르시아 또는 사라센) 지역이다. 아라비아 상인들은 송나라를 거쳐 고려에 왔다. 고려와 아라비아 간에는 고려 상인이 아라비아에 가거나 아라비아 상인이 고려에 내항하는 직접적인 교역은 크게 전개되지 못하였다. 양국 모두 송의 명주항에서 중계무역을 하였기 때문이다. 따라서 중계무역을 통해 고려 상품이 아라비아에 많이 수출되었다.

오늘날 우리나라를 지칭하는 코리아(korea) 명칭은 아라비아 상인들로 인해 고려가 세계에 알려지면서 불리어지게 된 것이다. 코리아는 결코 우연에 의해 얻어진 이름이 아니다. 세계로 뻗어나간 고려 상인으로 인해 얻어진 결실이다.

고려는 벽란도뿐 아니라 어디서든 외국 배를 친절히 맞이하였다. 고려인들은 친절하였고 외국인을 두려워하거나 어려워하지 않았다. 기회가 닿으면 무엇이든지 내놓고 외국인과 거래하기를 좋아하였다. 그것은 먼 바다 가운데 외딴섬에 사는 사람들도 마찬가지였다. 예를 들어 고려인들은 멀리 중국 선박이 나타나면 작은 배에 샘물과 채소, 과일 등을 싣고 중국 선박을 반갑게 맞이하였다. 그리고 가져온 샘물과 채소, 과일 등을 차와 쌀로 바꾸었다. 고려인들에게 외국 선박과 상인은 귀중한 고객이었다.

무역선이 벽란도에 입항하거나 출항할 때는 통관검사를 받았다. 통관검사 담당자를 감검어사라 불렀다. 벽란도의 통관 검사는 상당히 까다로웠다. 먼저 승객의 신원을 확인하고 수출입 화물의 선적과 하역을 일일이 감시하였다. 이때 반입 금지품이나 반출 금지품이 있으면 압수하고 경우에 따라서는 신체적 처벌을 가하였다.

벽란도 통관검사에 대한 흥미로운 일화가 있다. 최충헌이 정권을 잡고 있을 때이다. 벽란도 감검어사 안완이 송상의 화물을 과도하게 검사하였다 하여 물의가 일어나자, 최충헌이 안완과 그의 상관인 박득문을 감독 책임을 물어 파면시켰다.

최충헌이 안완과 박득문을 파면시킨 이유가 무엇일까? 안완은 감검어사이므로 입출항 물품의 감시와 검열은 그의 당연한 직무이다. 송상 또한 몰래 밀무역하는 상인이 아니다. 그리고 당시 최충헌은 왕을 능가하는 최고 권력자이다. 따라서 안완의 수탈 행위, 최충헌과 송상의 뒷거래는 생각하기 어렵다. 그러므로 결국 안완의 파면 사유는 금지령을 위반한 송상에 대해 처벌 규정을 따르지 않고 자의적으로 처벌을 심하게 한 것이 주된 사유일 확률이 높다. 안완의 가혹한 처벌이 알려지자 개경의 송상들이 연대하여 최충헌에게 가서 집단 항의를 한 것이다. 이에 최충헌이 서둘러 사건을 무마하기 위해 문제를 일으킨 안완은 물론 감독 책임을 물어 박득문까지 파면시킨 것이다.

당시 벽란도에서 거래된 고려의 대송 수출품을 살펴보면 다음 〈표 3-2〉와 같다. 이는 『고려도경』과 1226년에 편찬된 송나라 명주의 지방지 『보경사명지』 등에 수록된 수출 품목을 모아 생산형태별로 분류해서 정리한 것이다.

『보경사명지』에는 당시 송나라가 외국으로부터 수입한 품목으로 고려 42품목, 일본 13품목, 해남과 점성 78품목 기타 외화번선 70품목 등 총 203개 품목이 수록되어 있다. 고려의 품목수가 20.7%로 비중이 가장 높다. 이와 같이 고려는 송의 가장 중요한 교역국이었다.

고려의 수입품 내역은 『고려사』와 『고려도경』 등에 기재된 품목들을 모아 정리하면 능견(얇은 비단)·금라(채색무늬 얇은 비단)·자기·서적·약재·악기·향료·종이·붓·먹·사탕·금박·차·밀·금·은·동전·소목·물소뿔·

표 3-2 | 고려의 수출품 내역

생산형태	품목수	품목
원산물	4	금·은·동·유황(硫黃) 등
농산물	6	송자(松子, 잣)·송화(松花)·밤·대추·진자(榧子, 개암)·행인(杏仁, 살구) 등
약제	17	인삼·사향·홍화(紅花)·복령(茯笭)·랍(蠟, 밀랍)·세신(細辛, 족두리풀 뿌리)·산수유·백부자(白附子)·무제(蕪)·감초·방풍(防風)·우슬(牛膝)·백출(白朮)·원지(遠志)·생강·향유(香油)·자채(紫菜, 올벼의 쌀) 등
수공업품	20	금은동기(金銀銅器)·금은장도(金銀粧刀)·주(紬, 명주)·능라(綾羅)·저포(苧布, 모시)·마포(麻布, 삼베)·피각(皮角, 가죽가방)·선자(扇子, 부채)·종이·붓·먹·자기·나전(螺鈿)·나두(螺頭)·석(蓆, 자리, 깔개)·합고(合藁, 화살)·호피(虎皮)·청서피(靑鼠皮)·도검(刀劍)·황칠(黃漆, 옻)·양모(羊毛, 그림) 등

상아·산호·꽃나무·앵무새·공작새 등 25개 품목이다.

하지만 이들 수입품은 송사신과 송상이 고려 국왕에게 바친 선물 따위를 나열한 것일 뿐이다. 때문에 값비싼 사치품으로만 보여서인지 지금까지의 대개의 역사서 또는 연구물 등에서 고려 수입품에 대해 부정적인 평가를 하고 있다. 즉 '고려 귀족의 욕구를 만족시켜 주는 것'에 불과하고, '귀족들의 사치스런 생활을 더욱 조장'하며, '귀족들의 부와 향락을 더해 준 폐단'이 있다는 등 삐뚤어진 시각으로 보는 것이다.

그러나 이제 고려의 수입품에 대한 부정적인 평가는 바뀌어야 한다. 물론 중세의 교역 여건이 고급품 위주일 수밖에 없는 상황이지만 고려는 사정이 달랐다.

우선 고려가 많이 수입한 약재의 경우를 보자. 당시 송나라는 의술과 의학 수준이 세계 최고였다. 고려는 송의 선진 의학과 의술을 도입하기 위해 애를 썼다. 민간에서도 송의 처방을 따르고 약재도 송의 것을 많이 썼다. 이에 따라 수입 약재의 품목과 수량이 매우 많았던 것이다. 그러므로 약재는 귀족들만을 위해 수입된 것은 분명히 아닌 것이다.

농산물인 밀 수입의 경우도 마찬가지이다. 고려는 밀 생산이 적어 밀을 많이 수입하였다. 밀은 고려 상인들이 산동과 하남 지역 등에서 수입해 왔다. 당시 고려 사회는 혼례·회갑 등 특별한 잔치 때에 밀로 국수를 만들어 먹는 것이 대유행이었다. 따라서 밀 수입은 특정 상류계층의 사치라고 꼬집어 말할 수 없는 것이다.

고려 수입품에 대해 또 다른 고려할 사항이 있다. 당시 고려가 사용한 무역선은 200~300명의 승객과 1000석 이상의 곡식을 실을 수 있는 종합 무역선이었다. 단일 품목을 취급하는 전용선도 경우에 따라 있었지만 예외였다. 따라서 이 큰 배에 몇몇 사치품만 싣고 오지는 않았을 것이다. 우리가 알고 있는 것보다 수입품의 종류는 훨씬 다양하였을 것이고, 고려 백성들의 일상생활에 요긴한 물품이 많이 있었을 것이다. 그러므로 지금까지 드러난 수입품의 내역만 가지고 고려의 수입이 귀족들의 사치와 향락을 부추기는 귀족들만을 위한 수입일 뿐이었다고 단정하면 안 된다. 그것은 결과적으로 상업의 나라 고려를 희석시키고 고려 상인들의 빛나는 성과를 왜곡하고 깔아뭉개는 짓이다.

이에 대해서는 고려의 수출품을 살펴보면 더욱 명백해진다. 지금까지 알려진 고려의 수출품은 표에서 보듯이 원산물 4개 품목, 농산물 6개 품목, 약재 17개 품목, 수공업품 20개 품목 등 총 47개 품목이다. 여기서 1차 상품인 농산물과 약재를 보자. 우리나라 특산 작물은 거의 다 망라한 것 같다. 즉 고려는 수출하여 돈을 벌 수 있는 작물은 무엇이든지 하나라도 더 수출하려 하였던 것이다.

고려는 금·은·동·철 등 따위를 소재로 한 금속가공품을 많이 수출하였다. 중국에서 '고려동'은 최고품으로 인기를 끌었다. 예를 들면 당송 8대가로 유명한 소식(소동파)은 고려의 동 기물을 구해 구치석이라는 둘 위에 두고 감상하기를 즐겼다. 한편 이들 금속가공품의 수출은 동광과 금광의 개발로 이어졌다.

고려는 특히 수공업품 수출에 주력하였다. 수공업 수출품 중 당시 세계 최고의 경쟁력을 가진 품목이 다수 있다. 모시·자기·종이·먹 등이 그것이다. 특히 모시는 우리나라에서 생산되는 원료 자체가 질이 좋을뿐더러 직조 기술이 세계 최고였다. 모시는 송나라 뿐만 아니라 요·금·일본 등에서도 최고 인기품이었다.

고려자기도 고려의 주력 수출품이었다. 당시 송나라에서 고려의 비색 청자를 천하의 최고 명물로 높이 평가하고 많이 수입해 갔다. 고려는 종

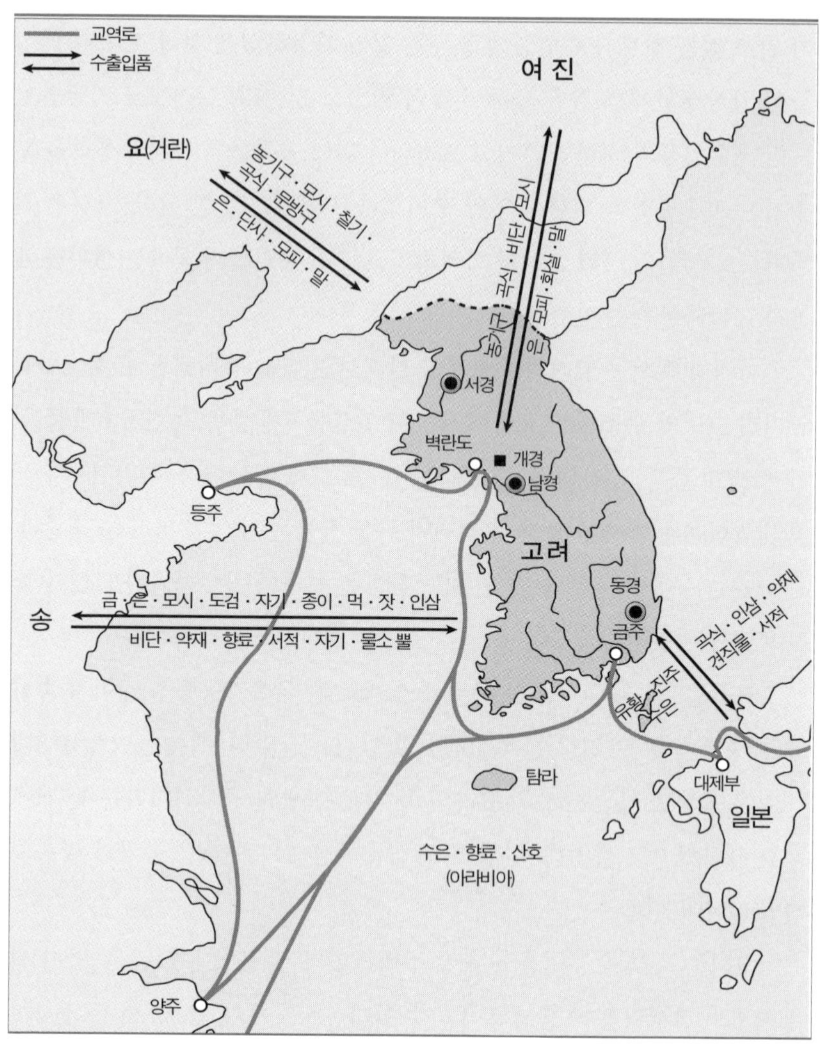

고려시대 대외 교역도

이와 먹도 대량 수출하고, 책과 문방구류도 많이 수출하였다. 고려 종이는
깨끗하고 희면서도 매끄럽고 질겨 가장 값비싼 최상류품으로 유통되었다.

송나라 상류층이 가장 애호하는 붓과 먹은 고려 제품이었다. 소동파도 고려 붓과 먹을 애용하였다.

또 다른 세계 제일의 경쟁력을 자랑한 수출품으로 왕골 돗자리와 왕골 방석이 있다. 돗자리와 방석은 왕골 또는 등나무 껍질로 짠다. 우리나라에서 나는 왕골은 재질이 다른 나라의 것 보다 월등히 우수하다. 물론 돗자리 짜는 기술도 앞서 있었다. 특히 꽃무늬를 화려하게 수놓은 왕골 돗자리와 왕골 방석이 호평을 받아 많이 수출되었다.

한편 고려는 중계무역을 통해 큰 이익을 챙겼다. 특히 여진과의 중계무역은 고려가 가진 특별한 교역 자산이었다. 함흥지역의 동여진은 교역을 거의 고려에 의지하는 형편이었다. 고려는 여진으로부터 호피와 청서피 등 북방 물품을 구입하여 송에 수출하고 일본에도 수출하였다. 또 유황과 검 등 일본 특산물을 구입해 송에 되팔았다. 이러한 중계무역은 고려의 수출에 큰 보탬이 되었고 경제를 살찌워 주었다.

고려는 명실공히 수출국이었다. 수출로 국부를 증진시켜 나갔다. 수출이 고려를 윤택하게 만들었고 수도 개경이 국제적인 대도시로 성장하는 동력이 되었다. 고려 상인들은 송나라와 그로부터 연계된 국제 시장에서 남해제국 상인, 아라비아 상인들과 거래하면서 더 넓은 세계로 활동 영역을 키워갔다. 그리하여 고려는 일류 무역국가로 우뚝 섰다.

3. 여진(금)과의 교역

여진은 우리 한민족과 가장 가까이 이웃해 살면서 매우 밀접한 관계를 맺어왔다. 여진은 숙신·읍루·물길·말갈 등으로 불리던 북방의 유목민족이다. 부족 또는 씨족 단위로 초원을 따라 움직이면서 소와 말을 방목하고 수렵을 하며 살았다.

삼국시대 때는 흑수말갈, 속말말갈 등으로 불리며 고구려에 속해 있었다. 발해가 건국될 때에는 말갈로 일컬어지면서 고구려 유민과 함께 발해의 주축 세력으로 등장하였다. 여진이란 이름은 발해가 멸망할 즈음 903년에 생겨났고, 이후 여진은 양쪽으로 분화되었다. 백두산을 중심으로 두만강·송화강 그리고 함경도 일원에 분포한 여진을 동여진 또는 생여진, 압록강 북쪽에 살면서 거란의 지배 아래 있던 여진을 서여진 또는 숙여진이라 불렸다.

발해가 멸망하자 여진 사람들이 고려에 많이 넘어 왔다.『고려사』에 의하면 고려 초 100여 년간에 투항해 온 여진인이 2만 여명에 달한다. 여진인이 가장 많이 투항해 온 시기는 11세기 초 강감찬이 소배압이 이끈 요나라 10만 대군을 격파한 때이다. 고려의 승리로 고려의 위상이 높아졌고 이에 따라 여진의 여러 소국과 종족들이 고려에 내조하거나 귀부하였다. 이런 상황에서 아예 귀순해 오는 여진인이 많았다. 고려는 이들을 각지에 정착하여 살게 하였고, 이들 중에는 관리가 된 자도 다수 있었다.

고려는 황제국의 위치에서 여진을 신하국인 번국으로 취급하였다. 여진도 고려를 황제국으로 받들었다. 고려왕을 고려황제라 하고 국왕을 호칭할 때 황제 호칭인 폐하로 부르며 섬겼다. 또 고려는 이런 입장에서 여진을 호칭할 때 동여진을 동번으로, 서여진을 서번으로, 북쪽에 사는 여진을 북번으로 구분하여 불렀다. 이 중 가장 많이 내조하여 공물을 바친 여진은 동번이고 다음이 서번이었다. 북번은 횟수가 그리 많지 않았다.

고려가 요(거란)의 침공을 격퇴하고 승리하자 철리국·동흑수국·흑수말갈 등이 고려를 섬기기 위해 내조해 왔다. 이들은 동여진 및 서여진과 구별되는 더 먼 곳의 여진 종족들이다. 또 이들의 내조 빈도가 증가함에 따라

이들의 내조는 정기적인 조공의 성격을 가지게 되었다. 고려도 철리국에 답례 사신을 보냈다.

고려는 여진 추장의 조공을 받을 때 그 의례를 정전에서 하지 않고 선정전 등 편전에서 거행하였다. 여진을 번국으로 취급하였기 때문에 송·요·금의 사신과 차별을 둔 것이다.

여진이 고려에 내조 또는 귀부한 가장 큰 이유는 경제적 사정 때문이었다. 여진이 교역을 원하며 공물을 바치면 고려는 공물보다 답례품을 더 후하게 주었다. 여진이 바친 공물은 주로 말·철갑·화살·초서피(노랑가슴담비가죽)·청서피·표피·낙타·황모·선박 등이었다. 고려는 은 기물·의복·포·비단·장식품 등을 답례품으로 주었다.

여진은 왕실과 정부에 바치는 공물 외에 따로 일반 교역품을 가지고 왔다. 일반 교역품 중에는 말이 가장 많았다. 교역품은 객관에서 관리들의 입회하에 물물교환을 하거나 매각하였다. 때로는 왕이 직접 교역을 지휘하기도 하였는데, 948년 9월 여진 추장 소무개가 말 7백필을 바치자 임금 정종이 와서 직접 말을 검열하였다. 왕이 친히 말을 검열하고 값을 매긴 것은 말은 군마 또는 역마로 쓰여서 매우 중요하게 취급하였기 때문이기도 하지만, 당시 가지고 온 말이 이름난 좋은 명마이었을 수도 있다.

여진 공물에 대한 답례는 그때그때 임의로 결정한 것은 아니다. 관례에 따른 일정한 비율이 있었다. 그러나 일단 공물의 품질을 보되 공물을 바친 사람이 누구냐에 따라서도 차등을 두었다. 즉 평소 고려에 협조를 잘 하느냐의 여부에 따라 차등을 두어 전례보다 적게 주기도 하고 후하게 주기도 한 것이다.

그런데 만약 공물을 바친 자가 범죄를 저지른 사실이 밝혀지면 공물을 은 압수하고 처벌하였다. 예를 들어 1050년 여진 추장 염한이 좋은 말을 바

쳤는데, 지난 날 국경을 침범한 사실이 들어나 염한과 그의 일행 15명을 붙
잡아 억류시켰다. 염한은 등 15명은 개경에 소재한 광인관에 수용되었다.
당시 이곳에는 이미 여진인 300명이 억류되어 있었다. 광인관에 수용된
300명은 당시 인구 규모에 비해 결코 적은 인원이 아니다. 따라서 여진인
은 역사에 기록된 것보다 훨씬 많이 내왕하였고 그들 중에 억류해야할 자
도 상당히 많았던 것이다.

[고려의 객관]

고려는 외국 사신과 여행자를 접대하고 숙식을 제공하기 위해 객관
을 설치하였다. 객관은 나라마다 건물을 따로 지었다.

송나라는 순천관, 요나라는 영은관과 인은관, 금나라는 영은관이었
다. 그리고 순천관은 광화문 동쪽, 영은관과 인은관은 흥국사 남쪽, 영
은관은 장경궁 서쪽에 있었다.

기타 사신과 일반 여행자들을 접대하는 곳은 청주·충주·사점·이
빈 등 4곳인데 모두 남문 밖에 위치하였다.

광인관은 여진에서 온 사신 일행들과 고려에 귀부한 여진인을 유숙시
키고 접대하는 관사였다. 광인관의 규모는 300명의 인원을 충분히 수용할
정도로 대단히 컸었다.

11세기 문종 때에는 여진인 내왕자가 너무 많고 또 개경에 와서는 돌
아가지 않고 객관에 오래 머물러서 골치 아픈 문제가 되었다. 이들에 대한

답례품 마련과 숙식 접대로 인해 경비 부담이 만만치 않았던 것이다. 여진인들이 곧 돌아가지 않고 개경에 오랫동안 머무르자, 고려 정부는 내왕자들의 객관 체류기간을 15일로 제한하였다.

하지만 여진인의 내조는 고려의 경제에 기여하는 바가 상당하였다. 여진의 내조가 빈번하고 인원이 많은 만큼 이에 따른 공무역이 증대할 뿐 아니라 수행원들과 따라온 여진 상인들에 의한 사무역과 밀무역이 증가하였다. 이는 개경의 시장 경기를 진작시켜 주었다.

당시 고려와 여진 간에는 공무역보다 밀무역이 성행하였다. 북방 국경 지역에서 관의 눈을 피하거나 관의 공공연한 묵인 아래 일상생활용품을 비롯한 각종 물품들이 거래되었다. 특히 유목생활을 하는 여진인은 국경 개념이 희박해서 국경을 자주 넘나들었기 때문에 밀무역은 거의 일상적으로 이루어졌다.

여진족은 발해가 멸망한 뒤 일단 요의 지배 아래 들어갔다. 그러나 요의 통치권이 압록강 북부와 함흥 지역까지는 효과적으로 미치지 못하였기 때문에 고려와 요로부터 이중 지배를 받는 처지였다. 따라서 그들은 이쪽 저쪽 눈치를 살피고 경제적 실리를 챙겼다. 즉 여진족이 살던 지역은 이른바 힘의 공백 지대였고 고려는 여진족을 회유하거나 제압하면서 북진정책을 전개하여 영토를 확장해 나가려 하였다.

이러한 고려의 대여진 정책은 12세기 초에 대전환을 맞는다. 1107년 12월에 시작된 윤관의 여진 정벌과 9성 축성이 그것이다. 윤관의 여진 정벌은 우리 한민족 역사에 있어서 대단히 중요한 의미를 갖는다. 먼저 이 정벌과 9성 축성은 고구려 멸망 이후 실로 439년 만에 고구려의 고토를 되찾고 성을 쌓아 영토로 편입한 것이 된다. 또 이것은 그로부터 333년 후 김종서의 6진 설치에 중요한 근거와 길잡이가 되었다.

윤관이 축성한 9성의 위치

윤관이 여진을 정벌한 직접적인 계기는 1104년 2월과 3월, 국경 근처 고려 영토내에서 벌어진 여진과의 전투에서 고려군이 두 차래나 참패함으로써 촉발되었다.

1104년 정월에 동여진 1,753명이 고려에 귀순해 왔다. 이로 인해 고려 정부는 고무되어 있었다. 하지만 때마침 동여진의 추장 오아속의 기병부대가 정주성 관문 밖까지 진출하여 주둔하고 떠나지 않았다.

당시 오아속은 그와 사이가 나빠 미워하는 추장 부내로를 치면서 고려 영토로 들어온 것이다. 고려는 만일을 대비하여 임간을 동북면 병마사로 삼아 정주성에 보내 방비토록 하였다. 하지만 임간은 정세를 관망하며 성을 지키지 않고 오아속군을 몰아내어 공을 세우려는 욕심으로 서둘러 성 밖으로 나가 오아속군과 싸우다가 패하고 말았다. 패전 소식을 접한 고려 정부는 다시 윤관을 파견하지만 윤관 역시 승리하지 못하였다.

임관과 윤관의 패전은 고려의 자존심을 훼손하는 치욕적인 사건이었다. 특히 당시 숙종은 무력으로 쿠데타를 일으켜 왕이 되었고 통치 기반을 무력에 두고 있었다. 그러므로 이 패전은 정치적 위기를 야기하는 심각한 사태였다. 고려는 대대적으로 여진을 토벌하되 이번 기회에 여진을 몰아내고 그 땅을 차지하려고 치밀하게 계획하였다. 윤관은 패전 원인을 여진의 우수한 기병 때문으로 파악하고 기병을 양성하였다. 기병만으로 편성한 부대 별무반을 창설하고, 별무반에 말을 가진 상인들을 많이 편입시켰다.

패전 후 4년이 지난 1107년 12월, 윤관은 17만 대군을 이끌고 여진 정벌에 나섰다. 곳곳에서 여진을 토벌하며 두만강 유역까지 진출하였다. 그리고 요충지에 영주·웅주·복주·길주·함주·공험진·통태진·진양진·숭녕진 등 9성을 쌓았다. 다음 이곳에 둔전병으로 병민 6,466호를 이주시키고, 또 농민 69,000호를 이주시켰다. 둔전병과 농민의 대규모 이주는 두만강 유역 북쪽까지 고려의 영토로 영구히 편입하려는 의지였다.

그러나 국력을 총동원하여 쌓은 9성은 1109년 7월에 오아속이 이를 돌려주면 영구히 조공을 바치겠다는 맹세하는 청원을 올리자 돌려주고 말았다. 3품관 이상의 대신들이 회의를 개최하여 토의한 결과 9성을 돌려주고 오아속을 번국으로 하여 다스리자는 의견이 많았다. 고려군은 점령한 지 불과 1년 5개월 만에 9성에서 철수하였다.

여진은 9성을 돌려받은 이후 급속히 성장해 나갔다. 마침내 성장에 성장을 거듭하여 금나라를 세웠다. 금이 엄청나게 강성해지자 고려는 불가피하게 금에 굴복할 수밖에 없었다. 여진이 9성을 돌려받고 금나라를 세우기 전까지는 고려를 부모의 나라라고 하며 섬겼다. 매년 내조하여 조공을 바쳤다. 그러나 금나라를 세운 뒤에 태도가 달라졌다. 물론 조공은 바치지 않았고 요와 전쟁 중임을 과시하며, 금이 형이고 고려가 아우가 되는 '형제의 의'를 맺자고 제의해 왔다.

하지만 요를 멸망시키고 세력이 더욱 강성해지자, '형제의 의'가 아니라 신하로 복속하라며 협박하였다. 이에 대해 고려는 심각한 고민에 빠질 수밖에 없었다. 결국 고려는 1126년 금에 신하국의 예를 갖추는 사신을 보냈다. 이것은 굴욕을 감수하고 평화를 선택한 것이지만, 이로서 조공을 받왔던 여진에게 조공을 바쳐야 하는 처지로 굴러 떨어진 것이다.

고려·금 간의 교역은 고려·요와 마찬가지로 각장과 조공무역을 통해서 이루어졌다. 교역은 매우 활발하였고 100여 년 동안 지속되었다. 1126년부터 1210년에 이르는 84년간에 고려에서 금에 파견한 사신단은 202회로 연평균 약 2.4회였고 금이 고려에 파견한 사신단은 120회로 연평균 약 1.4회였다. 양국을 합쳐 매년 약 4회 공무역이 이루어진 것이다.

고려·금 간의 각장무역은 순조로웠고 대단히 성행하였다. 고려도 고려·요 시대와는 달리 각장을 개설하고 운영하였다. 고려가 금의 각장 설치를 반대하지 않고 각장을 설치한 것은 요가 차지하고 있던 내원성과 포주성을 손에 넣어 영토 문제로 금과 다투지 않아도 되기 때문이고 또 압록강 남쪽을 완전히 차지해 국방상의 우려가 해소된 때문이었다. 또 고려가 자체 각장을 금의 각장과 상응하게 세워 운영한 것은 만연한 밀무역을 각장무역으로 흡수하여 관세수입을 획득하려는 목적이 있었다.

그렇지만 국경지대에서는 밀무역이 끊이질 않고 성행하였다. 특히 양국 간에 교역을 제한하거나 금지하는 물품은 밀무역으로 거래되었다. 이 밀무역은 심지어 왕실도 몰래 가담하고 있었다. 예를 들어 1185년 명종이 서북면 병마시 이지명을 임명하고 임지로 보낼 때 금나라 몰래 용주 창고의 삼배로 거란사를 바꾸어서 바치라고 비밀리에 지시하였다. 이때 밀무역한 거란사는 500속이나 되었다.

고려·금 간의 조공무역은 공식적인 선물과 답례품보다 사신과 수행원들이 휴대해 가는 물품이 오히려 많았다. 사절이 물품을 얼마든지 가져가도 이를 제한하지 않는 때도 있었다. 예를 들어 1183년 8월 사절들이 휴대하는 물품의 한도를 정하자는 대신들이 건의하였으나, 사절단에 참가하는 장군들이 반대하여 채택되지 않았다. 이때는 무신이 집권할 시기여서 조공무역을 통해 사익을 챙기려한 무신들을 제어할 수 없었던 것이다. 따라서 이것은 사신 왕래가 아니라 장사꾼의 왕래라 할 지경이다. 그만큼 고려·금 간에는 민간무역이 성행하였고 이에 따라 상인들이 부를 축적하고 상인 세력이 힘을 쌓아 갔다.

4. 몽고(원)와의 교역

13세기 초 동북아시아의 평화는 몽고를 통일한 칭기즈칸이 금나라를 침략하자 깨어졌다. 몽고는 1215년 금의 수도 연경(북경)을 함락하고 황하 이북의 땅을 차지하였다. 연경을 빼앗긴 금은 개봉으로 후퇴하고 겨우 명맥을 유지해 나갔다.

몽고와 금 사이에 전쟁이 벌어지자 요동과 만주지역에 힘의 공백이 생겨났다. 이 기회를 노려 거란족이 다시 나라를 세우겠다며 꿈틀거렸고, 1216년에는 금의 신하였던 포선만노가 금을 버리고 독립하여 동진국을 세웠다. 이제 힘의 각축장으로 변한 요동과 만주에 전운이 감돌았다.

1216년경부터 거란군이 고려 국경을 넘어 오기 시작하여 강동성(평안남도)에 5만 명이 웅거하였다. 거란군은 몽고의 합진이 이끄는 1만 명과 동진국 2만 군사의 공격을 받고 쫓기는 처지였다. 몽고군은 강동성으로 진군하면서 고려에 연합하여 함께 싸울 것과 식량 지원을 요청하였다.

고려는 조충을 원수로, 김취려를 병마사로 임명하고 강동성으로 파견하였다. 1219년 정월, 고려·몽고·동진국 등 3개국 연합군이 강동성의 거란군을 공격하여 항복을 받았다. 거란군이 소탕되자 합진은 귀국하기에 앞서 조충에게 칭기즈칸이 몽고와 고려가 형제국으로 맹약하라 하였다며 이를 맹약하는 국서를 요청하였다. 몽고가 형님국, 고려가 아우국이 되는 것이다.

당시 고려는 최충헌이 정권을 잡고 있었다. 최충헌은 국서는 자신의 이름으로는 만들 수 없고 국왕의 이름으로 작성해야 하므로, 국서 교섭이 결과적으로 왕권을 강화시키는 빌미를 줄 여지가 있기 때문에 소극적이었다. 어쨌든 형제국을 맹약하는 국서는 합진에게 보내졌다. 국서를 받아든 합진은 조충과 김취려에게 '두 나라가 형제가 되었다. 만대에 이르기까지 오늘의 맹약을 잊지 말자'라며 다짐하고 돌아갔다. 하지만 합진은 압록강을 건너기 전에 몽고인 41명을 의주에 남겨두면서 '너희들은 고려 말을 배우면서 내가 돌아올 때까지 기다려라'라고 지시하였다. 몽고의 야심이 배어 있는 조치였다.

몽고의 야심은 곧 나타났다. 1221년 8월 몽고가 저고여를 사신으로 고려에 보냈다. 저고여는 강동성의 거란군 퇴치를 구실로 삼아 막대한 공물을 요구하였다. 그것은 수달피 1만장·가는 명주 3천필·모시 2천 필·솜 1만근·붓 2백 자루·종이 10만장으로 고려가 들어주기에는 너무 과다하였다. 저고여는 환영 연회에도 참석하지 않고 대단히 고압적인 자세로 뻐기었다. 고려는 몽고의 요구를 들어줄 수 없어 사신들에게 예물을 주고 핑계를 대며 얼버무리려고 하였다. 그러던 중에 불행한 사건이 터졌다. 1225년 정월, 몽고 사신이 압록강을 건너 몽고로 돌아가는 도중에 피살된 것이다. 몽고가 고려를 의심하였고 그로 인해 국교가 끊어졌다.

당시 국제정세는 100여 년간 평화를 구가하였던 고려·남송·금의 3개국 체제가 고려·남송·금·몽고·동진 등 5개국이 경쟁하며 다투는 국면으로 바뀌었고 몽고가 새로운 실력자로 떠올랐다. 하지만 이 5국 체제는 오래가지 못하였다. 몽고가 서역 정벌을 끝낸 뒤 그 여세를 몰아 금을 공격한 것이다.

몽고가 금나라를 공격하기 시작하자 100여 년 전 여진족이 금나라를 세우고 요를 공격할 때와 비슷한 상황이 벌어졌다. 즉 금이 송과 연합하여 요를 치기 위해 배후의 고려를 제압하려 하였듯이, 몽고는 남송과 연합하여 금을 정벌하기 위해 배후의 고려를 제압하려 하였다.

1231년 6월 몽고가 살리타이를 보내 고려를 침공하였다. 당시 고려는 최충헌의 아들 최우가 정권을 잡고 있었다. 고려는 싸움에 밀렸고 몽고군이 개경을 포위하게 되자, 공물을 바치라는 몽고의 요구를 일단 받아들기로 하고 강화를 하였다. 몽고군은 돌아가는 길에 동진국을 정벌하여 멸망시켰다.

몽고는 군대를 철수시킨 대가로 수달피 1만장·말 2만 마리·비단 2만 필·1백만 명 분의 의복 등 실로 엄청난 공물을 강요하였다. 또 왕실과 귀족·고관의 아들 딸 1천명을 인질로 보내라고 요구하였다. 몽고로부터 막대한 공물 납부를 강요받은 고려는 국론이 갈리고 고민에 빠졌다. 그렇다고 무리한 요구를 모두 들어 줄 수는 없었다. 국왕은 몽고와 협상하여 공물을 줄이는 타협을 바랬지만, 최우의 생각은 달랐다. 1232년 최우는 마침내 장기 항전을 결의하고 수도를 강화도로 옮겨버렸다.

이후 고려는 30여 년 간 몽고와 맞서 싸웠다. 7차례나 대규모 침공을 받아가며 꿋꿋이 버텨냈다. 그러나 최씨 정권의 4대 집권자인 최의가 왕당파에 의해 피살되자 1259년에 항복하고 말았다. 하지만 고려는 강화도를 나와 개경으로 가지 않았다. 강화도를 버리고 나오라는 몽고의 압력을 11년이나 버티다가 1270년에 개경으로 수도를 옮겼다.

몽고는 1271년에 국호를 원으로 고쳤다. 원은 고려가 수도를 개경으로 옮기자 본격적으로 내정을 간섭하기 시작하였다. 이때부터 대게 '원 간섭기'라고 부른다.

개경 환도를 거부하고 싸운 삼별초가 머물렀던 진도의 용장산성(행궁터)

원 간섭기의 고려는 모든 것을 다시금 시작해야 하였다. 전란으로 인해 경제는 피폐해졌고 상업의 기반인 영토도 많이 빼앗겼다. 원이 자비령 이북을 동녕부, 함경도 지역을 쌍성총관부, 제주도를 탐라총관부로 하여 직접 통치하였기 때문이다. 또 인구도 많이 줄었다. 전쟁으로 사상자가 많이 생겼고 무려 206,800명이 포로로 잡혀갔다. 물론 수많은 옥토가 황무지로 버려졌다. 고려는 전쟁의 잿더미를 딛고 상업과 무역을 새로이 일으켜 세워야 하였다.

이제 고려는 비록 자치권을 가졌지만 원에 복속된 국가였다. 고려는 정치적으로 황제국의 지위에서 제후국으로 강등되었다. 국왕의 명칭도 태조·고종처럼 조(祖)와 종(宗)을 붙이지 못하고 원에 충성한다는 뜻으로 첫머리에 충(忠)자를 붙여 충렬왕·충혜왕 등으로 불려야 하였다. 고려왕과 태자를 부르던 칭호도 '폐하를 전하'로 '태자를 세자'로 낮추어 불러야 하였다.

원 간섭기 초기에 고려의 경제 상황은 매우 어려웠다. 더군다나 원이 고려에 여섯 가지를 요구하여 어려움이 가중되었다. 그것은 왕의 친조, 귀족 및 고관 자제의 인질, 호구의 편적, 병력 조달과 군량 보조, 세금과 공물 수송, 감독관 다루가치의 배치 등이다. 그러나 고려는 이 요구를 잘 지키지 않아 원으로부터 질책을 받았다. 이와 같이 원 간섭기 동안 고려는 원에 의무적으로 일정량의 공물을 바쳐야 하였다. 조공을 바치고 답례품을 받는 전통적인 조공무역은 없었다. 정상적인 국가 간의 교역이 아닌 일방적인 세금과 공물의 납부였다.

하지만 민간 사무역은 대단히 번성할 수 있었다. 고려 상인들이 국경을 넘나드는데 별다른 제한을 받지 않았던 덕분이다. 당시 고려 상인이 원에 가려면 국경을 넘어갈 때 문인(文引)이라는 증명서를 제시해야 하였다. 문인은 일종의 출입국허가증이며 또 무역 허가증이었다. 문인 제도는 고려 정부가 문인 발급을 통해서 재정 수입을 올리고 상인들에게 일정한 통제를 가하려 한 것이다. 그러나 이는 매우 느슨하게 운용되어 국경을 넘는데 별 장애가 없었다. 그러므로 상인의 통행이 자유로웠던 고려·원 간의 무역은 국제교역이라기보다 동일한 경제권내의 국내교역과 유사하였다고 할 수 있다.

충렬왕은 1271년에 인질로 원에 붙잡혀 가서 원 세조 쿠빌라이를 숙위하였다. 그 곳에서 1274년 5월에 쿠빌라이의 딸 제국대장공주와 결혼하였다. 나이 27세였다. 그해에 아버지 원종이 사망하자 귀국하여 왕위에 올랐다.

충렬왕은 재위하는 동안 거의 매년 원에 다녀왔다. 처음으로 원에 간 때는 충렬왕 1278년 4월 초하루이다. 충렬왕, 왕비 제국대장공주 그리고 세자가 함께 갔다. 말하자면 처음으로 처와 아들을 데리고 처갓집에 간 셈이고 공주의 입장에서는 첫 친정 나들이였다. 당시 충렬왕은 역마 70필에 짐을 싣고 떠났다. 따라서 그 반쯤을 여행 경비로 치면 반쯤은 쿠빌라이와 귀족들에게 바친 선물일 것이다. 쿠빌라이는 사위 충렬왕에게 해동청 한 쌍, 부마금인, 말안장을 선물하였다.

충렬왕은 원에 다니러 갈 때 수행원을 많이 데리고 갔다. 가장 많았을 때는 무려 1,200명이나 되었다. 다음은 833명이었고 말 990필이 동원되었다. 이렇게 많은 인원은 충렬왕이 비교적 오래 원에 머물러 있기 때문이기도 하였지만 방문 기회를 이용해 교역을 하려 한 것이다.

원 간섭기에는 민간 상인에 의한 사무역의 범위가 다양해지고 규모가 대단히 커졌다. 예를 들면 원나라가 일본 정벌을 준비하기 위해 요동에 경략사를 설치한 때이다. 경략사에서 명주 12,350필을 가지고 둔전 경작에 쓸 농우를 구입하려 나섰다. 둔전 경작에 필요한 농우는 6,000두였는데 이 중 3,000두를 고려에서 매입하려 하였다.

이때 원의 최고위 기관인 중서성이 고려에 '고려 사람들이 몽고에서 병기와 말을 무역하는 것을 금지한다.'고 공문을 보냈다. 그런데 병기와 말 무역을 금지하는 공문은 당시 고려 상인들이 병기와 말을 무역하고 있는 사실을 증명한다. 또 병기와 말 외의 물품에 대해서는 무역을 허용한다는 뜻이다. 또 이것은 병기와 말 무역은 금지하지만 농우 무역은 허용한다는 뜻이기도 하다. 농우를 손쉽게 사기 위해서다. 따라서 이를 통해 당시 민간 사무역이 개방되었고 별다른 제한 없이 행하여진 사실을 확인할 수 있다.

한편 사신들의 왕래에 따른 밀무역은 여전히 끊이질 않았다. 주영량과 정경보의 예를 통해 밀무역의 양상을 짐작할 수 있다. 고려가 원에 항복하고도 아직 강화도에 있던 1263년 4월이다. 원이 민호를 조사하여 등록하고 군인과 군량미를 징발하라고 강요하였다. 이에 대해 고려 정부는 이를 특별히 유예해 줄 것을 요청하기 위해 주영량과 정경보를 파견하였다. 그런데 이들은 막중한 임무를 수행하러 가면서 상인 17명을 사절단에 넣었다. 뇌물을 받고 무역을 하도록 편의를 봐 준 것이다. 이 사실이 들통 나 주영량과 정경보는 벌금을 내고 귀양 갔다. 상인들은 은병 170개와 진사 700근을 몰수당하였다. 강화도 피난 시기에 일어난 이 사례는 주영량과 정경보가 부패하였다라기 보다, 오히려 기회만 있으면 위험을 무릅쓰고 장삿길에 나서려는 고려 상인들의 장사에의 열정과 집착을 실감하게 한다.

원은 고려에게 경제적 부담을 끊임없이 강요하였다. 삼별초를 공격할 때와 일본 정벌시에 특히 심하였다. 삼별초군과 전투 중에는 몽고군 6,000명이 먹을 군량과 군마 18,000필을 먹일 곡물을 5개월 분 72,000석이나 대 주어야 하였다. 뿐만 아니라 몽고군에게 딸려 있는 부속 요원들의 여비와 급료까지도 책임져야 하였다.

일본 정벌로 인한 피해는 더욱 심각하였다. 일본 정벌은 두 차례 감행되었다. 1274년 1차 원정시 고려는 35,000명의 공인을 동원하여 900여 척의 선박을 건조하였고 몽고군 2만 명의 군량을 대 주었다. 1281년 2차 원정 때 고려는 11만 섬의 군량과 900척의 함선을 제공하고 25,000명의 병력을 동원해 참전해야 하였다. 이것은 장기간의 전쟁으로 피폐해진 고려의 경제 사정으로는 감당하기 힘든 부담이었다. 또 원은 1차 원정시에 명주 33,154필을 가져와 군량미로 쌀을 사들였고 2차 원정시에도 병력 10만여 명의 부족한 군량미를 화폐와 명주 등으로 구입하였다. 이 또한 물가를 크게 왜곡시키고 경제난을 가중시켰다.

이와 같이 고려 상인들이 국경을 넘어 중국에 가서 마음대로 장사를 하고 원 정부가 고려에서 직접 쌀을 구매한다는 것은 고려·원의 경제권이 사실상 하나로 결합되었다는 것을 의미한다. 또 이것은 국가 간의 교역에서 정부의 독점권이 상실된 것을 의미하기도 한다. 따라서 고려 왕실과 정부는 공무역의 이익을 독점적으로 향유하지 못하기 때문에 재정 타격을 받았다. 전란으로 피폐해진 경제 사정 등으로 왕실의 재정 형편이 매우 어려워 공무역으로 수익을 올려야할 처지였으나 오히려 교역 현실은 왕실과 정부가 교역 이익을 독차지 할 수 없는 상황이 되었다.

고려와 원의 광역경제권의 예로 대규모 쌀 교역을 들 수 있다. 대규모 쌀 교역은 세 차례 있었다. 처음은 원이 먼저 요청하였다. 1289년 2월, 요동에 기근이 들었다며 고려에 양곡 10만석을 지원해 달라고 한 것이다. 고려는 귀족·관리·상인 및 일반 백성들에게까지 양곡을 거두어 요동에 보내주었다. 다음은 고려가 기근이 극심하자 원에 요청하였다. 이에 원은 1291년에 10만석, 1292년에 20만석을 보냈다. 이것은 상호간의 정치적 경제적 배려의 조치이지만 도합 40만석의 쌀을 배로 운반하고 수레에 실어 나르는 것에서 오는 상업적 영향을 무시할 수 없다. 또 강남 쌀의 대량 도입은 고려와 중국 강남을 경제적으로 밀접하게 접목시켜 주는 계기로 작용하였다.

원은 무역을 중시하고 권장하였다. 1276년에 남송의 연해지역을 점령하자 그 즉시 해외 무역을 관리하는 시박사를 정비하였다. 따라서 남송이 망한 뒤에도 해상 무역은 중단되지 않고 그대로 이어갔다. 당시 고려 정부도 관리를 시박사가 있는 항주에 파견하여 원과 시박세 문제를 협의하였다.

원의 시박사 정비는 해외 무역을 통제하여 관세 수입을 올려 보려는 조치였다. 원 정부는 처음에 사무역을 금지하고 관무역만 허용함으로써 해외 무역을 독점하려 하였다. 예를 들어 시박사가 선장과 선원을 모집하여 직접 무역에 나섰다. 이득의 70%는 정부가 차지하고 나머지 30%는 선장 및 선원들이 가지도록 하였다. 그렇지만 시박사를 통한 관무역은 비능

률이 노정되고 부정부패가 만연하였다. 그러자 사무역을 허용할 것이냐를 두고 혼선을 거듭하다가 1322년경부터 원이 망할 때까지 민간 사무역을 허용하였다.

원 간섭기에 고려 상인들은 중국 내륙 깊이까지 장사하려 다녔다. 고려 상인들이 장사 다니는 모습은 『노걸대』를 통해 그 실상을 엿볼 수 있다. 고려 말에 고려 상인과 일반 사람들이 하도 많이 중국에 나들이 하니까 그에 더불어서 중국어 학습이 유행하였다. 이에 『노걸대』와 『박통사』라는 중국어 학습 교재가 시중에 나와 팔렸다. 이 책은 조선시대에 와서도 사용되었다. 누가 만들었는지는 아직 밝혀지지 않고 있다.

『노걸대』는 실용 회화서이다. 중국에 장사하러간 고려 상인이 중국상인과 동행하면서 장사하러 다닐 때 부딪치는 여러 사항, 즉 여행 일정·매매와 흥정·계약·의학·숙박·음식·연회 등에 대해 묻고 답하는 형식으로 짜여져 있다. 반면 『박통사』는 중국의 세시 풍속·오락·관혼 상제·종교·승마 및 궁술 등에 관해 묻고 답하는 회화책이다.

실용 회화책인 『노걸대』와 『박통사』가 만들어져 시중에 팔린 것은 당시 고려 사회의 중국어 학습 열풍을 짐작케 한다. 또 무역에 나선 고려 상인들은 문맹이 아니고 중국어 회화 책을 가지고 스스로 중국어를 학습할 정도로 상당한 수준의 유식자였다는 사실을 증거 한다.

『노걸대』에 등장하는 고려 상인들은 4~5명이 한 무리를 이루는 소규모 상단이다. 그들은 모시 130필·인삼 100근·말 10여 필을 가지고 정월달에 개경을 출발하여 요동을 거쳐 북경에 갔다. 당시 양국 간의 교통로는 압록강을 건너가는 육로와 요양으로 가는 북쪽 해로가 이용되었는데 고려 상인들은 주로 육로를 선호하였다.

북경에 도착하면 가지고 간 물건뿐만 아니라 말까지도 모두 팔았다.

고려로 돌아올 때는 압록강 쪽으로 오지 않고 산동반도로 갔다. 산동반도로 갈 때는 걸어서 가거나 통주에서 배를 타고 운하를 따라 내려와 5월경에 산동반도 고당·고창 등지에 도착하였다.

고려 상인들은 그 곳에서 견직물과 바늘·화장품·칼·가위·도량형기·말장식·빗·구슬 갓끈·놀이 기구 등 각종 잡화물을 구입한 후 직고에서 배를 타고 벽란도로 돌아왔다. 이처럼 한차례 북경을 다녀오는 장사는 모든 경비를 제외하고도 순이익이 50% 이상 남았다.

고려 상인들이 귀국 길에 들리는 통주는 북경 동남쪽의 교통 요충지로 중국 대운하의 북쪽 끝으로 유명하다. 당시 통주에 재원고려인이 모여 사는 고려촌이 여러 곳 있었다. 고려촌은 북경을 드나드는 고려 사신, 상인, 여행객들로 북적대던 곳이었다. 지금도 통주 주변에는 대고력촌(大高力村), 고려영(高麗營) 등 고려를 뜻하는 지명이 여러 곳 있고 고려사라는 절터도 있다. 이 고려촌은 몽고에 포로로 끌고 간 고려 유민을 운하 개착과 하역 인부로 부리기 위해 이곳에 안치함으로써 형성되었다. 물론 원 간섭기에 유입된 수많은 고려인들이 재원고려인으로 합세하였을 것이다. 이들 고려촌의 재원고려인들은 운송업, 창고 보관업, 선박 건조 및 수리업 등 주로 운하를 이용한 사업을 영위하며 살아갔다.

한편 고려는 본래 개방된 사회였으나 원 간섭기에 더욱 개방화의 길을 갔다. 원 간섭기 개방화는 회회인이 한 몫 하였다. 회회인은 투르크·위구르·나이반 등 서역계 사람들로서 피부색·눈빛·머리 색깔이 달라 색목인이라고 불렸다. 회회인은 약 100만 명이 몽고군에 편입되어 정복 전쟁에 참가하였다. 그 결과 몽고인과 같이 특별대우를 받는 지배계급이 되었다. 따라서 회회인은 정부 관리로 많이 등용되었다. 회회인은 주로 재정담당 부서를 맡았고 몽고 황실과 귀족들의 영리 사업을 위탁받아 관리해 주었다. 특히 금융과 무역에서 두각을 크게 나타냈다.

회회인이 고려에 본격적으로 등장하는 시기는 1270년경부터이다. 고려에 온 회회인들의 상당수는 고려에 귀화하고 고려 여자와 결혼하였다. 예를 들면 충렬왕 때 고려에 귀화하여 1310년 평양 부윤 겸 존무사가 된 민보, 색목인 상인으로 본명이 당흑사인데 돈으로 벼슬을 사서 군으로까지 된 최노성, 제국대장공주를 수행해 왔다가 귀화하고 종 2품에 오른 덕수 장씨의 시조 장순룡 등이 있다.

회회인들은 개경 교외에 집단으로 거주하였다. 그리고 그 곳에 예궁이라는 이슬람 사원을 건립하고 이슬람법과 관습에 따라 생활하였다.

귀화한 회회인들은 고려 사회에 잘 적응하고 동화되었으며 고려인들도 이들을 인정하고 싫어하지 않았다. 당시 고려인들은 북경에 갔을 때 회회인의 집에서 기숙하기도 하였다. 회회인들은 원나라가 망하고 고려가 망할 때에도 떠나지 않고 상당수가 남았다. 고려에 생활 터전을 잡고 완전히 정착한 것이다.

개경 시내에 점포를 내고 장사를 한 회회인들도 있었다. 고려 충렬왕 때『쌍화점』이란 가요가 유행하였는데, 이 노래는 쌍화라는 만두과

경주 괘릉의 통일신라 때 서역인 무인상

자를 파는 회회인과 고려 유한 여인의 연애를 풍자한 노래로『악장 가사』
에 실려 전해 온다. 당시 회회인은 유행가에 등장할 만큼 고려 사회에 뿌리
를 내리고 있었던 것이다.

회회인은 고려의 상업에 많은 영향을 끼쳤다. 회회인들은 알탈(ortag)
이라는 상인조합을 만들어 금융업을 경영하였다. 알탈은 왕실이나 정부로
부터 자금을 대부받아서 높은 이율로 일반인에게 다시 대부해 주어 대부
수익금을 챙겼고, 그 수익금 중 상당액을 왕실과 정부에 상납하였다. 원나
라 왕실 및 귀족들은 재산 증식을 위해 알탈을 많이 이용하였다.

회회인들은 고려에서도 알탈을 운영한 것으로 보인다. 예를 들면 충
혜왕이 회회인에게 포를 대부해 준 뒤 이자를 받고 송아지 고기를 매일 15
근씩 받았다. 회회인의 알탈 금융업을 이용한 것이다. 또 회회인들은 스스
로 경비를 부담하여 왕을 위해 연회를 성대히 개최하기도 하였다. 이는 회
회인들이 왕실로부터 신임을 얻고 사업을 위탁 받기 위해서였다.

한편 고려 말에 공물대납업이 성행하였는데 알탈의 영향을 많이 받아
생성되었다. 공물대납은 1296년 5월에 홍자번이 문제를 제기하고 이를 금
지하자고 주장하였다.

"근래에 지방에서는 일이 복잡하여 공납을 제때에 바치지 못하고 있습
니다. 여러 기관의 관리와 모리배들은 자기의 물건을 먼저 바친 후 증빙
문건을 받아 가지고 시골로 내려가 이보다 더 받기 때문에 백성들이 고
통을 겪고 있습니다. 이것을 금지해야 하겠습니다"
―『고려사』 권84, 지38, 형법1, 직제

홍자번은 공물대납이 근래에 생겨났다고 하였다. 하지만 당시는 고려 경제가 아직 어려운 형편에 처해 있었다. 더군다나 흉년이 들어 20만석의 쌀을 원조 받았을 때이다. 즉 고려 정부가 원성을 들어가며 공물대납을 강행할 처지가 아니다.

따라서 공물대납은 원이 고려의 재정을 지배한데서 찾아야 한다. 원은 고려가 강화도에서 개경으로 환도한 뒤 재정 개혁을 강요하고 주도하였다. 상인들에게 세금을 부과하였으며 소금의 자유 판매를 금지하고 나라에서 전매하도록 하였다. 또 강화도에서 유리기와를 굽게 하고, 회회인을 제주도에 보내 진주를 채취하게 하였으며, 대대적으로 금·은 채굴에 나섰다. 진주 채취와 금·은 채굴에 드는 막대한 투자 자금은 회회인의 알탈에서 대부해 주었을 확률이 높다.

그런데 당시 공물대납은 원의 입장에서는 자연스럽고 당연한 일이다. 왜냐하면 알탈이 가장 중시하는 영업의 하나가 공물대납이고, 원이 지배하는 다른 지역에서 알탈을 통한 공물대납제가 실시되고 있었기 때문이다. 그러므로 원이 다른 지역과 마찬가지로 회회인들에게 공물을 먼저 대납하도록 촉구하였을 수 있다. 다만 회회인은 공물대납의 실제 사무는 연락사무를 담당하기 위하여 지방에서 중앙에 파견된 경주인을 활용하였다. 즉 경주인에게 공물대납에 필요한 자금을 대부해 주면, 경주인이 공물을 대납한 다음 대부자금의 이자와 자신의 수고비를 계산하여 지방에다가 그 대가를 청구하는 것이다. 이것은 결국 원은 계획한 공물을 모두 챙기지만 반면에 고려의 지방 백성들을 공물대납에 따른 고리대에 시달리게 되는 것이다.

한편 고려 말에 민간의 대부금융이 크게 발달하였다. 공물대납 같은 금융업이 성장한 결과이다. 1353년 공민왕이 정부의 재정사정이 어려워지

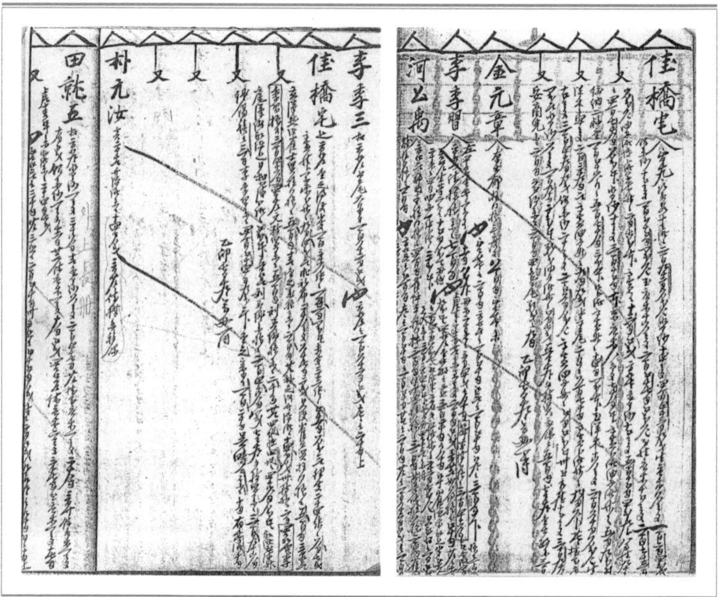

사개송도치부(외상장책과 타급장책 일부)

자 민간 부호로부터 돈을 빌려 썼다. 이는 당시 상업자본을 축적한 대부호가 존재하였고, 민간의 대부금융이 이미 상당 수준으로 발달하였음을 나타내 보여 준다.

오늘날 우리나라는 개성상인의 송도사개치부법을 세계에 자랑한다. 송도사개치부법의 생성 시기는 대게 고려 전성기에 발생한 것으로 서양의 복식부기법보다 200년 이상 앞서 개발된 것으로 본다. 하지만 고려 말의 민간 금융업의 발달과 연관 지어서 생각하면 고려 상인들이 고려 전성기에 창안해 사용해 오던 전통의 부기법을 이 당시 대부금융을 운용하는 과정을 통해 완성하였을 가능성이 높다.

5. 일본과의 교역

고려 초기 고려와 일본 간의 교역은 활발한 편이 아니었다. 일본은 9세기부터 대외 교역에 폐쇄적인 입장을 취하였고 고려도 일본보다는 송·요·금과의 교역에 관심을 더 많이 쏟았다. 특히 고려는 송나라와의 교역에 열중하고 섬나라 일본과의 통상을 중시하지 않았다.

『고려사』의 일본 기록은 실로 얼마 되지 않는다. 그 최초의 기록은 999년 일본인 20호가 귀화해 오자 일반 백성으로 삼아 이천 지역에 거주시켰다는 것이다. 하지만 일본 측의 기록은 고려가 건국 초기에 개국 사실을 알리고 수교를 요청하는 우호 사절을 일본에 보내고, 일본 장곡사에 보물을 기증하였다고 한다. 이는 고려 측의 기록이 없어 확인할 수는 없지만 충분히 개연성이 있는 일이다.

당시 고려와 일본의 관계를 잘 파악할 수 있는 기록이 있다. 『고려사』는 1019년 4월, 고려 수군이 해적에 붙잡혀 포로가 된 일본인들을 구해 일본으로 돌려보내 주었다고 간단히 적고 있다. 반면에 일본 역사서 『대경』은 일본인을 납치한 이 해적은 여진족이고 대마도·일기도와 북큐슈 지방을 습격하여 360명의 일본인을 살해하고, 1,300명을 포로로 잡아갔다고 기록하고 있다. 따라서 양국의 기록을 종합하면 이것은 고려 수군이 여진 해적을 토벌하면서 일본인 포로를 구출하여 일본으로 돌려 보내준 것이 분명하다.

하지만 『대경』은 고려 수군을 신라 수군으로 잘못 기록하고 있어 문제다. 당시 일본은 쇄국정책을 고수하여 대외 정보가 어두웠고 고려·일본 간의 교류도 활발하지 않아, 고려가 후삼국을 통일한지 80여 년이 지났는데도 아직 신라와 고려를 명확히 구분하지 못할 정도였던 것이다.

고려 초 고려·일본 간의 무역은 일본이 폐쇄적이며 수구적인 태도를 고수함으로써 공무역은 미미하였다. 그러나 지역 단위에서 해적 퇴치를 위한 협력이 지속되었고 폭풍으로 표류한 상인들의 송환 조치가 관례에 따라 이루어졌다. 이런 상황에서 민간상인의 밀무역이 끊이질 않고 지속되어 갔다.

일본 상인이 처음으로 고려 수도 개경에 온 때는 1073년 7월이다.『고려사』에 의하면 일본 상인들이 국왕(문종)에게 예물을 바치기를 원하므로 고려 정부가 해로를 통해 개경에 들어올 수 있도록 허락하였다. 이를 미루어 보면 지역단위에서 지방 관원의 묵인 아래 상인들의 왕래가 많이 있었을 것으로 생각된다. 당시 일본의 어용상인 왕측이 42명의 상단을 이끌고 와서 문종에게 나전·안교·도경·화병·화살·수은·나갑 등을 바쳤고, 일기도 구당관 등정안국이 33명을 이끌고 와서 토산물을 바쳤다.

한편 이해 11월에 열린 팔관회에 일본인들이 출연하여 문종에게 예물과 명마를 바쳤다. 그런데 유의할 점은 고려의 국가적 축제행사의 팔관회 의례에서 일본은 제주도보다도 비중이 낮게 취급된 사실이다. 당시 제주도는 탐라라는 국호로 반쯤은 자치국인 상황이었다. 팔관회의 의전 순서가 송·흑수·탐라·일본으로 일본이 탐라 보다 뒤이다. 고려는 일본을 제주도보다 낮게 취급한 것이다

고려가 일본 상인들에게 송상들과 마찬가지로 벽란도를 이용한 무역을 허가하자, 일본 상인들이 벽란도에 자주 내항하였다. 1074년 2월에 31명, 1075년에는 세 차례에 걸쳐 89명이 왔다. 또 1079년에 일본 상인이 흥왕사에 법라 30개와 해조 300속을 시주하고 문종의 장수를 축원하였다.

그러나 고려·일본 간의 무역은 오래가지 않았다. 1080년 벽란도를 일본 상인들에게 개방한 문종이 마음을 바꾸어 일본 상인의 내왕을 금지시

켰다. 고려·일본 간에 교역을 중단케 하는 중대한 외교 문제가 일어났기 때문이다.

당시 문종은 나이 62세로 풍비증으로 고생하고 있었다. 송나라와 일본에 의사와 약재를 보내줄 것을 요청하였다. 송은 곧 바로 의사 마세안을 고려에 파견하였고, 그는 100여 가지의 약재를 가지고 1080년 7월 개경에 도착하였다. 그러나 일본은 의사와 약재를 보내지 않았다.

일본은 왜 의사와 약재를 보내지 않았을까? 이에 대한 고려 측의 기록은 없다. 일본 측의 기록에 의하면 일본 정부는 의사와 약재를 보내 달라는 고려의 공문을 받고, '실패할 경우에는 국가의 욕이 된다.'하여 의사를 파견하지 않기로 결정한다. 그러나 이것은 겉으로 드러낸 이유이고 진정한 이유는 고려가 일본에 보낸 공문에 중국 황제가 외교 문서에 사용하는 '성지(聖旨)'라는 용어를 썼기 때문이다. 일본을 번국으로 취급하는 '성지'라는 용어가 찍힌 공문을 받아 든 일본이 어찌할 줄 몰라 깔아뭉개고만 것이다. '성지(聖旨)'라는 용어가 불만이라고 겉으로 드러내지도 못하였다.

고려는 일본이 의사 파견을 협조해 주지 않자 괘씸히 여기고 얼마동안 착실히 실적을 쌓아오던 일본 상인의 벽란도 입항을 금지하였다. 이로서 고려·일본 양국 간의 교류와 교역은 상당 기간 중단되고 말았다.

문종의 '성지' 사건은 고려와 일본 간의 관계를 분명히 알 수 있는 적절한 사례이다. 고려는 일본을 번국으로 취급하여 외교 문서에 '성지'라는 용어를 분명히 명시하였다. 이에 대해 일본은 이를 수용하지 않고 침묵으로 일관하였다. 또 고려는 '성지'를 보낸 사실조차 기록하지 않고 있는 데 비해 일본은 대신들이 논의한 내용과 대책까지 자세히 기록하고 있다. 따라서 당시 중국을 위시한 동아시아에서 국가 간에는 모두 상하의 위계질서가 있고 평등하지 않다는 점을 유의하면, 고려와 일본 간의 위상 차이를 알 수 있고, 또 양국 간의 알력을 이해하기 쉬울 것이다.

일본은 폐쇄적인 대외 정책을 일관하였지만 대외로 향한 문을 완전히 차단하지는 않았다. 일본은 진봉선을 보내어 고려와 무역을 하려고 하였다. 일본이 고려에 진봉선을 띄워 보낸 시기가 언제부터인지는 알 수가 없다. 다만 『고려사』에 의하면 1227년 5월, 일본이 편지를 보내 왜구가 변경을 침략한 죄과를 사죄하는 동시에 우호관계를 맺고 통상할 것을 청하였으므로 아마도 이 시기부터일 것으로 추정할 수 있다.

반면에 고려는 일본과의 교역에 별로 관심을 두지 않고 엄격히 제한하려 하였다. 고려는 일본의 진봉선을 한해에 두 척으로 한정하였다.

고려가 일본 진봉선을 제한한 것은 고려가 무역의 주도권을 쥐고 있었고 또 해상권을 유효하게 장악하고 있는 것을 뜻한다. 이것은 일본에 건너가서 왜구 소탕을 따진 홍저의 예를 통해 판명된다. 1263년 2월, 왜구가 금주(지금의 김해) 물도에 침입하여 공납물을 약탈한 사건이 일어났다. 고려는 이듬해 4월, 홍저를 일본에 보내 왜구의 물도 침입을 추궁하는 통첩을 보내고 해적의 소탕을 강력히 요구하였다.

홍저는 동년 8월에 귀국하여 정부에 보고하였다. 내용은 해적을 끝까지 추적해보니 대마도의 왜놈들이었고. 그래서 그들에게서 쌀 20석·귀밀 30석·소가죽 70장을 징발해 가지고 왔다는 것이다.

홍저는 일본에 가서 범인을 색출하고 배상물까지 징발해 가지고 왔다. 남의 나라에 가서 범인을 끝까지 추적하여 찾아내고 배상물을 강제로 징발하는 것은 예사로운 일이 아니다. 적어도 상대국을 완전히 제압할 수 있는 강력한 힘이 있어야만 가능한 일이다. 따라서 홍저의 대마도 해적 추적 사례는 당시 연근해의 제해권과 교역의 주도권을 고려가 확실히 장악하였던 사실을 확인시켜 준다.

고려는 진봉선을 통해 주로 수은·유황·진주·해조 등 일본 특산물을 수입하고 경갑·서안(책상)·향료·부채·화병 따위의 공예품과 도검·갑옷·화살 등 무기류를 수입하였다. 그리고 침향·물소뿔·단목 등 남방물품도 받아 들였다. 반면에 수출은 인삼·쌀·콩·홍화·마포·대장경·서적·약재·견직물 등과 중국에서 사온 비단 제품과 북방 물품 등을 재수출하였다.

3. 고려의 상업 문화

1. 상인들은 세금을 냈을까?

고려시대에 백성들로부터 거두어들이는 세금은 조·용·조 제도를 따랐다. 이 제도는 당나라에서 완성을 보았는데 우리나라는 삼국시대에 도입되었다. 조(租)는 곡물을 받는 것이고, 용(庸)은 성년 남자에게 부역을 시키는 것이며, 조(調)는 집집마다 토산물을 바치게 하는 것이다. 대게 임금에게 올리는 진상품이란 조(調)의 납부를 뜻한다.

그렇다면 개경 시전거리에서 장사하는 상인은 어떤 세금을 내었을까? 고려시대 시장 상인이 내는 세금은 구체적인 기록이 없어 그 내용을 자세히 알 수가 없다. 그러나 행상에 대한 세금기록이 있었으니 그에 상응하거나 또는 그 보다 많은 세금을 내었을 것이다.

고려는 행상을 엄청 보호한 나라이다. 하지만 세금을 면제해 주지 않았다. 당시 행상에게 받는 세금은 관진상세(關津商稅)라 하여 행상들이 장사하려 오고갈 때 통과하는 교통로의 길목이나 나루터에서 징수하였다. 일종의 상품 통과세라고할 수 있다.

관진상세는 행상이 통과하는 길목을 지켜 과세하므로 징수하기가 매우 쉬운 세제이다. 고려 초기에는 각 지역의 교통로를 장악한 호족들이 길목을 지키고 세금을 받았다. 왕권이 확립된 이후부터는 세금 징수권이 호족에서 군·현으로 넘어갔다. 군·현은 징수한 세금 중에 자기 몫으로 일정액을 남겨두고 중앙에 보냈다.

고려는 관진상세를 매우 중요시하였다. 세금 징수가 용이하고 비용도 적게 들었기 때문이다. 반면에 그만큼 행상을 특별히 보호하는 행상보호 정책을 적극적으로 폈다.

예를 들면 1014년 6월, 현종이 행상이 죽을 경우 장례를 잘 치려 주라는 특별교서를 내렸다. 행상이 객사할 경우 성명과 본적이 파악되는 자는 연고자에게 즉시 통고하고, 이를 알 수 없는 자는 용모와 특징을 기록해 두고 임시로 장사를 지내도록 하라는 내용이다. 이것은 행상이 객사할 경우 우선 일단 장사를 치루 되, 후에 연고자가 찾으려 왔을 때 그 시신을 쉽게 찾아 줄 수 있도록 대비하라는 것이다. 행상에 대한 일종의 적극적인 복지후생 서비스이다.

그러나 이 일은 매우 까다롭고 행정력과 재정력이 많이 소요되는 일이다. 그렇다면 왜 행상에게 이런 행정서비스를 제공하려할까? 그것은 우선 행상들이 내는 세금이 상당하여 정부가 소홀히 할 수 없었다. 즉 당시 행상을 통한 상품 유통량이 대단히 많아 그로 인한 세금 징수액이 막대하였던 것이다. 또 행상의 보호가 결과적으로 물화 유통을 원활하게 함으로써 물가안정에 도움을 주고 백성들의 생활을 윤택하게 해주므로 특별히 보호한 것이다.

한편 행상에 대한 현종의 특별교서는 일방적인 지시 형식이다. 신하들의 건의를 받고 내리는 일반적인 교서와 다르다. 따라서 이를 미뤄 보면 특별교서를 내리게끔 만든 배후가 분명히 있었을 것으로 보인다. 아마도 특별교서의 배후는 행상 조직 또는 상인 집단의 대표일 수 있고, 행상의 여론을 전달할 수 있는 어용상인이거나 이들과 가까운 귀족 또는 고위관리일 수 있다. 어떻든 강력한 행상 옹호세력이 엄연히 존재하였고, 또 현종의 교서에 이들의 입김이 크게 작용하였을 개연성이 분명히 있다.

다음으로 상인에 대해 임시로 세금을 부과한 예를 보자. 이 예는 당시 상인들이 소유한 재산이 어느 정도인지를 추측할 수 있어 유용하다. 1289년 충렬왕 때 요동 지방에 흉년이 들었다. 원나라가 고려에 양곡 10만석을 조달하여 요동으로 운반해 줄 것을 요구해 왔다. 고려정부는 논의 끝에 모든 백성들로부터 양곡을 거두어 요동에 보내기로 결정하였다. 이에 종실 및 귀족과 관리·평민·상인·노비에 이르기까지 9개 등급으로 나누고 곡식을 차등 있게 거두었다.

9개 등급에서 최상위 1등급은 왕과 승지 이상이고 2-3등급은 현직 4품 이상이다. 이들은 양곡을 1등급이 7석, 2등급이 5석, 3등급이 4석을 냈다. 최하위 9등급은 군관, 일반 백성, 노비 등으로 양곡 2-3두를 부과하였다. 따라서 최고 7석에서 최하 2-3두로 구분하여 거두도록 한 것이다.

그렇다면 상인은 얼마나 내었을까? 상인은 재산의 보유 정도에 따라 부상대호를 3석, 부상중호를 2석, 부상소호를 1석을 내도록 하였다. 부상대호가 내는 3석은 산관재추 5품과 같은 고위관리 수준이다. 특히 부상소호의 1석은 산관 4품과 같은데 이는 하위관리의 7-8두 보다 많고 군관·백성들보다 무려 2~3배나 더 많았다.

이에 대해 지금까지 소상인은 영세하여 일반 농민층과 조금도 다를 바 없이 겨우 생계를 이어가는 처지임에도 농민층보다 지나치게 많이 거두고 있다며 고려 정부가 상인을 차별하고 핍박한 조치로 보기도 한다. 하지만 이는 올바르지 않다. 이것은 상인을 천시한 조선시대의 관념에 치중된 생각으로 고려시대에는 들어맞지 않는 생각이다.

전 국민을 대상으로 한 특별한 거둠에서 상인이라고 터무니없이 차별하는 조치를 취할 수 없음은 당연하다. 즉 양곡 10만석은 제왕에서부터 노비에 이르기까지 모든 백성들로부터 일정액을 거두어들인 일종의 인두세이다. 그러므로 각 계층의 부과액은 과세형평을 기하고 조세 저항을 줄이기 위해 보다 신중하고 면밀한 논의를 거쳐 결정될 수밖에 없다.

상인들 구분에서 하층에 속한 부상소호는 영세 상인이 아니다. 영세 상인은 일반 백성들과 같은 수준이었다. 이와 같이 상인들이 높은 등급을 받는 것은 당시 상인층의 두터운 경제력을 실상 그대로 보여주고 있는 것이다.

고려시대 상인들이 세금으로 시달린 시기는 원 간섭기 때였다. 원은 재정관을 파견하여 상인이 내는 세금을 조사하고 세금제도를 정비하였다. 세금을 누락 없이 더 많이 거두어들이기 위해 조치를 한 것이다. 이때 마련된 세금제도는 원이 퇴각하고 고려가 자주권을 찾을 때까지 지속되었다.

고려 정부는 상세를 시중의 물가관리 수단으로 이용하기도 하였다. 오늘날과 같이 조세로 물가안정책을 강구한 것이다. 고려 말 최영이 정부의 최고위 문하수시중 자리에 있을 때이다. 당시 개성의 물가가 천정부지 치솟고 있는데도 불구하고 상인들이 물건 값을 계속 올려 시장질서가 더욱 교란되어 갔다. 이에 최영은 비상조치를 발동하였다. 시장에서 거래되는 모든 물건에 세금을 엄격하게 매기도록 하고 또 이 물건에 대해 일일이 값을 매기는 가격허가제를 실시한 것이다.

그리고 최영은 이 조치가 차질 없이 시행되게끔 시장에서 거래되는 물품은 경시서에 세금을 내고 세금 납부 도장을 찍도록 하였다. 만약에 이

를 어기는 자는 갈고리로 잔등을 꿰여 죽이겠다고 하며 경시서에 큰 갈고
리를 걸어 두었다. 상인들이 벌벌 떨었고 물가가 잡혀 갔다.

2. 수공업 기술자는 부자로 살았다

고려는 수공업이 발달한 나라이다. 고려는 수공업 제품을 해외에 많
이 수출하였다. 고려 수공업품은 품질이 좋아 해외에서 인기를 끌었다.

고려 정부는 수공업 기술자인 장인을 공장(工匠)이라 부르고 우대하
였다. 공장안(工匠案)이란 장부에 기술자를 등록시키고 체계적으로 관리하
였다. 공장안은 일종의 장인 호적부와 같은 것이다. 고려 정부는 토목·건
축 등 시설 공사를 하거나 필요한 물품을 만들 필요가 있을 때 이 장부에 등
록된 공장들을 동원하였다.

고려는 전국의 수공업을 관청수공업·민간수공업·사원수공업으로
편성하였다. 또 관청수공업은 중앙과 지방으로 나누어 관리하였다. 중앙
정부의 수공업 관청에는 120여 명의 기술 감독자들이 있었다. 이들은 일
년에 300일 이상 관청에서 일하고 녹봉을 받았다. 이곳에서 왕실과 정부에
서 쓰이는 물품을 만들어 조달하였다. 다음 지방의 관청수공업 기관은 먼
저 중앙에 바쳐야 할 공물을 제조한 다음, 지방 관청이 필요로 하는 물품을
만들었다.

당시 민간 수공업은 가내수공업이었다. 주로 포물류·마포류·저포
류·견포류 등 직물을 생산하였다. 민간 수공업은 전업하는 경우와 아닌 경
우가 있었다.

전업하는 민간 수공업자는 공장안에 등록되어 있으되 수공업 관청에
서 일하지 않는 자이다. 이들은 자신의 생산품 중 일정량을 공물로 납부하

거나 또는 토목·건축 공사장에 징발되어 기술노동을 제공해야 하였다. 하지만 이들은 관청에 소속된 공장과는 달리 급료와 토지 따위를 받지 못하였기 때문에 생계를 꾸려가기 위해 주문 생산에 응하거나 생산품을 시장에 내다 팔아야 하였다.

일반 민간 수공업자는 생산품을 자기의 수요에 충당하고 잉여 생산품은 시장에 내다 팔았다.

한편 고려는 사원 수공업도 매우 발달하였다. 사원은 승려 기술자와 노비 기술자 등 수많은 기술자를 보유하고, 사원은 이들 기술자가 만든 수공업품을 자체 소비하고 남는 것은 판매하였다. 아예 처음부터 판매를 목적으로 하여 생산하는 경우도 많았다. 사원에서 생산한 주요 수공업품은 직물·기와·소금·종이·먹 등이다. 어떤 사원은 술을 양조해서 팔았다.

[고려의 특화 생산단지, 소]

고려는 수공업 관청 외에 따로 특별한 소(所)라는 수공업 전문생산 체제를 가동하고 있었다. 소는 특정한 생산품, 이를테면 금·은·동·철·기와·종이·소금·도자기 등을 전문적으로 생산하는 곳이다. 즉 금소, 철소, 기와소, 종이소라는 것이다.

이곳에서 생산된 물품은 왕실과 정부에 보급되고 수출품을 실려 나갔다. 전문 소는 기술 개발과 축적이 지속될 수 있고 그 계승이 용이하다. 잘만 조직하고 운용하면 효율성의 제고는 물론 높은 수준의 생산성 확보가 가능하다.

고려는 전국에 수많은 특화품 생산단지 소를 구축하고 체계적으로 관리하였다. 이것이 고려의 경제력과 고려 상품의 경쟁력을 높여주었다.

그렇다면 공장들은 세금을 내었을까? 공장들이 낸 공장세에 대해서는 다음 사료를 살펴볼 필요가 있다.

"선왕이 공상세를 제정한 것은 말작(공업·상업을 말함)을 억제하여 본실(농업)에 돌아가게 하기 위한 것이었다. 우리나라에서는 이전에는 공(工)·상(商)에 관한 제도가 없어서 백성들 가운데서 게으르고 놀기 좋아하는 자들이 모두 공과 상에 종사하였으므로 농사를 짓는 백성이 날로 줄어들었으며, 말작이 발달하고 본실이 피폐하였다. 이것은 염려하지 않을 수 없는 일이다. 그러므로 공과 상에 대한 과세법을 자세히 열거하여 이편을 짓는다. 이것을 거행하는 것은 조정이 할 일이다."
—『삼봉집』 권13, 「조선경국전(상)」, 부전(賦典), 공장세.『국역 삼봉집』

이것은 조선 건국의 주역이며 이론가인 정도전이 쓴 『삼봉집』에 실린 글이다. 공인과 상인에 관한 제도가 없다고 하여 공장세와 상세 역시 모두 없었다는 쪽으로 추측케 한다.

그러나 정도전이 공인과 상인에 관한 제도가 없다고 하는 것은 공인과 상인을 말업으로 명확히 규율해 주는 법적제도가 없다는 뜻으로 헤아려야 할 것이다. 즉 이제부터는 공인과 상인을 말업으로 명확히 규정하고 억압하자는 주장이다.

또 공장세와 상세를 자세히 열거하고 정부에 시행을 촉구하는 것은 가능한 한 많은 세금 종목을 정부가 채택토록 하여 공인과 상인 세력의 힘을 빼고 공인과 상인에 종사하려는 자들에게 위협을 줌으로써 상대적으로 농업을 강화하려는 의도였다. 이와 같은 정도전의 주장은 물론 정치적인 입장에서 나온 것이겠지만 조선 건국의 주역들의 상공업에 관한 이해 부족과

편견을 명확히 드러내고 있다.

그렇다면 공장들은 부자로 잘 살았을까? 수공업 전문생산단지인 소에 속한 공장들은 당해 지역 내에 촌락을 이루고 살았다. 그들은 어느 정도 자치권을 가지고 촌락의 살림을 꾸려갔다. 그러므로 소마다 나름대로 사정이 있을 수 있겠지만, 그들의 행복지수는 상당히 높았을 것이다.

하지만 도시에 거주하는 공장들은 특정 지역으로 주거가 한정되지 않았다. 그들은 자기가 살고 싶은 곳에 능력에 따라 집을 짓고 살았다.

개경 시내에 사는 공장의 살림살이 형편을 짐작케 하는 정존실과 언광의 재미있는 사례가 있다.

"정존실이 붉은 혁대 제작공인 언광의 집을 샀다. 값을 은 35근으로 정하였는데 우선 23근만 주고 속여 말하기를 '네가 이사한 후에 청산해주겠다.'라고 하였다. 언광은 '1~2근도 외상은 곤란한데 12근이나 되니 안 되겠다!'라고 말하고 이사하지 않았다. 정존실이 노하여 가구소에 무고하여 말하기를 '우리 집 사람이 은 12근을 가지고 저자를 지날 때 언광이 패거리를 모아 작당하여 강탈하였으니 치죄하여 주시오'라고 하였다. 가구소도 그것이 무고인 것은 알았으나 정존실의 포학을 두려워하여 언광과 그의 처를 가두고 이웃 근처(隣里)사람 40여 명을 증인으로 끌어넣어 고문하였다. 언광은 궁지에 빠져서 헤어 나올 길이 없었으므로 정존실에게 은 12근을 바치고 석방되었다."

―『고려사』 권128, 열전41, 정중부부 정존실

정존실은 정중부가 쿠데타를 일으킬 때 맹활약한 장군이다. 평소 욕심이 많고 뇌물을 좋아하였다. 혁대 제작공 언광이 포학한 정존실에게 집을 팔려다가 도리어 봉변을 당한 것이다.

그런데 은 35근을 받은 언광의 집은 어느 정도일까? 12세기 경 중견 관료들이 사는 개경 시내의 집 1채 값이 대체로 은 10근 안팎이었다. 따라서 언광의 집은 중견 관료들이 사는 집 3채 이상 가는 고급 주택이다. 그리고 당시 은 1근의 교환가치는 포 100필 또는 쌀 16석 내지 30석이었다. 언광의 집은 포 3,500필 또는 쌀 805석(평균 24석으로 계산)에 상당하는 엄청 비싼 저택이었다.

가구소(고려시대 고위층을 수사하고 잡아들이던 관청)가 이웃 사람 40여 명을 잡아다 심문한 것은 언광의 이웃 사람들이 패거리지어 정존실을 비난하고 언광을 편들며 집단 항의한 것을 시사한다. 즉 공장들은 저자거리와 그 인근에 상당한 세력권을 형성하여 살고 있었던 것이다.

당시 가구소는 고위층을 수사하는 권력기관이고 시시한 잡범들은 다루지 않는다. 또 정존실은 정중부 정권의 실력자다. 때문에 정존실의 부탁을 받은 가구소가 언광과 이웃 사람들을 위협하자, 언광이 겁을 먹고 불안하여 오히려 돈을 주고 풀려난 것이다.

언광의 집은 값이 비싼 걸로 보아 제품을 판매할 수 있는 점포가 달린 건물이고 저자거리의 목이 좋은 곳에 위치하였을 확률이 높다.

한편 언광의 예는 정중부의 쿠데타로 정권을 잡은 무신들이 상업 이익을 취하려고 시전거리의 집을 무리하게 매입하려 한 것이라고 할 수 있다.

3. 고려 최초의 화폐는 동국(東國)이다

상업의 발전은 화폐의 발전을 가져온다. 그리고 화폐는 가격기준의 통일을 촉진시켜 상업의 발전을 가져 온다. 그러므로 이의 관계는 동전의

건원중보

앞뒷면과 같다.

고려 정부는 상업을 일으키려 힘을 쏟는데 비해 화폐의 주조는 다소 늦었다. 초기 고려는 각 지방의 호족들이 자신들의 이익을 위해 왕권의 강화를 초래하는 화폐주조를 원하지 않았다. 정부도 재정권력이 취약해 이들을 통제하고 화폐를 찍어 통용시킬 만한 힘이 부족하였다.

고려 최초의 주조화폐는 6대왕 성종이 만든 철전이다. 996년 4월 신미일에 찍은 이 철전은 1910년 고려 고분에서 출토되어 그 실체가 드러났다. 둥근 원형에 가운데 네모 구멍이 있는 동전이다. 앞면에 건원중보, 뒷면에 동국이란 글자가 새겨져 있다. 철전이라 하여 쇠 동전만 주조한 것이 아니고 구리로 만든 동전도 함께 만들었다. 이 철전은 지금까지 문헌 기록과 출토 유물이 일치하는 우리나라 최초의 주조화폐이다.

성종은 고려의 기틀을 완성한 임금이다. 유학을 국정 원리로 삼아 중앙관제를 개혁하고 처음으로 지방관을 파견하는 등 중앙집권적인 봉건제도를 확립하였다.

금속화폐 철전의 주조는 이러한 국정기조에서 재정개혁의 일환으로 실행된 것이다. 하지만 철전 주조를 그냥 아무렇게 할 수 있는 일로 보아서는 안 된다. 오늘날 현대 국가에서도 화폐개혁은 결행하기가 쉽지 않다. 그러므로 성종의 철전 주조와 강제통용은 대단한 의미를 갖는다.

그러나 성종의 철전 유통정책은 고려 사회에 그 뿌리를 단단히 내리지 못하였다. 성종은 철전을 만든 뒤 불과 1년 6개월 후 38세의 젊은 나이로 죽었다. 뒤를 이은 목종이 5년간 이 정책을 밀고 갔다.

그러나 대신들이 종래와 같이 쌀, 포목 등을 현물화폐로 통용시키자고 건의하자, 차·술·음식 등을 파는 상점에서는 철전을 계속 사용하고 백성들의 사사로운 일상거래는 토산물을 쓰도록 허용하고 만다. 이로서 약 6년간 지탱한 철전 유통정책은 한 단계 후퇴하고 말았다.

그러면 왜 목종은 주조화폐의 유통정책을 후퇴할 수밖에 없었을까? 이것은 성종이 강력한 왕권으로 법정 주조화폐의 주조와 강제 통용을 밀어붙였는데, 목종은 성종만큼 왕권을 강력하게 행사하지 못하였기 때문이다. 이는 결과적으로 성종이 도모한 재정권력의 중앙집권화를 목종이 힘이 부쳐 지속적으로 추진해 나가지 못한 셈이 된다.

잠시 이 철전에 대해서 살펴보자. 철전의 이름은 '동국'이다. 건원중보는 당나라시대에 발행된 건원중보의 명칭을 그대로 본 딴 것일 뿐이다. 성종은 왜 '고려'라 하지 않고 '동국'이라고 이름 지었을까? 이에 대해 '동국'은 해동, 조선 등과 같이 우리나라의 별호이므로 그저 평범하게 우리나라를 따로 표시한 것으로 볼 수 있다. 하지만 '동국'이란 이름은 많은 고심 끝에 나온 특별한 이름으로 보아야 한다.

당시는 고려·송·요 세 나라가 각축하고 있을 때이다. 또 993년 요의 침입을 서희의 담판으로 물리치고 강동 6주를 획득한 이후이다. 고려는 힘 있고 당당한 나라였다. 고려는 송·요를 우월한 나라로 여기지 않았고 어디까지나 경쟁 상대국으로 보았다. 따라서 철전 이름을 동국으로 지은 것은 송·요와 대등함을 천명한 것이다. 즉 '동국'은 서쪽 나라 송, 북쪽 나라 요에 대응한 동쪽 나라 고려란 뜻이다.

성종이 송·요에 대응하여 '동국'이라 이름 지은 것은 1097년 12월 숙종이 금속화폐를 만드는 법을 제정할 때 다시 확인된다. 숙종은 법을 제정하면서 '서북 두 나라(송·요)는 주화 만드는 법을 실행한 지 오래인데 우리

대각국사 의천

나라는 아직 실행하지 않고 있다.'라며 이들 나라에 뒤떨어질 수 없어 주화를 만든다는 뜻을 밝혔다. 따라서 '동국'은 송·요에 대칭되는 특별한 이름이 분명하다.

숙종이 화폐를 발행한 배경에는 대각국사 의천이 있다. 의천은 숙종의 바로 아래 친동생이다. 송나라에 가서 불법을 구한 뒤 돌아와 송처럼 주화를 만들어 통용시키자는 건의서를 작성하여 숙종에게 바쳤다.

의천은 '쌀이나 베 등 현물화폐는 썩고 상하며 모리배가 농간을 부려 백성들이 피해를 보므로 주화 통용이 필요하다.'고 하였다. 또 '금·은과 같은 귀금속으로 화폐를 만들면 그 화폐는 유통되지 못한 채 축재용으로 묻혀버리므로, 민간이 널리 소유하고 있는 동을 모아 동전을 주조하자'고 하였다. 이렇게 의천의 건의서는 동전을 유통시켜 화폐유통 비용을 줄이고 토호나 악덕 상인들의 횡령과 속임을 방지하자는 경제혁신의 뜻을 담고 있다.

숙종의 화폐 발행에 대해 대신들의 의견이 찬반양론으로 나뉘었다. 대표적인 반대론자 곽상은 금속화폐가 우리나라 풍습에 맞지 않는다며 반대하였다. 이에 대해 윤관은 금속화폐의 주조를 적극 찬성하고 지지하였다.

당시 화폐 발행 논쟁과 관련하여 동전을 의인화한 소설이 있어 눈길을 끈다. 시인 임춘이 지은 공방전이다. 임춘은 벼슬을 돈으로 사는 사회적 폐단은 세상에 돈이 생겨나면서부터 발생하였다며 화폐 발행을 비판하였다.

그리고 사람의 평가가 '어진가, 어질지 못한가를 따지는 것이 아니라 재산을 많이 가졌느냐, 못 가졌느냐를 따지면서 비록 시정잡배들이라도 재산이 많은 자는 모두다 서로 사귀고 있는 바, 당시 그것을 시정교제라고 한다.'라고 지적하였다. 이 공방전은 동전을 의인화 한 문학작품이지만 상품경제와 화폐 유통이 매우 활발한 당시의 현실을 그대로 보여주고 있다.

숙종은 반대론을 일축하고 해동원보·해동통보·삼한통보·삼한중보 등을 잇달아 주조하였다. 또 1101년에는 고액 화폐로서 은병을 최초로 만들어 유통시켜 나갔다.

이들 각종 주화와 은병이 얼마나 주조되었는지는 기록에 나타나지 않는다. 다만 해동통보는 15,000 꿰미가 주조되었다. 15,000꿰미는 동전으로 치면 몇 개나 될까? 동전 1천개가 한 꿰미이므로 15,000꿰미는 동전 1천 500만개가 된다. 한번 주조한 것으로는 막대한 양이다. 이 15,000 꿰미는 문무 양반 및 군인들에게 나누어 주었다. 공짜로 준 것은 아니고 봉급을 환산해서 지급하였다.

하지만 당시 사람들이 쌀, 포목 따위의 현물화폐를 선호하고 주화 사용을 꺼렸다. 때문에 숙종이 지위고하를 불문하고 개경거리 양쪽에 각각 점포를 개설하여 주화 유통에 나서라고 지시하였다. 또 숙종은 서경(평양)에 화천별감 2명을 파견하여 상업을 일으키도록 조치하였다. 뿐만 아니라 숙종은 1104년 7월, 주·현에 쌀을 투자하여 주식점을 내고 영업을 하되 주화를 사용하라는 특별지시를 내렸다. 이는 지방에까지 주화 유통을 확산시키려한 것이다.

한편 숙종이 발행한 화폐 가운데 은병은 은 1근의 고액 화폐이다. 모양은 고려의 지형을 본떴고 위조 방지를 위해 표인을 하였다. 때문에 사람들은 이를 활구라 불렀다. 은병의 주조로 고려는 고액화폐와 저액화폐가 모두 만들어져 화폐제도의 틀을 갖추게 되었다.

다음 은병은 물가기준의 척도로 쓰였다. 그때까지 물가기준은 쌀과 추포였는데 은병을 추가한 것이다. 은병 1개의 값은 개경에서는 쌀 15-16석, 지방에서는 18-19석이고 매년 경시서에서 농사의 흉풍을 보아 조정하였다. 사실상 은본위제가 확립된 것이다.

은병 제도는 몽고의 침입을 맞으면서 문란해지기 시작하였다. 원나라의 태환 지폐인 보초가 유입되었기 때문이다. 보초의 유입으로 은이 원으로 많이 유출되었다. 이로 인해 은이 귀해져 은값이 오르자 위조 은병이 나돌았다. 고려 정부는 은병의 위조를 막기 위해 소은병을 주조하고, 또 은병에 별도의 공인표시를 한 표은을 만들어 유통시켰다.

하지만 원이 패망하자 고려의 화폐 시장은 거의 붕괴되다시피 하였다. 원이 쇠퇴해지면서 태환 지폐로서의 위력을 발휘하던 보초의 신용력이 급락하였고, 고려는 은의 유출에 따른 경제적 손해를 크게 입게 되었다. 결국 원이 멸망하자 고려에는 쓸모없는 종이 돈 보초만 남았다.

고려시대 화폐주조는 당시 중국에 비해 상당히 부진한 편이다. 그러나 시중에 주화가 부족한 것은 아니었다. 왜냐하면 고려가 주전을 하지 않았던 시기에는 송으로부터 동전을 많이 수입하였기 때문이다. 송나라 동전이 얼마나 들어왔는지는 구체적으로 알 수가 없다.

그러나 『송사』는 1195~1200년간에 상인들이 동전을 가지고 고려로 가지 못하게 금지한 이후 국교가 단절되었다고 기록하고 있다. 국교 단절을 가져올 정도로 송 동전의 고려 반출이 많았다. 따라서 고려는 송 동전의 대량 유입으로 인해 동전 주조의 필요성이 줄어든 것이다.

고려는 수입한 송 동전을 국내에 유통시키는 한편 일본에 수출하였다. 중계무역을 한 것이다. 물론 고려 동전도 많이 수출하였다. 일본은 왜 고려에서 동전을 수입하였을까? 일본은 958년에 처음 주화를 주조한 이래 700년이 지난 1636년에 비로소 주화를 주조한다. 그러므로 일본은 10세기부터 17세기까지 700년 동안 본국의 화폐가 없이 오로지 중국과 한국 등에서 수입한 외국 동전을 사용하였다.

일본의 중국 동전 수입은 1984년 신안 앞바다에서 인양된 신안 해저유물선을 통해 확인된다. 신안 해저유물선은 원나라에서 일본으로 가는 무역선으로 밝혀졌고 실려 있는 주 화물은 원대의 청자이다. 하지만 배 밑바닥에는 총 중량 28톤의 동전이 실려 있었다. 그 동전은 총 66종 800만개 정도이며 대다수는 북송시대 동전이다. 일본은 한꺼번에 800만여 개의 동전을 원나라로부터 수입한 것이다.

일본은 중국 동전뿐 아니라 고려 동전도 대량 수입하였다. 일본에서 출토된 고려 동전은 중국 동전보다는 양이 다소 적지만 북해도에서부터 남쪽 규슈지역까지 거의 일본 전역에서 출토되고 있다. 즉 일본 전역에서 고려 동전이 유통된 것이다.

지금까지 일본에서 발굴된 고려 동전은 동국통보·동국중보·해동통보·해동중보·삼한통보·삼한중보 등 6종류로 목종과 숙종 연간에 주조된 화폐를 거의 망라하고 있다.

외국 화폐를 수입해 유통시킨 일본의 예를 통해 화폐유통은 정부가 화폐를 주조하였느냐의 여부에 있기보다 화폐를 필요로 하는 경제 환경이 더 중요한 요인인 것을 알 수 있다.

고려시대는 수도 개경뿐 아니라 지방 주·현의 행정 소재지에 도시가 크게 발달하였다. 고려의 지방 도시는 성벽으로 둘러 싸인 성읍도시였다. 또 고려시대는 거의 대부분의 백성들이 성안에서 살았다. 지방의 호족들은 성안에서 살면서 자신의 세력 기반인 성읍을 발전시키려 노력하였다.

따라서 성읍은 인구가 상당 수준으로 유지되었고 이것이 성읍을 중심으로 상권이 형성되게끔 하였다.

성읍의 시가지 도로변에는 각종 점포와 주식점, 여관 등이 들어서 있었다. 숙종이 주·현에 쌀을 투자하여 주식점을 내고 주화를 사용하라고 지시한 것은 이와 같이 주·현의 성읍에 주화가 통용할만한 상업환경이 조성되어 있기 때문이다.

하지만 조선시대에 오면 성읍은 쇠락한다. 지방의 실력자이며 최대 소비자인 양반들이 고려의 토호와는 달리 성안에서 살기를 싫어하고 성 밖으로 나가 제각기 동족 부락을 이루고 살았다. 이는 결과적으로 지방도시와 상업의 쇠락을 초래하였다. 그리고 이로 인해 주화의 통용이 위축되어 갔다.

한편 우리나라 화폐경제가 중국에 비해 발전이 지체된 또 다른 이유로 현물수납 재정제도와 노비제도를 들 수 있다. 우리나라는 17세기 초 대동법이 실시될 때까지 재정 수입과 지출을 화폐가 아닌 현물로 하였다. 즉 세금을 쌀·베 등 현물로 받았고 관리의 봉급을 현물로 지급하였다. 따라서 현물수납에 익숙해진 백성들은 화폐 거래를 불편하게 느꼈고 화폐 소유를 꺼렸다. 이것이 화폐경제의 발전을 더디게 하는 요인으로 작용하였다.

지금까지 대게 노비제도가 화폐경제에 영향을 미친다고는 생각하지 않고 있다. 그러나 우리나라의 경우 노비제도는 화폐경제의 발전을 지체시킨 중요한 요인이다. 이는 노비와 고용의 사역 대가를 비교하면 간단히 파악할 수 있다. 노비를 부릴 때는 대가를 지불하지 않아도 되지만 고용인을 부릴 때는 대가로 현물 또는 화폐를 지불해야 한다. 따라서 노동의 대가 지불이 없는 노비의 비중이 크면 클수록 화폐경제의 영역은 축소된다. 왜냐하면 가능한 한 일 삯을 주지 않아도 되는 노비를 부리려 하지 일 삯을 주어야 하는 인부를 고용하지 않으려 하기 때문이다.

고려의 총인구 중 노비가 차지하는 비중이 어느 정도였을까? 고려시대에 노비가 차지하는 인구 비중을 추론할 수 있는 유효한 자료는 아직 밝혀지지 않고 있다. 양반과 천민노비의 신분체제를 철저히 구축하였던 조선시대보다는 그 비중이 낮았을 것으로 추측된다.

조선시대는 경북 예천군 저곡면의 1720년경 양안에 의하면 전체 주민 889명 중 천민이 346명(38.9%)로 주민의 4할 가까이가 천민이었다고 볼 수 있다. 물론 천민들이 모두 노비는 아니었지만, 천민들 가운데 노비들의 비중이 상당하였다는 것을 감안하면 노비들의 숫자는 적지 않았을 것이다.

중국의 경우 고대로부터 당나라 때까지 노비는 가축과 같이 취급 받았고 천민으로 차별 당하였다. 노예시장이 별도로 설치되고 노비를 소나 말처럼 사고팔았다. 그러다가 송나라에 와서 노비의 인권을 보장하는 방향으로 개혁하였다. 대를 물리는 세습노비를 없애고 모두 고용노비로 바꾸었다. 따라서 노비를 가지려면 최고 10년을 기한으로 일 삯을 주고 노비로 고용해야 하였다. 고용노비는 계약 기한이 끝나면 언제든지 양민으로 복귀할 수 있었다. 그러니까 송나라 이후의 중국은 말만 노비지 사실은 고용인이었다. 고용노비제는 일 삯을 돈으로 지불함으로써 화폐경제 발달에 영향을 끼쳤다.

이와 같이 정상적인 고용관계에 놓여 있지 않은 노비가 존재하는 사회는 노비가 차지하는 비중만큼 화폐경제의 수준이 저하될 수밖에 없다. 특히 노비 중에서 주인에게 몸값을 바치지 않는 솔거노비의 비중이 어느 정도였는지 알 수 없지만, 솔거노비의 존재만큼 화폐경제의 발달이 지체되었다고 할 수 있다.

이제 우리나라에서 화폐경제의 발전이 원활하지 못한 근본 원인 중의

하나가 세습노비제인 것을 간과하지 않아야 한다. 경제 기반이 농업에 있고 세습노비가 엄연히 존재하는 사회에서 화폐 경제와 상업은 궁극적으로 지장을 받기 마련이다.

4. 금속활자는 고려 상업문화의 열매다.

우리나라는 세계에서 가장 먼저 금속활자를 만들었다. 당시 선진 문명을 구가하던 중국보다도 한참이나 앞섰다. 고려는 어떻게 일찍 금속활자를 창안할 수 있었을까?

금속활자로 찍은 가장 오래된 책은 1234년에 최윤의가 편찬한『상정고금예문』이다. 현재『상정고금예문』은 전해지지 않아 그 내용은 알 수 없다. 이것은 1450년 서양에서 처음으로 금속활자를 발명한 독일의 구텐베르크보다 200여 년이 앞섰다.

다음 금속활자로 만든 현존하는 가장 오래된 책은 프랑스 파리국립도서관에 소장되어 있는『직지심경』이다. 이 책은 구텐베르크보다 83년이 앞선 1377년에 제작되었다.

우리나라의 금속활자 발명에 대한 지금까지의 설명은 세계 최초라는 자랑에 비해 매우 단순하고 평범하다. 즉 당시 목판인쇄가 여러 종류의 책을 적은 부수씩 인쇄하는 데 불편하므로 효과적인 활판 인쇄를 고안하였다고 설명한다. 또 고려에서는 서적은 소수의 귀족 학자들만이 필요로 하였고, 대게 적은 부수를 찍어내는 것이 상례였으므로, 자연히 활판 인쇄에 관심이 모아져 이를 창안하게된 것이라고 설명한다. 그러나 이러한 설명은 우리나라보다도 인쇄 역사가 훨씬 앞서고, 출판 수요도 비교할 수 없을 정도로 다양하고 많은 중국에서 금속활자가 발명되지 않고, 우리나라에서

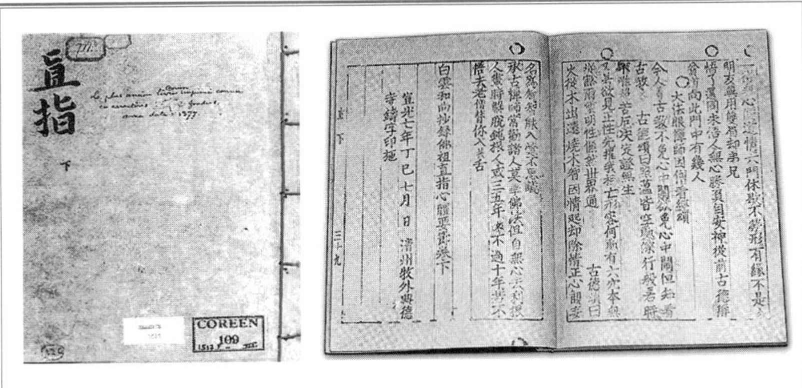

『직지심경』 표지와 직지영인본

먼저 발명된 이유를 밝혀주지 못한다.

결론적으로 금속활자는 고려인의 상업적 지혜가 낳은 결실이다. 당시는 부수가 많은 책은 목판 인쇄로 찍었다. 그러나 부수가 적을 경우 필사를 하였다. 하지만 필사는 사람들이 직접 베껴 써야 하므로 시간과 비용이 많이 든다. 또 서책도 균질하지 않고 필사의 잘못으로 내용이 변질되는 등 문제가 많았다. 그러므로 적은 부수의 다양한 출판수요를 비용을 줄이면서 시간을 단축시킬 수 있는 경제적인 방법이 모색되었다. 금속활자는 활자 하나하나가 낱개로 되어 있으며, 이 글자들을 조합하여 손쉽게 책을 인쇄할 수 있다. 적은 비용으로 큰 효과를 얻을 수 있는 것이다.

개경은 인구 50만 명에 달하는 국제적인 대도시였다. 관리와 승려, 학자와 학생, 상인과 수공업자 등이 밀집함으로써 도시상업문화가 성숙하였다. 따라서 금속활자의 발명은 적은 비용으로 큰 효과를 얻으려는 상업적 사고가 출판문화 쪽에 배어 들어가서 창출되어진 것이다. 다시 말하면 금속활자는 다양한 계층의 출판수요와 개경의 도시상업문화를 바탕으로 하여 고려인 특유의 상업적 재치에 의해 발명될 수 있었다.

한편 고려가 후삼국을 통일하였을 즈음에 전란으로 인해 예부터 전해오는 서적들이 거의 불에 타고 유실되었다. 고려 정부는 없어진 책은 찾아 베끼고 보충하기 위해 애를 썼다. 고려는 이러한 정부의 노력에 힘입어 출판문화가 매우 발전해 나갔다. 출판문화는 고려사회의 다양한 출판수요의 뒷받침이 따랐다. 특히 불교 경전과 유교 서적의 수요가 많았고 개인문집과 소설류 등의 수요도 대단하였다.

고려 초 개경에 서책을 전문으로 파는 전문서점이 영업을 하고 있었다. 이들 전문서점이 개경에 몇 개나 있었을까? 아마도 상당수의 서점들이 요즈음처럼 책방거리를 형성하고 있었을 게다. 이들 서점은 세상의 온갖 책을 팔았다. 심지어 국가의 장서관, 즉 오늘날의 국립도서관에서도 구할 수 없는 진기한 책을 구비하고 있었다. 서점의 고객은 학생, 관리, 승려, 일반인 등 다양하였다.

고려는 송나라로부터 서적을 많이 수입해 들여왔다. 당시 고려 사회는 독서 열풍이 대단하였다. 서적 수입이 독서 수요를 채워 주었다. 사신과 수행원뿐 아니라 승려·여행객·상인 등 누구나 송나라에 가면 책을 한보따리 사오는 게 유행이었다.

고려인들의 싹쓸이 책 구매는 송에서도 화제꺼리가 되고 사회문제가 되었다. 싹쓸이 책 구매로 책값이 뛰어 올랐기 때문이다. 그러자 이를 문제삼는 사회 분위기가 생성되었다.

소식(1036~1101)이 비방 분위기에 결정적으로 불을 지폈다. 소식은 송대 최고의 시인이며 당송 팔대가의 한 사람으로 소동파라고도 한다. 소식은 고려인들의 책 싹쓸이 구매를 막기 위해 고려와 국교를 끊어 고려 사람의 입국을 막아야 한다고 주장하였다. 그리고 고려를 배척하는 내용의 반

고려론을 지어 송나라 철종에게 세 번이나 올렸다. 오늘날 소식을 좋아하는 한국인들이 많은데, 사실 그는 반고려파의 주동 인물이었다.

그러나 고려가 중국으로부터 서적을 일방적으로 구입한 것만은 아니다. 중국도 고려 서적을 많이 구해 갔다. 959년 광종은 사신을 후주에 보내 별서효경 1권, 월왕효경신의 8권, 황령효경 1권, 효경자웅도 3권을 선사하였다. 이 책들은 이름에서 보듯이 부모에 대한 효도와 왕에 대한 충절을 담고 있다. 이 책은 원래 중국에서 만들어진 책이므로, 고려가 중국 후주에 책을 보낸 것은 고려가 이 책을 소장하고 있다는 사실을 안 후주가 책의 양도를 요청 하였기 때문일 것이다.

1091년 6월, 고려 사신 이자의가 송에서 귀국하여 선종에게 송 철종이 고려가 보유하고 있는 좋은 서적을 구하고 싶다는 뜻을 전하였다. 철종이 구하려 한 서적은 역사·지리·의학·음학·문학 등 다양한 분야를 망라한 무려 128종 5,200권에 달한다.

철종이 희망한 서적을 모두 보내주었는지는 알 수 없다. 그러나 려·송 간의 외교관계상 아마도 부족하거나 여분이 없는 것은 필사본을 제작해서라도 요청한 대로 보내 주었을 것이다.

그런데 소식의 반고려론과 관련하여 반드시 짚고 넘어가야 할 점이 있다. 이것은 철종이 고려에 서적을 요청한 때가 1091년으로 소식이 반고려론을 주창하기 2년 전이란 사실이다. 따라서 고려인들의 책 싹쓸이 구매를 문제 삼는 소식의 반고려론은 반대를 위한 반대라는 것을 명백히 알 수 있다. 소식이 반고려론을 지을 때는 오히려 그들이 고려의 서적을 수입하던 시절이었다.

이렇게 고려의 독서문화는 매우 높은 수준에 달해 있었다. 고려 정부는 서적의 간행과 정비를 위해 노력을 많이 기울였다. 서적을 보물처럼 아끼며 정성을 쏟아 관리하였다. 『고려사』기록에 의하면 1096년까지 역대로 비장되어 내려오는 서적이 부수와 질이 완전한 것이 최소한 4부 있었다. 이들은 문덕전·장령전·어서방·비서각 등 4곳에 보관하였다.

하지만 중국에서조차 구하려 하였던 귀중한 서적들은 유실되고 전해지지 않고 있다. 덧붙이자면 1,307년에『고려왕조실록』185책이 원나라에 보내졌는데, 이 실록을 오늘날 찾아 볼 수 있다면 고려의 역사를 다시 써야 할 것이다. 또 신라·백제·고구려의 역사 기록들이 오늘날까지 전승되어 왔다면 우리나라의 역사는 처음부터 다시 써야 할 것이고, 우리나라는 분명히 더 훌륭한 모습으로 발전해 있을 것이다.

5. 축제의 나라 고려, 꽃피는 상업문화

우리 민족은 축제를 남달리 즐기는 민족이다. 오늘날 전국적으로 매일 2-3개의 대규모 축제가 곳곳에서 열린다. 이들 축제는 국가적인 초파일, 성탄절을 비롯해 먹거리 축제에서부터 각종 산업축제에 이르기까지 다양하다.

우리나라 고대의 축제는 추수를 감사하고 하늘에 제사지내는 제천 의례였다. 대표적인 축제로 부여의 영고(12월), 고구려의 동맹(10월), 동예의 무천(10월), 삼한의 시월제(10월) 등이 있다. 또 삼한에는 씨를 뿌리고 나서 풍년을 기원하는 기풍제(5월)가 따로 열렸다.

이들 축제는 춤과 놀이 그리고 술이 있었고, 음주 가무의 난장판 놀이를 통해 인간이 신과 하나가 되었다. 영고·동맹·무천 등 고대의 축제는 신라시대에는 추석의 가배로, 고려시대에는 연등회와 팔관회 등으로 계승되어 갔다.

축제는 상업과 관련이 깊고 상업문화에 큰 영향을 미친다. 축제는 소비수요를 특별히 불러일으키고 그로 말미암아 생산을 촉진시켜 준다. 축제는 그 동기와 목적을 초월해서 사람과 물자가 소비되는데, 이때 상인은 거래를 통해 이를 해결해주고 이득을 얻는다. 따라서 축제가 크면 클수록 더 많은 사람이 동원되고 물자가 더 많이 소비되므로 상인에게는 큰 돈을 버는 대목이 된다. 축제에 소용되는 먹을 것과 입을 것, 무대 장치와 소품 등 갖가지 준비물은 주최 측에서 직접 조달하기보다 상인에게 돈을 주고 준비시키는 경우가 많아, 축제의 규모가 크고 절차가 복잡할수록 상인들에게 돌아가는 이익이 많아진다.

축제에 몰려든 사람들은 상인이 노리는 표적이 된다. 축제에 동원된 참여자나 구경꾼이나 모두 조금씩은 주머니의 돈 지갑을 열고 다니는 바람난 소비자로 변한다. 축제기간 동안 사람들은 어느 정도 들뜨고 이번 기회가 아니면 안 된다는 생각에 너도나도 반쯤은 소비의 바람에 물들게 된다. 그러므로 축제는 거대한 소비를 낳으며 경제를 한바탕 돌아가게 하는 법이다. 특히 정기적인 축제는 적정한 때에 맞춰 사람들의 신명을 발산시킴으로써 사회를 건강하게 만들 뿐 아니라, 소비와 생산시스템을 지속적으로 작동시켜 경제발전에 기여한다. 그리고 축제 의례를 통한 품격과 세련됨의 추구는 사회성을 향상시키는 동시에 생산과 유통의 질을 제고한다. 따라서 축제가 없다면 경제와 상업은 그만큼 위축되기 마련이다.

고려는 축제의 나라였다. 고려의 국가적인 축제는 연등회와 팔관회이다. 일반의 세시 풍속 축제로는 단오가 가장 중시되었다.

태조 왕건은 재위 26년 동안 연등회와 팔관회를 매년 개최하였다. 또 왕건은 훈요 10조에서 '연등은 부처를 섬기는 것이고 팔관은 하느님과 5악·명산·대천·용신을 섬기는 것이다.'라고 하며 후손들이 연등회와 팔관회를 계속 지켜나갈 것을 특별히 당부하였다.

　그러나 연등회와 팔관회는 6대왕 성종이 즉위한 981년에 폐지되었다. 성종은 팔관회를 폐지하고, 다만 사찰에 가서 향불을 피우고 문무관리들로부터 축하 인사만 받았다. 팔관회 폐지 이유는 무대 장치가 화려하고 춤과 놀이가 불경스러울 뿐 아니라 번거롭고 요란하다는 것이다. 또 팔관회 준비에 강제 동원된 사람들의 노역이 과중하고, 여러 가지 꼭두각시 인형을 만드는 비용이 많이 들며, 중국 사신들도 좋아하지 않는다는 이유였다. 하지만 이는 겉으로 들어 낸 핑계이고 유학에 심취한 성종이 연등회와 팔관회가 유학 사상과 맞지 않다고 여긴 탓이다. 물론 유학을 신봉하는 무리들이 고려를 유학의 나라로 만들려고 획책하며 성종을 부추겼을 것이다.

　성종이 폐지한 연등회와 팔관회는 24년이 지난 1010년 11월에 복원되었고 이후 고려가 멸망할 때까지 계속 열렸다. 연등회는 불사에 대한 잔치이고 팔관회는 토속 신에 지내는 제사로 그 목적은 달랐지만 행사 내용은 유사하였다. 국왕이 참석한 공식행사가 열렸고, 시가지 곳곳에 등불을 밝혔으며 노래 부르고 춤을 추었다.

　연등회는 중국의 상원연등회가 신라에 전래되어 민간에서 시행되고 있다가 고려시대에 와서 국가적 행사로 법제화 되었다. 또 중국의 상원연등회는 인도로부터 전래된 불교의 연등공양이 중국의 세시 풍속으로 자리 잡은 것이다. 송나라의 상원연등회는 정월 보름을 전후하여 3일간 열렸다.

　고려는 본래 송나라와 같이 정월 보름에 이틀 동안 수도 개경뿐 아니라 향·읍에 이르기까지 연등회를 열었다. 이것이 1010년에 연등회를 다시 열면서부터 2월 보름에 이틀 동안 열도록 하였다. 정월 보름 연등을 2월 보름으로 변경한 까닭은 당시 민간의 농경 절기풍속이 2월에 있고 농경이 사실상 이루어지는 시기가 2월이므로 이 시기로 정한 것이다.

고려 연등회는 말 그대로 연꽃 등에 불을 밝히고 즐기는 놀이이다. 연등회 기간 이틀 밤 동안 개경은 불 밝힌 연등으로 그야말로 불야성을 이루었다. 용과 봉황 모양을 한 교묘하며 사치스럽고 화려한 연등이 3만 개나 되었다. 또 궁성의 궁궐과 정부 청사에는 채단으로 장식한 다락을 만들고 각종 등을 단 등불산을 세웠다. 그리고 풍악을 울렸다. 물론 크고 작은 사찰에도 수많은 연등이 불을 환하게 켰다.

국왕은 첫날은 절에 가서 연등회를 열고, 둘째 날은 궁궐의 정전에서 연등을 구경하며 밤늦게까지 연회를 즐겼다. 일반 백성들도 연등회 기간 동안 음주가무를 즐겼다. 그러니까 연등회는 왕과 백성들이 하나가 되어 신명을 푼 축제였다.

한편 연등회 동안 통행금지가 해제되고 성문이 개방되었다. 개경 시가지는 구경하려 몰려온 사람들로 꽉 메워진다. 상인들은 시전거리에 연등을 달고 갖가지 상품들과 진기한 물건들을 특별 세일하여 팔았다. 뿐만 아니라 풍악이 울리고 사람들이 운집하는 곳에는 임시 시장을 열고 먹을거리 등을 팔아 돈을 벌었다.

중국 사신도 고려 연등회가 대단하다고 감탄하였다. 서긍은 『고려도경』에 '일반 사람들이 부처를 좋아하여 2월 보름에는 모든 사찰에서 촛불을 켜는데 극히 화려하고 사치스럽다. 왕과 비빈들이 모두 함께 가서 구경한다. 도로가 사람들로 메워지고 혼잡하다.'라고 기록하였다.

연등회뿐 아니라 고려 사람들은 밤에 등불을 밝히고 이를 감상하며 즐기기를 매우 좋아하였다. 심지어 외국 사신의 접대를 등불을 켠 연회장에서 하는 것은 물론 사신을 전송할 때도 밤에 횃불을 켜놓고 작별 행사를 거행하였다. 예를 들어 1058년 2월, 거란 사신 왕종량은 밤에 횃불을 켜놓고 하는 전송은 비용이 많이 들어 부담이 된다며 다음부터는 낮에 하자고 부

탁하였다. 밤에 불을 켜는 정부 행사는 연등을 즐기는 일상의 풍속이 스며

든 것일 게다.

연등회는 연등을 켜는 밤이 구경거리지만 대낮에도 볼거리가 많이 있

었다. 특히 국왕이 연등을 보러 봉은사 절에 가는 행차가 볼 만했다. 왕이

봉은사 행차에는 850명의 의장대가 따랐고, 100명의 취주악단이 앞서서

풍악을 울렸다. 이것은 매년 연등회 때만 볼 수 있는 화려한 축하 퍼레이드

이다. 백성들이 거리에 쏟아져 나와 손뼉을 치며 구경하였다.

다음 팔관회는 개경과 서경 두 곳에서 열렸다. 10월에 서경에서 먼저

열고 11월에 개경에서 열었다. 1개월의 시차를 두고 서경에서 먼저 개최된

것은 국왕이 서경 팔관회에 참가하였기 때문이다.

팔관회는 이틀간 열렸다. 11월 14일에 작은 대회를, 15일에는 본 대회

를 열었다. 첫날 대회는 국왕의 봉은사 행차가 볼거리이다. 왕의 행차에는

무려 3,276명의 대규모 의장대가 따랐다. 취주악단의 연주에 맞추어 열을

지어 나가는 행렬은 화려하고 장엄하였다. 이는 850명의 연등회 행차보다

규모가 훨씬 큰 굉장한 볼거리이다. 둘째 날 대회는 왕이 의봉루(儀鳳樓)에

오르면서 시작된다. 왕이 의봉루에 올라 의자에 앉으면 태자 이하 신하들

이 모두 일어나 왕에게 경축하고 산호만세를 부르며 축배를 올렸다. 뒤이

어 송상과 여진·탐라·일본의 사신들이 예물을 진상하고 산호만세를 부르

며 축하를 바쳤다. 이때 이들이 바친 예물과 지방에서 진상한 공물을 실은

수레가 동편 인덕문에서 들어와 구정 마당을 지나 서편 의창문으로 나갔

다. 축하 행사가 끝나면 왕과 신하들이 차를 마시며 식사를 하고 구정에 설

치된 채봉무대에서 연출되는 풍악을 구경하였다.

고려는 팔관회의 의례를 중국 황제의 의례 격식에 따라 행하였다. 송

상과 동·서 여진 그리고 탐라·일본 사신들이 왕에게 예물과 축하를 올리

고 산호만세를 불렀다. 당시 산호만세는 황제의 의례에서만 사용하는 격식이었다. 송상의 우두머리가 집례관의 인도를 받아 왕에게 예물을 올리고 두 번 절하며 두 손을 치켜들고 만세!, 만세!, 만만세! 산호만세를 불렀다. 예식이 끝나고 지정된 좌석으로 물러날 때도 두 번 절하고 산호만세를 불렀다. 여진·탐라·일본 사신들도 마찬가지였다.

한편 당시 팔관회에 출연한 송상은 준외교관 대우를 받았다. 송상이 팔관회에 참가하여 산호만세를 부르며 의례를 행한다는 것은 고려 사회에서 상인의 위상이 상당하였다는 사실을 증거 하는 사례이기도 하다.

팔관회에 출연한 송상은 인기였다. 송상의 복색과 행동거지 그리고 산호만세를 부르는 몸짓 등은 재미있는 볼거리였다. 때문에 고려사회에 송상의 예물 바치는 형상을 흉내 내는 놀이가 유행하였다. 예를 들면 1165년 4월, 내시들이 왕에게 선물을 바쳤는데, 이때 내시들이 햇빛 가리개 일산과 말을 선물로 바치면서 채붕 부대를 세우고 송상들처럼 꾸미고 그 흉내를 내면서 바쳤다. 아마도 일반 백성들도 송상처럼 꾸미고 흉내 내며 노는 놀이가 유행하였을 터이다.

팔관회가 열리는 의봉루 앞 구정은 평소에 격구시합을 하는 넓은 뜰이다. 팔관회 때는 구정 중앙에 윤등 하나를 높이 달고 그 사방에 향등을 달았다. 그리고 호화롭고 화려하게 꾸민 채붕 2개를 각각 약 15m 높이로 설치하였다. 2개의 채붕 무대에 사선악부●가 출연하였고 교방의 가수와 무희

● 사선악부는 사선(四仙)이 거느린 악대를 뜻한다. 사선은 신라의 화랑에서 가장 낭도를 많이 거느렸던 영랑·술랑·남랑·안상을 가리킨다. 귀족층의 자제 중에서 4명을 뽑아 영랑·술랑·남랑·안상으로 분장시켰으며 이들 선랑을 중심으로 악대를 이루게 하였다. 이 때 선랑으로 뽑힌 자는 축하 표문을 지어 왕에게 올렸다.(『동문선』 권31, 표전, 팔관회 선랑 하표)

들이 노래를 부르고 춤을 추었다. 그리고 공 놀리기·장대타기·줄타기·칼 물기·불토하기·재주넘기 등 온갖 재주가 펼쳐졌다. 또 택견·수벽 등 기예와 탈춤·꼭두각시 등 가무백희가 벌어졌다. 그리고 구정 뜰에는 김락·신숭겸 등 개국공신들의 꼭두각시 인형과 용·봉·코끼리·말·수레·선박 등의 가장행렬이 등장하였다. 사선악부와 가장행렬은 구정 공연이 끝난 뒤 개경의 중심 거리로 나가 시가행진을 벌렸다.

팔관회는 우리나라 고유의 토속 신앙에 기반을 둔 축제이다. 즉 토착 무속 신앙의 무교적 의례의 축제이다. 하지만 불교적인 연등회보다 규모가 크고 의식이 성대하였다. 따라서 비용이 많이 들어 행사경비 마련을 위해 팔관보를 운영해야 하였다. 팔관보는 11명의 관원을 두고 자금을 빌려주고 그 이자를 받아 팔관회 비용에 충당하였다.

연등회와 팔관회는 고려를 고려답게 하고 백성들을 통합시키는 국가적 제전이며 축제였다. 백성 모두가 뿌듯한 긍지를 가지는 상징이었다. 백성들은 전폭적인 지지를 보냈고 팔관보의 대부행위를 기꺼이 받아들이며 적극 참여하였다. 고려 상인들도 팔관보의 대부자금을 상당히 이용함으로써 기금 운영에 큰 몫을 담당하였다. 또 상인들은 축제를 맞아 시장거리를 갖가지 장식으로 꾸미고 특별 세일에 나섰으며 임시 시장도 열었다.

한편 고려의 세시풍속 중 가장 성대한 축제는 5월 단오였다. 단오절은 3일간 연휴이고 전국 곳곳에서 다양한 민속 축제 행사가 열렸다.

특히 개경 시전거리는 단오절 연휴 동안 축제 마당이 된다. 시전거리에 임시 무대가 세워지고 공 놀리기·장대타기·줄타기·칼 물기·불토하기·재주넘기 등 온갖 가무백희가 공연되었다. 또 경시서 소속 300명 가무단이 출연하여 노래 부르고 춤을 추었다. 단오절 개경 시전거리 축제는 특별히 왕이 구경 갔을 만큼 성대하고 화려하였다.

시전거리 축제는 시전 상인들이 비용을 대고 주관하였다. 이것은 개경 시전 상인들의 역량과 성숙한 도시상업문화를 보여준다. 고려시대는 도시 상인들이 비용을 부담하여 거리축제를 개최하였고, 축제는 도시민의 사랑을 받았다.

일반 세시 풍속인 단오절 민속놀이는 그네뛰기·석전·격구가 성행하였다. 씨름·널뛰기·윷놀이·농악·화초놀이 등도 크게 유행하였다. 그네뛰기는 대표적인 여성 유희로 추천희라고 한다. 단오날 그네뛰기는 고려 초기에 이미 지방 곳곳에서 그네뛰기 대회가 열렸다.

석전은 단오절뿐 아니라 정월 대보름에도 벌어졌던 민속놀이이다. '편쌈', '편전'이라고도 한다. 마을 간에 또는 지역 간에 수백 보 거리를 두고 서로 돌팔매질을 하여 싸우는 놀이로 어린이는 어린이들끼리, 어른들은 어른들끼리 편쌈을 벌렸다. 실제 석전을 할 때는 돌에 맞아 머리가 터져 피를 흘리는 부상자가 속출하였다. 석전은 전쟁에 대비한 전투 연습의 성격도 강하였다. 고려시대에는 정규군 부대에 돌을 던져 싸우는 석투군이 따로 있었다.

격구는 타구·봉구·봉희라고 한다. 우리말로는 장치기·공치기·얼레공이다. 경기는 말을 타고 하는 것과 걸어서 하는 것 두 가지가 있다. 경기 방법은 격구장 중앙에 구문을 하나 세우고 양쪽의 선수들이 서로 공을 뺏고 쳐서 구문을 많이 통과시키는 쪽이 이겼다.

우리나라 사람들이 언제부터 격구를 즐겼는지는 확실하지 않다. 삼국시대에 이미 격구장이 있었지만 고려시대에 가장 성행한 것 같다. 궁궐의 구정에서는 격구대회가 자주 열렸다. 당시 격구대회는 리그 또는 토너먼트 식으로 3-4일 씩 열리기도 하였다.

고려는 여자들도 말 타고 격구를 하였다. 여성 격구는 대악서와 관현

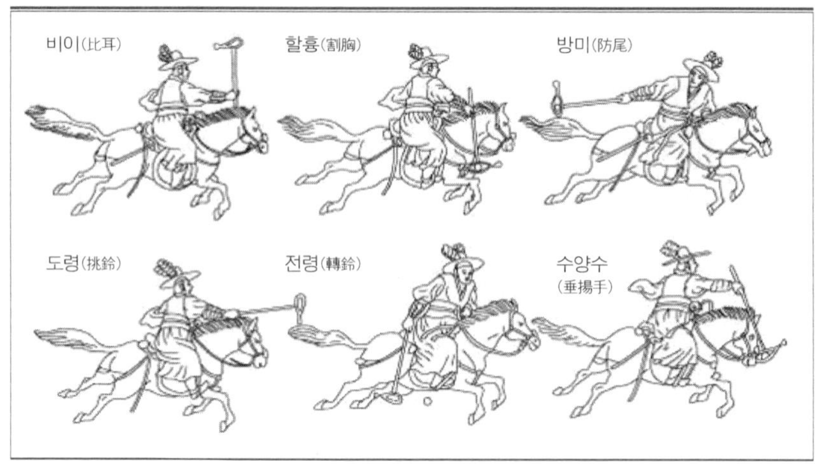

격구

방의 의전 행사에 포함되어 있었다.

격구를 즐기기는 국왕도 마찬가지였다. 역대 왕 중에는 18대 의종이 격구를 가장 뛰어나게 잘한 걸로 알려져 있다. 의종은 격구 마니아였다. 즉위할 때 왕이 되면 격구를 마음대로 못한다며 아쉬워하였다. 의종의 격구 실력은 그의 빼어난 기마술에서 나왔다. 의종은 말을 잘 탔다. 개경 인근의 달령 찻집으로 차 마시러 말을 달려갈 때 너무 빨리 달려 시종들이 모두 따라가지 못할 정도였다.

다음 고려시대 사람들은 꽃을 매우 좋아하였다. 단오절 때는 그네뛰기·석전·격구 등 행사장을 꽃으로 장식하고 즐겼다. 예를 들어 최우는 단오절 추천회 행사장에 10여 종의 생화를 장식하여 참석자들을 황홀하게 만들었고, 충렬왕은 단오 때 모란꽃이 시들어 떨어지자 명주에 밀랍을 바른 채랍으로 꽃을 만들어 가지마다 매어 놓고 감상하였다.

충렬왕은 유별난 꽃 애호가였다. 궁궐의 향각에서 자주 꽃놀이를 열었다. 꽃놀이는 오늘날의 꽃꽂이 놀이와 유사하다. 꽃놀이 행사장은 물을 끌어와 작은 연못과 폭포를 꾸미기도 하고 생화로 장식하였다. 계절이 일러 생화를 못 구하는 꽃은 밀랍을 바른 명주로 장식꽃을 만들어 놓았다. 향각에 꽃놀이가 열리면 주연이 함께 베풀어졌고 이때 참석자들은 꽃을 완상하는 시를 지어 읊고 흥취를 돋우었다.

고려시대는 연회나 의례 행사가 개최되는 장소에 항상 꽃 장식이 따랐다. 꽃이 없는 겨울철에는 색깔로 물들인 베로 갖가지 화려한 장식 꽃을 만들어 분위기를 돋우었다.

꽃 장식은 우리가 그냥 상상하는 것보다 그 규모가 엄청 대단하다. 예를 들어 1353년 8월, 원나라 만만태자가 고려에 와서 기황후의 어머니 영안왕 대부인을 위해 연경궁에서 연회를 열었다. 당시 연회장 장식꽃을 만드는데 쓰인 베가 무려 5,140필이나 되었다. 물론 연회 때 사용하는 기름·꿀·과실 등의 물건도 이와 상응하게 소비함으로써 시중의 물가가 폭등하였다. 이에 정부는 백성들에게 기름·꿀·과실 등의 소비억제를 당부해야만 하였다.

또 공민왕이 왕비 노국대장공주의 기일에 장식할 꽃을 만들게 하였는데, 이 장식 꽃 제작에 든 베도 5천여 필이나 되었다.

축제 때 거리의 주점은 손님으로 벅적대고 흥청거렸다. 고려는 주무라는 관청까지 두고 관영 주점을 운영하였고 민영 주점은 수없이 많았다. 정중부 집권 시절 '기수 80명이 술집에 모여서 (정중부에게 반대하다가) 옥에 갇힌 장박인을 구출하기 위해 모의를 한다.'라는 밀고가 있어 조사한 적이 있었다. 그런데 기수들이 은밀한 모임을 정중부 측의 감시가 예상되는 관영 주점에서는 열지 않았을 것이므로, 이 술집은 민간 술집일 것이다. 또 이 사례는 당시 개경에 고급 장교 80여 명이 모여서 술을 마시며 비밀 회동을 할 정도로 큰 민영 주점이 다수 존재한 것을 보여준다.

한편 화려한 도시 축제의 뒤편에는 어두움 속에서 소비를 부채질하는 밤의 축제가 있게 마련이다. 그것은 생리·생존의 욕구를 분출하는 육체의 환락과 매음인데, 개경 역시 도시의 필요악인 사창가가 있었다. 개경 시내 어디쯤인지는 알 수 없지만 어느 특정 골목길에 집단화된 사창가가 있었다. 당시 이 사창가를 계집시장이라 불렀고 고객은 주로 시전의 점원, 하급 관리 및 군인, 시골 여행객, 외국인 등이었다.

개경의 향락 소비는 무당도 한 몫 하였다. 무당의 굿은 볼거리와 먹을거리를 제공하는 작은 축제 마당이라고 할 수 있다. 하지만 개경이 도시화되자 이제 무당의 굿은 시끄러운 도시의 소음으로 변해갔을 뿐 아니라 굿판을 보려 구경 나온 남녀들 간에 음란한 일들이 생겨남으로써 무당굿이 사회 문제가 되었다. 또 무당집의 음란하고 난잡한 행사가 날마다 더 심해간다는 여론이 비등하였다. 드디어 1298년 3월 충선왕이 개경 성안에 있는 무당들을 성 밖으로 모두 몰아내었다.

고려시대 무당들은 영업이 잘되어 상당한 수입을 올리고 있었다. 고려 정부는 무당들에게 세금으로 공포를 징수하였다. 또 명나라에 보낼 말을 조달할 때 무당들로부터 말을 거두기도 하였다.

고려시대는 사람들은 진기한 완상품을 구해 감상하기를 즐겼다. 완상품 감상은 일반적으로 소득 수준이 따르는 고급문화 현상이다.

고려시대의 대표적인 완상품은 청자였다. 특히 비색 상감청자는 고려가 독자적인 기법으로 만들어낸 명품이었다. 선명한 색상을 띠는 상감문양의 경쾌하면서도 고급스러운 청자의 품격은 세계 최고 수준이었다.

고려는 어떻게 중국을 뛰어넘는 최고급 청자를 만들 수 있었을까? 우리나라 청자기술은 장보고가 중국 월주요를 모델로 하여 강진요를 조성할 때에 시작되었다.

고려 초에는 전국적으로 16개 지역에 316개소의 청자 요지가 영업을 하고 있었다. 그러나 청자기술이 최고조에 달하였던 절정기에는 오히려 요지가 줄어들어 강진요지 41개소와 부안 요지 8개소만 남게 된다. 이들 두 지역의 청자 요지만 남게 된 것은 다른 곳은 중국 청자를 그대로 계속 모방한 데 비해 강진·부안 요지는 고려식의 독특한 비색 상감청자를 개발하였기 때문이었다. 즉 고려인의 취향에 맞는 제품을 생산함으로써 경쟁에서 살아남았다고 할 수 있는데, 이는 당시 도자기 산업의 국내 시장경제 토대가 상당 수준으로 구축되어 있었던 것을 뜻한다.

고려청자의 지속적인 생산은 따지고 보면 이를 뒷받침하는 고급 완상품 수요층이 상당히 두터웠기 때문에 가능한 것이었다. 청자 수요는 우선 왕실과 문벌 귀족, 중앙과 지방의 관리 등 정치권력 층이었다. 그러나 고대 및 중세의 경우 이들 지배층 수요는 어느 나라나 거의 일정 숫자를 넘어서지 못한다. 그러므로 지배층의 수요가 청자 생산의 결정적 수요이기는 하나 지속적인 대량생산의 충분조건은 되지 못하는 것이다.

그렇다면 고려청자의 대량 수요처는 어디인가? 먼저 대규모 수요처로 사원을 꼽을 수 있다. 전국의 수많은 절은 청자의 큰 소비기반이었다. 사원은 고급 완상용 청자는 물론 연적, 물병 등 생활자기를 많이 구입하였다. 예를 들어 익산 미륵사지 터에서 고려청자뿐 아니라 중국청자와 조선백자도 출토되었다.

다음 부유한 상인들과 경제력을 가진 천민들도 청자의 대량 수요처였다. 누구나 경제력이 뒷받침 되면 비단옷을 입고 말을 타며, 좋은 집에 살 수 있는 고려 사회는 누구나 계기만 되면 청자를 집에 두고 즐겨 완상하는 사회였던 것이다. 고려 사회는 고급 청자를 완상할 수 있을 만큼 문화 수준

익산 미륵사지 출토 청자·백자

이 높았다.

다음은 청자 수출이다. 고려청자는 중국, 일본 등지에서 인기를 끌었다. 특히 중국에 많이 수출되었다. 수출이 청자 평균생산비용을 줄여주고 지속적인 생산체제를 다져주었다. 한편 청자 수요에 있어 고려 사회의 성숙한 도시상업문화와 축제를 즐기고 완상물 감상을 좋아하는 고려인들의 정서와 여유로움을 빠뜨릴 수 없다. 때문에 고려 사회는 청자가 특정 계층의 전유물이 아닌 누구나 가까이 하는 기호품이었던 것이다.

이러한 수요에 힘입어 고려 중기에 이르면 청자 생산이 크게 증가하고 더불어 가격이 하락하였다. 청자 가격이 떨어지자 도기를 재치고 자기가 일상생활용품의 주류가 되었다. 고려 사회에서 자기는 고급 사치품이 아닌 생활용품이었고, 여유로움을 즐기는 완상물이었다.

6. 사원에서 상업을, 승려가 장사를

고려시대는 절에서 사업을 경영하고 장사를 하였다. 종이와 먹을 만들어 내다 파는 절이 있는가 하면 막걸리를 양조하여 파는 절도 있었다. 돈이 많은 부자 절은 개경 시전거리에 번듯한 가게를 차렸다.

그러면 왜 사원이 상업에 나섰을까? 사찰 살림이 어려워서 그랬을까? 이러한 사원 경제는 고려 경제에 도움이 되었을까? 또 사원의 상행위는 불가의 교리를 어기는 것일까?

불교는 고려의 국교였다. 왕자가 여럿이면 한 왕자가 출가하여 승려가 될 정도로 불교의 위상이 높았다. 상업에 밝은 대각국사 의천은 문종의 넷째 아들이다. 봉은사, 흥국사 등 비보사찰이나 왕실의 원당은 정부에서 주지를 임명하고 관리를 파견해 재정을 관리하였다. 그러므로 사원의 상업경영은 정부의 경제정책과 무관하지 않고, 사원의 상행위는 그 자체가 비난 받을 일이 아니었다.

고려시대에 사원은 중요한 경제 주체였다. 태조 왕건은 재위 26년 동안 매년 하나씩 26개의 대규모 사원을 창건하였고 이후 역대 왕들도 사원을 신설하였다. 이들 사원은 수많은 승려와 노비를 거느리고 있어 개경의 인구 증가를 유발하고 상업의 토대가 되었다. 고려는 또 교통요지와 험지에 사원을 많이 세웠다. 이 지방 사원은 상인들과 여행객의 숙박소로 이용되었다.

고려시대 사원의 경제력이 어느 정도였는지는 구체적으로 알 수 없다. 고려 말에 사원의 소유 토지가 크게 늘어났으므로 이 시기에 가장 비대하였을 수 있다. 고려 말 전국 사원의 승려는 10만 명이 넘었고 사원이 소유한 토지는 국토의 1/8이나 되었다. 뿐만 아니라 사원은 8만 명 이상의 노비

운문사

를 거느렸다.

개별 사찰의 경제력도 대단하였다. 통도사는 3,000여 명의 수원승도를 거느렸고 소유 토지가 주위 47,000여 보(56.4km²)에 이르렀다. 경북 청도에 소재한 운문사는 최소 500결 이상의 농지와 500명 이상의 노비를 소유하고 있었다. 또 금강산에 있는 장안사는 토지 850결을 가졌고 강원도 통주(통천) 임도현에 소금 만드는 염분을 소유하였다. 뿐만 아니라 개경 시전거리에 30간이나 되는 큰 점포를 가졌다.

고려시대 사원은 다양한 상업 활동을 펼쳤다. 상행위에 전념하는 승려 상인도 있었다. 금강산 장안사가 개경 중앙시장에 가게를 내 영업을 한 것처럼 다른 절들도 수익을 얻기 위해 개경과 지방의 성읍 도시에 가게를 내고 장사를 하였다. 사원은 가게에서 팔 상품을 거래를 통해 구하거나 직접 생산하였다. 외국 상품을 구하려 무역에 뛰어 들기도 하였다.

사원이 행한 상업 활동을 너무나 다양해 일일이 열거하기도 힘들 정도이다. 대략적으로 예를 들어보면 목축업으로 소·말·양 등을 사육해 팔았고, 쌀·보리 등 곡식은 물론 파·마늘·기름·꿀 등 먹을거리를 생산하여 팔았다. 수공업기술을 가진 승려 장인은 종이·먹·모시 등 수공업품을 제작해 팔았다. 소금을 만들어 팔고 막걸리를 양조하여 막대한 이익을 올렸다. 또 금융업을 경영하고 공물대납 사업도 하였다. 뿐만 아니라 승려들이 경전 인쇄나 불당의 단청에 필요한 염료 따위를 구입하려고 직접 무역에 뛰어 들기도 하였다. 이러한 사원의 상행위는 익산 미륵사지에서 출토된 다량의 송나라 동전과 고려 동전이 그 실상을 말해 준다.

오늘날 우리나라는 대게 사원의 상행위를 용납하지 않는다. 사원의 상행위는 불가의 계율을 어기는 비난받을 일로 여긴다. 승려가 술을 마셔도 이상한데 어찌 술과 고기를 팔다니 하는 것이다.

그렇다면 사원의 상행위는 교리 상 도저히 허용될 수 없는가? 원래부터 교리가 이식 행위를 부정하거나 배척하는가?

석가가 활동하던 기원전 5~6세기경의 인도 사회는 점차 도시가 성장해가던 시기였다. 석가 당시 갠지스강 유역에는 16개의 도시들이 있었고, 이들 도시의 왕들이 상인 세력의 후원을 받아 이들 도시를 전제군주적인 도시국가로 발전시켜 나가고 있었다. 따라서 이 시기에 만들어진 석가의 초기 교단은 도시의 신흥자산가인 상인들의 후원을 받으면서 성장하였기 때문에 상업에 매우 호의적이었다.

한편 석가가 해탈한 뒤 십여 일 후에 다뿌사와 밧리가라는 두 상인이 석가에게 공양하고 귀의하였다. 이는 불교가 상인계층의 지지 위에 있다는 것을 암시하고 있는 것일 수도 있다. 그 후 석가는 부호 야사 일족의 귀의를 받았다. 그리고 고살라국의 자산가인 수닷타가 숲을 사서 그 곳에 기원정사를 건립하여 교단에 기증하자 이를 받았다. 이 때 수닷타는 석가를 위해 숲 한쪽을 황금으로 깔았다고 한다. 이와 같이 초기 불교 교단은 상인계층의 후원을 많이 받았고 상인들과 극히 밀접한 관계를 맺고 있었다.

석가의 죽음도 도시 상공업과 관련이 깊다. 죽음을 앞둔 80세의 석가에게 마지막으로 음식을 공양한 춘다는 대장간의 장인이었다. 이는 상공업자를 유력한 후원자로 해서 생애를 마치는 것을 의미하는바, 석가가 해탈 후 두 상인으로부터 공양 받은 것과 대비되는 결코 우연한 일이 아닐 것이다.

초기 불교 교단은 최소한의 재정으로 꾸려갔고 출가 승려는 무소유의

석가모니(좌)**와 유마힐 거사**(우)

원칙을 철저히 지켜야 하였다. 하지만 세월이 흘려 신도가 늘고 교단이 커지면서 교단에 바쳐지는 시주물이 많아졌다. 처음에는 시주물을 필요한 만큼 남기고 버리거나 땅에 묻었는데, 살림이 어려운 교단은 이를 버리지 못하고 모아서 대부해주고 그 이자를 교단 운영에 충당해 갔다. 교단마다 살림 형편이 차이가 났던 것이다.

석가 입멸 후 100년 뒤 교단은 대부행위는 교리에 어긋나므로 허용하면 안 된다는 상좌부와 어느 정도 융통성을 가지자는 대중부로 갈리었다. 후에 상좌부는 소승불교로, 대중부는 대승불교로 발전하였다.

대승불교의 상업관은 『유마경』에 잘 함축되어 있다. 『유마경』의 무대는 갠지스강 북쪽, 네팔과 가까운 곳에 위치한 '바이샤리'라는 도시국가이다. 그리고 유마경의 주인공은 유마 또는 유마힐이라고 하는 상인이다. 장사로 돈을 벌어 억만장자가 된 재가신도이다.

따라서 대승불교의 최고 경전 중의 하나인 『유마경』이 상업도시 '바이샤리'를 무대로 하고 있고, 가장 이상적인 인물로 설정된 주인공 유마가 억만장자 상인이라는 것은 상업을 중시하는 대승의 입장을 여실히 보여준다 하겠다.

우리나라의 전통 불교, 즉 고려 불교는 대승불교이다. 따라서 금·은과 같은 재화의 축적을 깨끗한 것으로 이해하고 상업과 이식행위(재물을 늘려 가는 행동)도 정당한 것으로 받아들인다.

사원의 이식행위는 대승불교의 복전사상(福田思想)을 그 바탕으로 한다. 복전이란 보시하는 대가로 복을 받는다는 뜻이다. 즉 복을 생기게 하는 밭에 보시의 씨앗을 뿌려 미래에 복의 열매를 맺게 한다는 것이다. 이러한 복전사상은 불교가 소득재분배와 사회사업에 참여하도록 하였다.

사원과 승려들은 복전사상을 실천하는 방편으로 빈곤자를 구제하고 사람들의 생활을 향상시키고 안심시키기 위한 사회사업을 전개하였다. 특히 7복전사업을 중시하였고 이는 상공업의 발전을 진작시켰다. 7복전 사업은 ❶숙박시설 및 사원 건축, ❷정원 조성·연못 조성·조림 사업, ❸의료 활동, ❹조선 사업, ❺교량 건설, ❻공동우물 축조, ❼공동변소 설치 등이고 이 외에 매우 중요시된 사업은 도로개발 사업이다.

고려 불교는 각 사원마다 복전사업을 활발히 전개하였다. 복전사업에 드는 비용은 국가의 지원, 신도들의 시주, 자체 조달로 해결해 갔다. 하지만 살림은 넉넉지 않고 부족한 자금은 자체에서 메워야 하였다. 복전사업을 많이 할수록 상업을 영위해야할 필요성이 증가하였다.

복전사업의 예로서 불교 교단에서 교통 요지와 험지에 세운 원(院)을 세우고 숙박시설로 운영한 것을 들 수 있다. 그러나 이일은 단순히 복전사업만을 구현한 것은 아니고 그 자체가 상업경영의 한몫이었고 나아가 사원의 상업 활동을 지원하는 것이었다. 특히 원은 역참과 역참 사이, 나루터와 험준한 고갯길 등 인적이 없는 곳에 상인·나그네 여행자들의 휴식과 숙박에 도움을 줄 목적으로 세워졌다. 따라서 중요 교통로에 세워진 원은 자연히 상인들의 활동 거점으로 또는 상업 중계지로 발전해 가기 마련이다. 또 당시는 원 경영을 승려가 맡았으니 사원의 상업 활동에 도움 될 일이 많이 생겼을 것이다.

고려시대 상인들은 거의 대부분 불교 신도였다. 또 고려시대는 아들이 세 명이면 한 아들은 출가시키는 것이 다반사였으니 상인 주변에 일가붙이 승려들과 친구 승려들이 많았다. 따라서 불교 교리가 고려 상인의 정신적 지주이며 버팀목이 되는 것은 자연스런 현상이었다.

대승불교의 상업관은 상인 신도들의 자긍심을 채워 주었다. 또 고려 상인들은 사원의 폭넓은 상업 활동을 눈여겨보고 그에 참여하면서 상업에 대한 인식의 지평을 넓혀갔다.

석가는 신분에 따른 직업의 차별을 인정하지 않았다. 재산을 얻기 위해서 기술과 지식의 습득에 힘쓰고 직업에 정려할 것을 강조하였다. 본래 불교경전은 재가 신자는 출가 수행자와는 달리 각자의 직업에 전념하여 영리를 추구하고 재산을 늘려 나갈 것을 가르친다. 즉 재화의 획득과 증식은 합당한 일이며 오직 정직하고 근면하게 생업에 종사함으로써 이룩해 나갈 것을 바란다.

또 경전은 상인이 거대한 재화를 얻기 위해서는 상인 특유의 몇 가지 기질적인 조건이 필요하다고 한다. 첫째는 상품의 품질·가격·이익 등에 관한 지식을 쌓아 형안을 갖는 것이다. 둘째는 상품을 사고파는 행위에 있어서 탁월한 활동력을 구비하는 것이다. 셋째는 거래에 유능하고 신용의 기초를 확실히 하는 것이다.

고려 상인들은 올바른 직업인으로서의 자긍심을 불교의 가르침을 닦으며 사원과의 일상화된 상거래를 통해 공고히 다져갈 수 있었다. 즉 불교는 고려 상인의 귀의처였고 고려 상인은 수행하듯이 상업에 매진함으로써 상혼을 키우고 올바른 상인정신을 닦아 나갔다.

고려시대 모든 사원은 농토와 노비를 소유하고 자급자족해 나갔다. 특히 식량의 자급자족을 위해 쌀·조·콩 등 곡물 생산에 주력하였다. 물론 생산잉여물은 시중에 판매하였다. 하지만 개경 인근에 소재한 사원은 아예 높은 수익을 얻기 위해 곡물보다는 도시민의 식탁에 빠지지 않는 파·마늘 등 양념류와 채소를 전문으로 생산하여 판매하는 경우가 허다하였다.

또 각 사찰은 각종 수공업품의 생산과 상품화에 관심을 기울이고 힘을 쏟았다. 상품 생산은 기술을 보유한 승려 장인과 사찰노비가 담당하였다. 생산한 물품은 자체 수요에 충당한 뒤 잉여분을 판매하였다. 처음부터 판매를 목적으로 하여 생산하는 경우도 많았다.

기술을 가진 승려의 예로서 강화도에서 중국 유리기와 보다 품질이 우수한 유리기와를 만든 승려 육연이 있고, 노비 기술자의 예로는 제국대장공주가 사들인 가늘기가 매미 날개 같고 꽃무늬를 수놓은 모시를 만들 줄 아는 여자 종이 있다. 제석원의 노비 전영보는 금박기술로 벼락 출세를 하였다.

모시는 고려 수출품 중 최고의 경쟁력을 가진 상품이고 기와는 몽고 전란 후 대대적인 복구 사업으로 국내 수요가 높았다. 따라서 사원의 모시 생산과 기와 제조는 자급자족뿐 아니라 시장을 향한 상품생산이었던 것이다. 또 사원에서 종이와 먹을 국내 수요뿐 아니라 수출을 겨냥해 생산하였는데, 이들 물품은 자체 소비가 매우 커서 생산량이 많았고, 이로 인해 기술

개량이 이루어져 품질이 좋았다.

고려 사원은 보(寶)라는 금융업을 경영하였다. 보는 국가나 사찰이 돈이나 곡물을 출연하여 조성한 대부기금을 지칭하는 말이다. 또 대부기금을 꾸어주고 이자를 받는 것을 뜻한다. 우리나라에서 보는 삼국시대부터 조선시대 중기까지 존속하였고, 고려시대에 가장 성행하였다. 고려시대의 보는 대부분 사찰이 조성하여 운영하였는데, 왕실이나 국가기관이 조성하기도 하였다.

사원의 보 운영은 자모법(子母法)의 형태로 운영되었다. 이는 원금을 손상시키지 않고 대부이식만으로 필요한 경비를 얻는 방식이다. 사원 보의 출연재원은 대부분 왕실이나 신도들이 기탁한 시납물이었다.

보에 기탁되는 시납물은 수조권(해당 토지에 세금을 거둘 수 있는 권리)·농지·곡물·포·화폐·금·은·노비 등 다양하였고, 그 중 곡물·포·화폐·금·은 등은 곧바로 대부자금으로 전환될 수 있었다.

14세기 중엽에 이르면 주로 곡물과 포의 대여가 보편화되고 사원의 재정운영이 보에 많이 의존할 정도로 보의 규모가 확대되었다.

그렇다면 보의 자금을 빌려 쓸 때 이자를 얼마쯤 내었을까? 고려시대 보의 법정 금리는 1/3, 즉 연 33%였다. 법정 금리는 비교적 잘 지켜졌으나 대부 기간이 장기간일 경우 대부자는 연 33%의 이자 부담에 시달렸다. 또 사원에서 우월한 지위를 이용하여 법정 이자율을 무시하고 임의로 고리의 이율을 적용함으로써 물의를 일으키는 경우도 없지 않았다.

예를 들어 최충헌은 이의민을 축출하고 정권을 잡은 뒤 승려들의 곡식을 이용한 고리대 이식행위를 척결하려 나선바 있다. 하지만 최충헌이 아들 최우에게 정권을 물려주자, 그의 손자 만종과 만전은 승려 생활을 하며 경상도의 관곡 50만석을 내어 농민들을 대상으로 고리대 사업을 가혹하게 하여 농민들이 집단 반발하고 소요를 일으켰다.

공민왕은 즉위하자 곧 사원의 고리 행위를 엄히 다스리라는 교서를 내리고 단속에 들어갔다. 공민왕의 교서는 당시 사원의 고리 행위가 극심하여 정치문제화 되었다고 볼 수 있다. 그러나 법정 이자율을 어기는 탈법이 일반적으로 자행된 것은 아니고 대다수 사원 보는 건전하게 운용되었다. 고려 500여 년 동안 백성들이 편리하게 이용하였다.

우리나라의 보와 유사한 성격의 사원 금융업은 중국·인도·일본에도 있었다. 보는 대부 기금을 재원으로 하여 이른바 존본취식(存本取息), 즉 본전은 그대로 두고 이자만으로 운영하는 것이기 때문에 이자를 잘 받을 수 있다면 누구에게든지 대부해 줄 수 있다. 당시 농업경제에서 현실적으로 사원 보의 주 고객은 농민이었다. 하지만 개경과 서경 같은 도시에서는 상인들에 대한 대부가 활발하게 이루어졌다.

상인에 대한 대부는 대부자금이 상업자본이 되는 것으로서 결과적으로 사원 보가 고려의 상업과 대외 무역에 큰 영향을 끼쳤다고 할 수 있다. 즉 고려 사원은 보의 운용을 통해 상업금융과 무역금융의 기능과 역할을 착실히 수행해 나갔다.

다음은 절의 막걸리 장사를 살펴보자. 고려 역대 왕 중에서 승려의 음주를 가장 싫어한 왕을 꼽으라면 현종일 것 같다. 현종은 1009년 8월, 왕위에 즉위하자 곧바로 승려가 술 빚는 것을 금지시켰다. 평소 사원에서 술을 빚고 중들이 술 마시며 노는 것을 매우 못마땅하게 여긴 것이다. 또 1021년 6월, 사헌부에서 승려들이 술 마시고 노는 것을 금지하자고 건의하자, 모든 사원에 대해 술 양조를 재차 금지시켰다.

이 금지령은 현종 18년 6월, 장의·삼천·청연 등 3개 사찰의 승려들이 무려 360섬의 쌀로 술을 빚어 물의를 일으킨데 따른 후속 조치였을 수 있다.

장의·삼천·청연 등 3개 사찰이 360섬의 쌀로 술을 빚었으니 한 사찰 당 120섬인 셈이다. 그런데 360섬의 쌀로 막걸리를 빚으면 얼마나 될까? 쌀로 막걸리를 빚으면 대략 쌀 한 되에 막걸리 한말 정도의 비율로 양조된다. 따라서 쌀 360석은 막걸리는 36,000말을 빚을 수 있다. 또 막걸리 36,000말은 1,000명이 매일 막걸리 한 되씩을 1년 동안 마실 수 있는 엄청난 양이다. 따라서 장의·삼천·청연 등 3개 사찰은 자체 소비를 위해서가 아니라 분명히 상품화하여 판매할 목적으로 양조하였고 그래서 더욱 물의가 켜졌던 것이다.

한편 사원의 상행위가 허용된다 하여 그 제한이 없는 것은 아니다. 고려 말에 이르러 사원과 승려들의 불법적이고 탈법적인 상행위에 따른 폐단이 심해지자 이를 통제하고 제재하는 조치가 잇달았다. 예를 들어 충선왕이 1309년 사원의 소금가마를 몰수하고 소금 판매를 금지하였고, 충숙왕이 1316년 승려들의 장사 행위를 금하도록 하였다. 또 1361년 공민왕은 승려의 시가 출입을 일체 금지하였다.

그런데 승려의 상행위를 금지한 조치를 꼼꼼히 따져 보면 절의 상업 활동을 완전히 제한하려는 것은 아니다. 즉 개별 승려들의 위법적이고 탈법적인 과도한 상행위가 문제이고, 또 사회적 물의가 야기되어 이를 규제하는 것이지, 사원의 상업 활동 자체를 문제 삼아 시비를 가리려는 것은 아니다.

당시 사원의 상업 활동은 주로 사원 노비를 통해 이루어졌다. 이들 사원 노비는 술뿐만 아니라 파·마늘·기름·꿀 등도 얼마든지 팔 수 있었다. 사원이 예속된 노비를 상업에 종사시켜 시전 점포에서 장사를 하게 하거나 외국에 나가 국제 교역까지 해도 문제될 일이 아니었다. 그러나 승려의 과도한 상행위는 그로 인해 피해를 입는 측이 있을 수 있으므로 언제나 시비와 물의를 야기할 개연성이 있는 것이다.

다음 고려시대는 목축업을 경영하는 절이 많았다. 주로 소와 말을 사육하였다. 소는 경작용 농우로, 말은 승려들의 승마용 또는 수송용으로 부리기 위해서였다. 특히 말은 거의 모든 사찰에서 자체 수요 또는 판매할 목적으로 사육하였다.

공민왕 시기 승려 보우가 광대한 목초지를 갖고 말을 기른 것처럼 말을 대규모로 사육하는 사찰이 많았다. 때문에 고려 정부는 군사용 전마를 구입할 때 사찰에 많이 의존하였다. 1354년 공민왕은 원나라가 장사성 토벌을 위해 군사 2,000명을 중국 강남으로 파병해 줄 것을 요청하자, 출정 군사에게 지급할 말 2000필을 모두 절에서 구입하였다.

공민왕은 이 이후에도 세 차례나 군용에 보충할 전마(전투용 말)를 절에서 샀다. 또 1375년 우왕은 전국의 모든 절의 주지들이 전마를 각각 1필씩 내도록 조치하였다. 이와 같이 고려 말기에 절에서 말을 키우는 것은 보편화된 현상이었다.

원 간섭기에 고려는 말 수출국으로 발전해 나갔다. 당시 원이 제주도에 목장을 개설함으로써 사육 기술이 고려에 전수되었고, 또 원이 말을 많이 수입함으로써 말을 수출할 수 있는 계기가 있었다.

말 수출 길이 열리자 말 사육이 전국적으로 크게 확산되었다. 말 수출은 왕실도 이에 매달릴 정도로 붐을 이루었다. 1296년 충선왕이 백마 243필을 원 황제와 태후 등에게 바쳤다. 충혜왕은 민가 100여 채를 헐어내 말 사육장을 만들고 자신이 직접 말을 목욕시키는 등 정성을 쏟았다. 또 충숙왕은 강화도에 말을 목축시켰고, 우왕도 여러 섬과 충주 등지에서 말을 목축하도록 독려하였다.

한편 고려 상인들이 국경을 넘어가서 중국에 말을 많이 내다 팔았다.

고려 상인들은 『노걸대』의 예처럼 상인 4~5명 또는 10여명이 상단을 지어 10여 필의 말에 인삼 100근, 모시 130필을 싣고 북경에 가서 팔았다. 이 때 끌고 간 말도 모두 팔았다. 한편 수출로 말 사육이 유행하자 더불어 국내의 상업용 말 수요도 상당히 증가하였다. 이에 따라 사원과 일반 민가는 말 사육이 수지맞는 주업 또는 부업이 되었다.

하지만 우리나라의 말 사육 기반은 조선 초에 완전히 붕괴된다. 이의 가장 큰 원인은 고려 말 조선 초에 명나라에 말의 재생산 토대를 고려하지 않고 한꺼번에 너무 많이 수출하였기 때문이었다.

공민왕 21년부터 공양왕 4년 5월까지 기록상 확인되는 것이 총 35회에 걸쳐 25,605필이 수출되었다. 또 이성계가 정권을 잡은 뒤 1391년부터 1393년간에 1만여 필, 조선 개국 후 1427년까지 46,538필, 합계 56,538필을 집중 수출한 것이 된다. 즉 여말선초에 명에 수출한 말은 8만 필이 넘는다.

이처럼 과도한 말 수출은 사육기반을 심각하게 훼손시켰다. 또 명나라의 교역통제와 조선 정부의 억상정책으로 인해 대외 교역과 국내 상업이 쇠락함으로써 국내외 말 수요가 격감하였다. 이로 말미암아 말 사육 환경은 완전히 붕괴될 수밖에 없었고, 결국 사원과 민가는 주업 또는 부업 수입원을 잃어버렸다.

4부 고려 상혼과 개성상인

1. 대륙을 향한 고려 상혼

세계를 정복하고 몽고의 대칸이 된 쿠빌라이는 왜 충렬왕을 사위로 삼았을까? 이미 항복한 고려에 굳이 자기 친딸을 시집보내야 하였을까?

칭기즈칸과 그 후계자들이 일단 세계를 정복하자 이제 광대한 땅을 어떻게 지배하고 통치해 나가느냐가 고민거리였다. 우선 정복지 중심에 거점 도시를 만들어 정복지를 효율적으로 연결시키며 통치하려 하였다. 그리하여 몽고 중북부 카라코룸(Kharakhorum)에 인공도시를 만들고 몽고 제국의 새로운 수도로 삼았다. 하지만 인공도시를 만든다고 해서 정복지의 통치문제가 해결되는 것은 아니었다.

칭기즈칸의 후계자들은 정복지 통치방식을 두고 군사력에 의존하여 피정복민으로부터 공물을 강제 징발하는 기존의 통치방식을 지속할 것인가? 아니면 피정복지의 지배계급을 인정하고 그들을 이용하여 공물을 수취하는 간접적인 통치방식으로 바꿀 것이냐를 두고 갈등을 빚었다. 유럽과 러시아를 정복하고 킵챠크 칸국을 세운 세력은 군사력에 의존한 방식을 지속하려 하였고, 중국을 정복한 쿠빌라이 세력은 후자의 형태를 택하였다.

쿠빌라이는 대칸에 오르자 수도를 카라코룸에서 대도(현재 북경)로 옮겼다. 그리고 만리장성과 가까운 내몽고에 인공도시를 새로 건설하여 상도라 하고 여름철 수도로 삼았다.

또 쿠빌라이는 나라 이름을 원으로 바꾸고, 칭기즈칸을 태조로 자신을 세조로 부르게 하였다. 국가 통치제도를 중국식으로 바꾼 것이다.

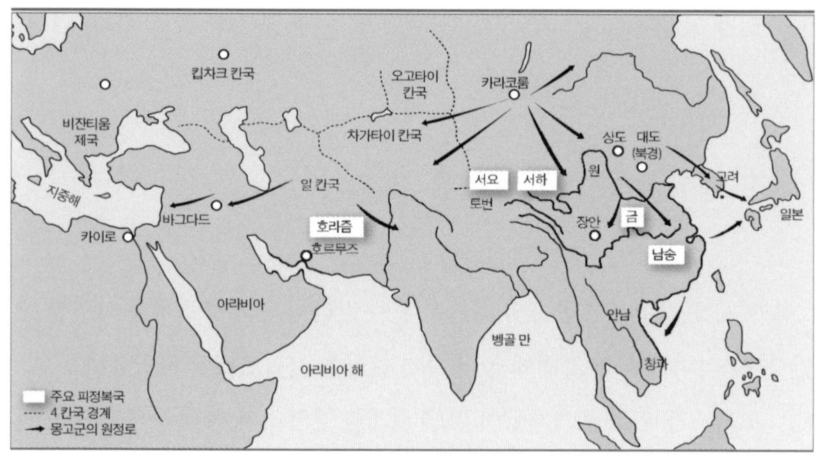

몽고제국의 확장

따라서 쿠빌라이가 사랑하는 딸을 충렬왕에게 시집보낸 것은 고려를 효과적으로 지배하려는 전략이었다. 즉 고려는 워낙 오랫동안 싸웠고 독립심이 강하며 용맹하여 고려 왕실과 혼인을 맺고 부마국으로 삼아 통치하려한 것이다. 그러나 쿠빌라이가 자신의 친딸 공주를 시집보낸 것은 충렬왕이 준수하여 호감이 갔고, 또 공주도 27세의 젊은 충렬왕을 내심 좋아하고 따랐기 때문일 것이다.

그리하여 고려는 세계 제국인 몽고와 긴밀한 관계를 맺었고, 고려 상인도 대륙을 무대로 활동을 펼치는 새로운 시대를 맞이하였다.

1. 불굴의 고려 상인

고려 정부는 1270년 5월 강화도를 나와 개경으로 돌아갔다. 강화도로 천도한지 39년이 지난 때이다. 당시 개경은 폐허로 내버려져 있었다. 불타

버린 관청을 복구하지 못해 천막을 치고 업무를 보았다. 심지어 국왕과 백관들이 입을 옷이 준비되지 않아 상당 기간 전투복을 입고 지냈다.

이토록 철저히 망가진 개경은 급속히 재건되었다. 환도 후 꼭 39년이 지난 1309년 충선왕이 부자들에게 선의문 안 도로변에 큰 기와집을 짓도록 촉구하고, 또 개경 5부의 민가를 전부 기와지붕으로 바꾸라고 지시하였다. 그간의 임시 복구에서 방침을 바꾸어 항구적인 도시재개발을 추진한 것이다.

충선왕은 제국대장공주(쿠빌라이의 딸. 충렬왕의 왕비)가 낳은 충렬왕의 맏아들이다. 원 세조 쿠빌라이의 외손자이며 칭기즈칸의 외고손자이다. 그러므로 이전의 역대 고려왕들과는 태어난 혈통과 배경이 다르고 자라난 환경과 받은 교육도 달랐다. 충선왕은 일생의 대부분을 원 황실 주변에서 보냈다. 재위시에도 거의 대부분을 북경에 체류하였고 퇴위한 뒤에는 북경의 저택에 만권당을 건립하고 학문에 열중하였다.

충선왕은 생전에 두 번 왕위에 올랐다. 처음은 아버지 충렬왕이 선위해 주었다. 하지만 23세의 젊은 충선왕의 개혁에 불만을 가진 권문세족과 권신들의 불신과 저항으로 인해 즉위 8개월 만에 아버지 충렬왕에게 왕위를 돌려주고 원에 소환당해 갔다. 당시 원 황실의 압력에 시달려 아들에게 왕위를 물려준 충렬왕이 대신들을 뒤에서 부추긴 결과이기도 하다. 어떻던 10여년이 지나 충렬왕이 서거하자 귀국하여 다시 즉위하였다.

충선왕은 처음 왕위에 올랐을 때 상인과 수공업자에게 벼슬길을 대폭 열어 주라고 천명하였다. 또 대신들의 수가 많으니 감축시키고 중요하지 않는 관청은 통폐합할 것을 강력히 지시하였다. 상인의 관직 진출을 폭넓게 허용하고 고위직의 자리 수를 줄이는 개혁 조치는, 기득권층인 귀족들과 고위관리들의 불만과 저항을 불러일으켜, 결국 왕위를 내놓고 원에 소환당하는 빌미가 되었다.

　충선왕은 왕위에 다시 복위한 뒤에도 유명무실한 관직을 통·폐합하는 등 행정개혁을 강력히 밀어 붙였다. 처음으로 개경 5부의 호구 조사를 실시하였다. 양곡 비축량을 늘리고 이를 수매·방매함으로써 물가를 조절하도록 하였다. 소금을 국가에서 전매토록 해 재정수입을 올리고 물가안정을 도모하였다. 특히 경제를 일으키기 위해 기와제조업을 자유화 하였다. 그리고 기와제조업 투자 분위기 조성을 위해 선의문 안 도로변에 큰 기와집을 짓도록 하고, 민가를 전부 기와지붕으로 바꾸는 정책을 추진하였다.

　충선왕의 기와제조업 자유화는 이보다 앞선 충렬왕의 얼음제조업 자유화 조치와 함께 개경의 상공업을 한 단계 끌어올렸다. 기와 제조와 얼음 저장은 투자비가 많이 들어 최소한 투자비를 건질 수 있을 만큼의 소비수요가 뒷받침되어야 하는 사업이다. 따라서 얼음 저장업과 기와 제조업의 자유화 조치는 당시 개경의 상공업이 거의 복구되었거나, 어느 정도 궤도에 올라 크게 도약하고 있었던 사실을 보여 준다.

　개경의 경제 발전은 상인들의 활약에 힘입은 바 크다. 그들은 상공업에 투자하고 무역을 일으켜 세계로 뻗어 나갔다. 하지만 고려 상인의 구체적인 모습과 그 활동을 규명할 수 있는 유효한 기록은 부족하고 그들은 아직 베일에 싸여 있다. 다음은 몽고와 전쟁 중일 때 몽고 관청에서 돈을 빌려 쓴 고려 상인에 관한 『고려사』의 기록이다.

"1295년(충렬왕21) 윤4월 기미일, 원나라에서 소운실불화를 파견하여 조서를 보냈다. 그 조서에서　'와활태 황제 때부터 지금에 이르기까지 상인 등이 관청의 돈을 빌려갔다가, 그 이자를 갚지 아니하고 피차간에 감추어 주는 자가 많다. 국내 국외의 관원들은 이러한 상인들을 찾아내어 붙잡아다가 이자를 규정대로 받아서 천부사에 납부하여야 한다. 만일 숨어 있는 상인을 발견하고 고발한 자에게는 상을 줄 것이다' 라고 하였다." —『고려사』권31, 세가

와활태(오코타이 칸) 황제 때는 몽고가 국명을 원으로 바꾸기 전이다. 따라서 고려를 침략하기 직전이거나 고려가 강화도로 천도한 뒤 몽고와 격전을 치루고 있을 때이다.

전쟁 중에 몽고의 관청에서 돈을 빌려 쓴 고려 상인은 누구일까? 물론 원나라가 지칭하는 상인에 몽고·회회·중국 상인 등이 포함된 것으로 추측 가능하나, 고려에 특별히 조서를 보낸 점으로 보아 고려 상인을 지목한 것이 분명하다.

고발한 자에게 상을 주겠다고 하였으니 아마도 조서의 부속 문서에 문제 상인의 명단이 첨부되어 있었을 것이다. 또 원이 특별 조서를 따로 보낸 것은 돈을 빌리고 이자를 규정대로 갚지 않는 고려 상인이 상당히 많았기 때문일 것이다. 이자를 못 갚은 상인들 중에는 사업이 망하였거나 사정이 어려운 자뿐 아니라 고의로 연체시키는 자들도 있었을 터이지만, 일반적으로 이자를 기일에 맞추어 납부한 상인들이 더 많았을 것이므로 원 관청에서 돈을 대부받은 고려 상인들의 전체 수는 생각보다 훨씬 다수였을 것이다. 즉 상당수의 고려 상인들이 1229년부터 1297년에 이르기까지 70여 년 동안 지속적으로 원나라 관청의 돈을 융통해 쓰고 있었다. 물론 이들 중에는 원나라에 회유되거나 또는 스스로 투탁하여 이용당하고 물의를 일으킨 자들도 허다하였을 것이다.

이와 같이 고려 상인들은 전쟁 중임에도 불구하고 몽고의 관청과 거래

를 트고 자금을 대부받아 사업을 하였다. 당시 고려 상인은 중국 대륙으로 진출하여 국제상인으로 당당히 활약한 것이다. 오늘날 그 국제화의 길을 걸어간 고려 상인의 상혼을 일깨우고 옳게 조명하는 것은 매우 소중하고 가치 있는 일이다.

2. 재원 고려 상인과 기황후

충렬왕은 1297년 2월 어느 날 사냥을 관람하였다. 곁에 원 황제 성종이 있었다. 성종은 쿠빌라이의 손자로 충렬왕의 처조카뻘이고 쿠빌라이가 죽자 뒤를 이어 황제로 즉위하였다. 당시 충렬왕은 원 황실 내의 서열이 7번째의 자리에 앉을 정도로 매우 높았다.

충렬왕은 옆에 앉은 성종에게 1259년 이래로 포로가 되었거나 떠돌다가 요동과 심양에 들어간 고려 백성들을 모두 고려로 보내 달라는 청을 넣었다. 성종은 충렬왕의 청을 들어 주었다. 이 일은 신속히 이루어져서 2개월 후 요양 지방을 조사하여 찾아낸 고려인 350호가 고려로 송환되었다. 그러나 잡혀간 고려인이 350호 뿐일까? 송환된 사람들은 극히 일부분이었고, 원나라 현지 관리들은 고려인들을 찾는 데 성의를 가지고 조사하지 않았다. 협조하는 척 시늉만 보였을 뿐이어서 350호라도 찾아내 송환한 게 다행이었다.

원 간섭기에 고려 백성들이 중국 대륙 특히 요동으로 많이 흘러 들어갔다. 고려와 원 사이는 국경은 있되 출입자에 대한 통제가 매우 허술하여 국경을 넘는 것은 쉬운 일이었다. 이들은 요동 쪽의 정세가 시끄러우면 압록강을 건너 고려로, 고려 쪽이 시끄러우면 요동으로 넘어 갔다. 공민왕 때 1359년 11월에는 요동과 심양 지역에서 2,300호가 한꺼번에 고려로 왔다.

원 간섭기 동안 원나라에 가서 생활한 고려인들이 매우 많았다. 이들 재원고려인은 얼마나 많았을까? 재원고려인의 대략적인 수는 1354년에 벌어진 고우성 전투를 통해 추정 가능하다.

1354년 7월 고려의 정예 군사 2,000명이 원나라로 출병하였다. 당시 장사성이 반란을 일으켜 고우성을 점령하자, 원이 장사성을 토벌하기 위해 군사 파병을 요청하였고, 고려가 이에 응한 것이다. 이들 파병 군사는 원이 직접 이름을 지목해서 뽑은 정예 중의 정예였다.

그런데 고우성 전투 현장에서 실제 고려인들로 편성된 고려군 병력은 23,000명으로 대폭 불어난다. 고려군 23,000명에서 파병한 2,000명을 빼면 21,000명이 증강된 것이다. 이 21,000명의 군사들은 누구인가? 이들은 북경 등지에 사는 재원고려인들 중에서 뽑은 군사일 확률이 높다.

따라서 군사 모병을 1호당 1명을 뽑되 호당 인구를 5명으로 가정하면 재원 고려인은 10만 5천명, 호당 4명이면 9만 2천명이 된다. 또 2호당 1명 징발에 호당 5명은 21만 명을 넘어선다. 그러므로 당시 북경 등지에 10만여 명 이상의 고려인이 정체성을 가지고 집단으로 생활한 것이다.

재원고려인은 1254년에 몽고군에 잡혀 간 포로 206,600명의 후예가 많았을 것이다. 이들 21만여 명의 포로들은 다른 정복지에서 잡혀온 포로들과 마찬가지로 귀족과 관청의 노비가 되거나 공사장에 노역 인부로 안치되었다. 또 노예 시장에서 매매되어 서역 등지로 끌려간 자들도 많았다.

재원고려인들이 모여 사는 마을을 고려촌이라고 불렀다. 고려촌은 장보고 시기의 신라방처럼 어느 정도의 자치권을 가졌다. 당시 고려촌은 북경 인근의 통주 주변 여러 곳에 자리를 잡고 있었다.

통주는 대운하의 북쪽 종착지인데 지금도 이곳에는 대고려촌, 고려영 등 고려 명칭의 지명이 있고 고려사라는 절터도 있다. 고려촌이 통주에 위치한 것은 몽고가 고려 포로를 운하 인부로 부리기 위해 이곳에 안치한 때문이다. 하지만 세월이 흘러 고려인 2~3세 후예들은 인부 지위에서 벗어나 운하를 이용한 서비스업 등에 종사하며 생업을 꾸려 나갔다. 이들은 100여 년의 세월이 지났음에도 불구하고 흩어지지 않고 고려풍을 유지하며 살아갔다.

한편 요동과 심양 지역에서 농경을 하며 살아가는 재원고려인들도 많았다. 이들은 총 30,000~35,000명 이상이었다.

북경의 재원고려인 사회는 대단히 번창하였다. 당시 고려왕이 북경에 오래 체류하였고 또 인질로 숙위하는 세자, 원 황실에 종사하는 환관과 공녀 등이 활약에 힘입어 북경의 재원고려인 사회는 기반 층이 상당히 두터웠다.

충렬왕은 35년간 왕위에 있으면서 원에 9번 갔다. 신년 인사를 겸해 겨울철에 갈 때는 여행 기간이 2개월 정도로 짧았으나 여름철 행차는 5개월 이상이나 걸렸다. 그 이유는 쿠빌라이가 겨울철에는 북경에 머물고 여름철에는 상도에 머물렀기 때문이다. 충렬왕의 여름철 여행은 꼭 4월 초에 출발하는데 쿠빌라이가 5월 1일에 상도에 도착하므로 그 시기에 맞추기 위해서였다. 따지고 보면 충렬왕은 여름철을 내몽고 초원의 시원한 상도에 가서 처가 식구들과 함께 휴양하며 지냈던 것이다.

충렬왕이 원에 가서 체류한 일수를 모두 합하면 4년 7개월이다. 1회 평균 약 6개월이 걸린 셈이다. 가장 길게 체류한 기간은 약 1년 7개월이고 가장 짧았던 기간은 약 2개월이었다.

고려는 국왕의 행차와 양국 사신들의 빈번한 왕래에 도움을 주기 위해 심양과 요양 사이에 이리간이라 부르는 촌락을 설치하고 각도에서 부유한 200호를 이주시켜 살도록 하였다. 압록강 이남에는 각각 100호씩의 이리간 2개소를 설치하였다. 초기에 이리간의 책임자는 밀무역을 단속하고 통제하는 역할도 수행하였는데, 민간 무역이 확대되고 국경 통제가 해이해짐에 따라 도리어 밀무역을 조장하였다.

충렬왕의 뒤를 이은 충선왕은 재위 기간의 거의 대부분을 북경에서 지냈다. 충선왕은 재위 5년여 동안 처음 4개월간만 고려에 거주하였다. 대신들이 고려로 돌아와 주기를 간청하였으나 돌아오지 않았다. 왕위를 물려준 뒤에는 북경에 소재한 자신의 저택에 만권당을 꾸며 놓고 학자들과 교유하며 지냈다.

북경에 사는 재원고려인들의 입장에서는 북경에서 체류하는 왕과 인질로 상주해 살고 있는 세자가 구심점이었고 대단한 정치적 배경이었다. 또 다수의 수행원과 관리들의 빈번한 내왕은 자연히 본국과의 교역 기회를 증대시켜 주었다.

원나라는 정복지 통치에 필요한 대규모 기반시설을 건설하고 궁궐과 관청의 잡일을 처리하기 위해 피정복지로부터 수많은 사람들을 징발해서 부렸다. 즉 사람을 일종의 공물로 받아 그 노동력을 수탈한 것이다. 고려는 주로 환관과 여자를 공물로 바쳤는데 글 쓰는 승려들을 바치기도 하였다.

공물로 바친 여자를 공녀라고 부른다. 고려의 첫 공녀 징발은 1274년 3월에 있었다. 항복한 남송 군인들에게 처를 구해주기 위해서였다. 원은 과부 140명을 바치라고 독촉하였다. 고려는 결혼도감을 설치하고 홀어미, 역적의 처 등을 뽑아 보내주었다. 2년 뒤에는 바쳐야 할 공녀가 무려 500명이나 되어 과부처녀추고별감이란 특별 관청을 설치하고 전국적으로 여자들을 징발해야 하였다. 그녀들이 떠나는 날에 나라는 울음바다가 되었다.

원은 숫처녀의 헌납을 요구하였고, 고려는 어쩔 수 없이 들어주었다. 숫처녀는 나이 13~16세의 어린 동녀로 벼슬한 고관집 처녀도 예외일 수 없었다. 때문에 당시 고려사회는 어린 자녀를 혼인시키거나 데릴사위를 들이는 조혼이 유행하였다. 이들 숫처녀 공녀들이 양가집 처녀일 경우 황제의 후궁이 되거나 귀족 및 고관의 처 또는 첩이되었다. 일반 백성들의 처녀는 궁궐의 궁녀 또는 노비로 일하였고, 군인의 처가 되었다. 때로는 공녀들이 인육시장으로 팔려나갔고 또는 죄를 지어 성안에 살지 못하고 성 밖으로 쫓겨나 몸을 팔아 살아가는 신세로 전락하는 경우도 적지 않았다.

재원고려인 사회의 실질적인 주축은 상인이었다. 재원고려 상인들은 세계 각국에서 몰려온 상인들과 치열하게 경쟁해야 하였다. 따라서 정부로부터 자금을 대부받거나 이권을 따고 큰 거래를 성사시켜 대상인으로 성공하기 위해서는 강력한 정치권력의 배경이 필요하므로, 고려인 출신들이 권력을 쟁취하고 출세하기를 희망하였다.

재원고려인 중 가장 출세한 사람을 들라면 단연 기황후일 게다. 기황후는 행주 출신 기자오의 막내딸이고 1333년에 공녀로 뽑혀 원에 갔다. 당시 황궁에는 이미 고려 출신 공녀가 150여 명이나 있었다. 그녀는 고려인 환관 고용보가 주선하여 그해 12월에 황궁에서 다과를 맡는 궁녀가 되어 순제의 눈에 들었다. 기황후는 총명하고 경전과 역사에도 능통하여 순제의 총애를 받았고 1339년에 아들 애유식리달랍을 낳았다.

기황후는 1340년 4월 제2황후로 책봉되었다. 이것은 몽골인 외는 황후로 삼지 말라는 몽고 황실의 전통을 깨뜨린 대사건이었다. 이후 기황후는 아들을 황태자로 만들었고 드디어 1365년에 정후가 되었다. 이제 그녀는 아들이 황제로 등극할 수 있는 기회를 잡았다.

기황후 때에는 궁궐에서 일하는 여자들의 태반이 고려 여인이었다. 고려 음식, 의복, 신발과 모자 등 고려풍이 유행하였다. 기황후가 제2황후로 봉해진 그 해에 자정원이라는 황후의 부속 관청이 설치되었다. 자정원의 초대 책임자는 고용보가 맡았고 점차 고려인들의 총집결처가 되었다. 또 몽고 출신들도 이에 가담하여 자정원당이라는 당파까지 결성되었다. 자정원당은 세력이 점차 강해지자 순제에게 황제 자리를 황태자에게 물려주라고 압박하기도 하였다.

순제는 명나라에 쫓겨 내몽고로 달아나 그곳에서 죽었다. 뒤를 이어 기황후의 아들이 즉위하였는데 그가 곧 북원의 소종이다. 기황후가 언제까지 생존하였는지는 확인되지 않으나 그녀는 아들이 황제로 즉위한 것을 지켜보았을 것이다. 즉 그녀는 비록 세력이 약해진 내몽고의 북원이지만 아들을 황제로 등극시키는 꿈을 마침내 실현하였다.

기황후를 만들어낸 배후 실체는 누구였을까? 고용보·박불화 등 몇몇 고려 출신 환관들이 쟁쟁한 반대 세력을 물리치고 권력을 쟁취하였다고는 믿어지지 않는다. 기황후는 원제국의 절대권력을 한번 장악해 보려는 재원고려인들의 치밀한 계획과 결속 그리고 치열한 투혼의 산물이었다. 그냥 어떻게 하다 보니 얻어진 횡재가 아니다.

기황후의 밑바닥 배후에 재원 고려 상인이 있었다. 기황후는 대신들을 자기편으로 끌어들이기 위해 고려 미인을 보내 마음을 사로잡도록 하였다. 기황후가 영향력 있는 인사들에게 미인계를 쓰든지 뇌물을 주든지 간에 막대한 비용이 소용될 터인데, 그 비용의 상당한 부분을 재원 고려 상인들이 지원한 것이다. 결론적으로 기황후는 원 제국의 권력 핵심부를 한번 차지해 보겠다는 재원 고려 상인들의 야심에 찬 투혼과 상혼이 어우러져 빚어낸 걸작품이라고 할 수 있다.

오늘날 우리나라는 거의 대부분 친원 세력을 단순히 부원배라는 한마디로 통칭해서 부르고 있다. 부원배라는 말에는 침략한 나쁜 원나라에 빌붙어서 사리사욕을 채우기 위해 고려를 핍박한 못된 무리라는 뜻이 담겨 있다. 또 이 말에는 중국에 대해 사대하는 것과는 달리 오랑캐 몽고에 사대하는 것을 못마땅해 하는 미묘한 사대주의의 잔영이 서려 있기도 하다. 즉 우리나라 역사상 부명배, 부청배 등의 용어를 사용하지 않는 것과 비교하면 이를 짐작할 수 있다. 따라서 기존의 교과서 등에서 부원배의 도움을 받아서 기씨 여인이 원나라의 황후가 되었다는 투의 설명은 적절하지 않다.

기황후는 고려를 핍박하려고 또는 고려로부터 그 어떤 보상을 받거나 고려에 영향력을 행사할 목적으로 황후 자리를 차지하고 아들을 황태자로 세운 것이 아니다. 또 그녀를 키우고 협력한 사람들도 고려를 안중에 두고 원 황실의 여러 세력과 싸우며 권력을 쟁취해 나간 것은 아니다. 기황후 세력은 원 제국을 손아귀에 넣어 장악하고 지배해 보겠다는 원대한 포부와 목표를 가지고 투지를 불사른 것이다. 부원배 운운하며 비난할 성질의 것이 아니다.

물론 기황후의 오빠 기철과 그 일족이 기황후 덕에 벼락출세를 해서 횡포를 부리기도 하였지만, 이로써 기황후를 싸잡아 비난할 일은 아니다. 이제 기황후를 비롯한 재원고려인들이 이룬 빛나는 성과를 올바르게 바라보아야 한다.

2. 상인의 좌절과 고려 멸망

1. 수출로 통하는 고려 경제

원 간섭기 동안 벽란도를 중심으로 한 해상 무역은 송대에 비하여 그리 활발하지 않았다. 압록강을 건너다니는 육상 무역이 성행하였기 때문이다. 육로는 해상 뱃길보다 안전성이 높았고 적기에 물품을 수급할 수 있는 이점이 있었다. 특히 육로 통행은 행상의 활동 영역을 크게 넓혀주어 이들이 중국 대륙 깊숙이까지 뻗어나가게 하였다.

원 간섭기에 고려 상인들은 왕실 및 권문세족의 어용상인으로 또는 독자적으로 교역에 나섰다. 왕실의 대표적인 어용상인으로 충숙왕과 공민왕을 시종하며 왕실 무역을 담당한 손기, 충숙왕과 충혜왕의 무역을 맡은 이인길을 들 수 있다.

원 간섭기에 국왕 측근의 신흥 정치세력이 상업을 통해 부를 축적해 나갔다. 이들은 환관·통역관·시종 무관·상인과 매 사육자 등으로 출신 성분이 매우 다양하였다. 하지만 대개가 문벌귀족과는 달리 유교적 소양이 부족하여 과거시험을 보지 않고 비정상적인 방법을 통해 관리로 진출하였고, 또 보잘것없는 집안에서 스스로의 힘으로 출세하였기 때문에 권력기반을 강화하고 지속시켜 나가기 위해 경제력 확충에 정열을 쏟았다. 원과의 밀접한 관계 또는 왕의 총애를 이용하여 자신들의 권력과 경제력을 키워갔다. 오로지 축재를 위해 불법적으로 토지를 탈점하고 양민을 노비로 삼아 대규모 농장을 조성하는 경우도 있었다. 그리고 이곳에서 산출된 생산물을 국내 시장에 내다 팔거나 수출하여 막대한 이익을 올렸다.

원 간섭기에 들어 평화가 정착되자 려·원 간의 교역은 상업의 발전을 가져왔고 고려의 경제력을 신장시켰다. 이 시기에 활약한 이제현은 그가 저술한 『익재난고』에서 부잣집은 금과 옥으로 그릇을 만들고 장사꾼의 아내는 비단옷을 입고 다닌다며 평화기의 부유함을 토로하였다. 또 재상들이 국사를 논하는 공적인 엄숙한 자리에서 조차 시장의 소금 값과 쌀값을 들먹이며 사사로운 재산 증식을 이야기한다고 술회하였다.

고려 말 권세가들의 상업 활동의 정도는 조준이 창왕에게 올린 상소문에 잘 나타나 있다. 조준은 이성계를 도와 조선을 개국한 1등 공신이다. 조준은 상인들이 권세가에 청탁하여 천호 벼슬을 얻어 별의별 방법으로 가렴주구를 한다며 비난하고, 권세 있는 집에서 앞 다투어 무역을 일삼고 무역품으로 잣·인삼·꿀·초피·황랍·쌀·콩 등을 거두어 백성들이 고통을 받는다며 이를 못하도록 금지하자고 하였다. 그리고 이를 위반할 경우 물품을 몰수하고 처벌할 것을 주장하였다. 또 조준은 권문세족 등 권세 있는 집에서 강제 매매를 함으로써 백성들이 괴롭힘을 당하고 있다며 이를 단속하자고 하였다.

하지만 조준의 이 주장은 정권을 잡은 이성계 세력을 대표하여 앞으로 타도해야 할 대상으로 상인과 권문세가 등 상업세력을 분명히 지목하고, 본격적인 탄압에 앞서 빌미를 여는 시도였다. 즉 그들을 얽어 묶기 위한 신호탄이었다.

당시 조준이 거론한 강제 매매는 반동과 억매를 말한다. 반동은 말 그대로는 반대로 되돌려서 동등하게 거래한다는 뜻이지만 실제로는 반동을 당하는 백성들은 실제로 피해를 입는 경우가 많았다. 왜냐하면 지주들이 소작료로 쌀·콩 등을 받았을 때 자신이 필요한 양만 가져가고 나머지는 소작료를 낸 소작인에게 되팔아 소작인은 필요 없는 물품을 억지로 사야만 하였기 때문이다.

억매는 초피·인삼·잣·꿀 등을 권력을 동원해 강제로 사들이는 것을 말한다. 이 경우 물량을 할당하고 기일을 정해 독촉하기 때문에 책정된 물량을 대지 못한 사람들이 다른 지역에서 사가지고 와서 물량을 채우는가 하면, 또 품질을 시비하고 값을 제대로 쳐주지 않는 폐단이 생기기도 하였다.

그러나 조준이 지적한 억매의 폐단은 권세가의 상행위를 비난하기 위해 지나치게 과장한 측면이 없지 않다. 억매는 상품교환시장이 발달하지 않은 상황에서 무역특수가 발생하였을 때 단기적으로 항상 일어날 수 있는 경제현상이다. 당시 원나라의 무역특수는 대단한 규모였고 품종에 따라 수출품을 국내 시장을 통해 구입할 수 있을 만큼 시장구조가 발달하지 않았기 때문에 억매는 일정 부분 불가피한 상황인 것이다.

반면에 무역특수가 초과생산을 가져오는 점을 간과해서는 안 된다. 농산물 또는 수공업품의 수출은 그것이 초과생산물이거나 잉여생산물일 경우 추가 소득을 얻게 하는 매우 바람직한 효과를 가진다. 특히, 고려의 모시·인삼·잣 등은 당시 경쟁력 세계 1위의 상품이다. 따라서 모시 수출을 증대하기 위해서는 타 작물 재배면적을 줄이고 모시의 재배면적을 늘리는 방향으로 농장의 경영 형태를 바꾸어야 한다. 그리고 수출용 인삼과 잣의 채취는 농민과 노비 등 노동력을 추가로 동원해야 가능한 일이다.

수출 경제에 있어서 수출을 지속적으로 성장시켜 나가기 위해서는 생산기반을 파괴하는 자원의 남획이 자행되어서는 안 될 뿐 아니라 가혹한 노동 착취로 인해 노동의 재생산구조가 훼손되지 않아야 한다. 즉 전쟁포로, 노예 등 노동력의 추가 투입이 없는 한 자체의 노동 재생산구조는 보호되어야 하는 것이다.

고려의 수출이 비록 상인들과 권세가의 주도아래 이루어졌지만, 상품교환시장이 발달하지 않는 시대에 다반사로 일어날 수 있는 억매의 폐단을 들어내 부각시키고, 수출 그 자체가 고려 경제와 민중 생활에 나쁜 영향을 끼쳤다고 일방적으로 폄하할 일은 아니다.

수출은 그 담당자가 누구이든지간에 수출이 초과생산물 또는 잉여생산물을 대상으로 한다면 매우 바람직한 것이다. 억매가 유휴 노동력을 흡수하고 노동의 강도와 질을 높여 초과생산체제로 전환하기 위한 일시적인 조치라면 나쁘게만 볼 수 없다. 즉 대가 있는 일시적인 억매가 지속적인 초과생산체제를 구축한다면 장기적으로 바람직한 일인 것이다. 물론 억매로 인해 노동의 재생산 시스템이 손상을 입는다면 달리 평가를 받아야 함은 마땅하다. 따라서 억매로 인한 폐해를 따지기보다 무역특수를 맞아 국내 시장이 상품경제체제로 발전되어갔느냐, 아니면 왜 발전하지 못하였는지를 찾아보는 일이 더욱 중요하다 하겠다.

원 간섭기 상품경제체제가 발달하지 않은 상황에서 무역특수를 대기 위한 수출품 억매가 무역 주도층인 권문세족이나 대상인에게 이익을 몰아주는 반면에 농민들은 광범위하게 수탈을 당하게 되었다고 단정해서는 안 된다. 원 간섭기 수출경제에 편입된 농민들의 생활 형편이 다른 시기의 수출 농민 또는 타 작물 재배 농민들보다 특별히 나쁘고 어려웠다고 규정지을 수 없기 때문이다.

2. 공민왕의 국토수복과 자주독립

공민왕은 1355년 5월 권겸과 인당(印璫)으로부터 특별한 보고를 받았다. 그들은 남중국에 파병되어 고우성 전투를 치루고 이제 막 귀국한 참이다.

공민왕은 그들로부터 원나라가 반란군을 토벌하지 못하고 혼란에 빠져 있다는 말을 듣고 고무되었다. 그리고 원으로부터 자주독립을 쟁취하기 위해 추진하다가 좌절된 바 있는 반원정책과 행정개혁을 다시 추진하기로 결심하였다.

공민왕은 즉위하자 곧 몽고풍의 변발을 중지하고 귀족·사원·왕실 등이 탈점한 토지·노비 등을 조사해서 본 주인에게 돌려주도록 조치하였다. 하지만 이 개혁조치는 기철 등 친원파의 방해를 받아 흐지부지해지고 말았다. 공민왕은 어쩔 수 없이 반원정책의 뜻을 접을 수밖에 없었다.

공민왕은 비밀리에 친원파 기철 일당을 제거할 계획을 세우고 준비하였다. 인당으로부터 보고를 받은 꼭 1년 뒤 1356년 5월, 기황후의 비호를 받던 기철·권겸·노책 등을 궁정 연회에 초청한 다음 연회장에서 살해하였다. 그리고 개경에 비상계엄을 선포하고 잔당들도 색출하여 처형하였다.

또 잔존한 기철 일당이 동녕부로 도망하므로 이들을 잡으려 동녕부를 쳐들어갔다.

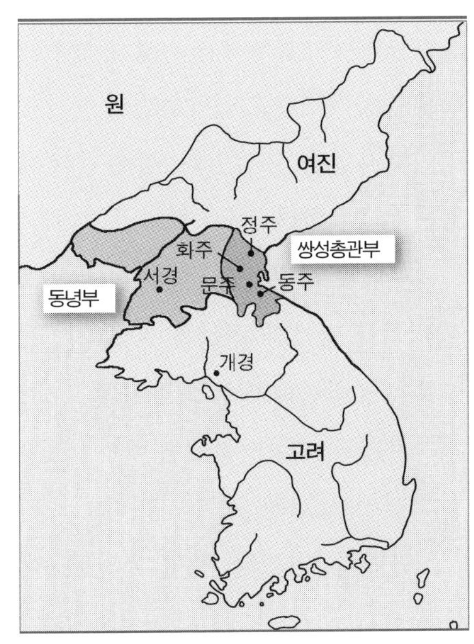

쌍성총관부와 동녕부

서북면 병마사 인당이 이끈 고려군은 1356년 6월 압록강을 건너 파사부 등 세 개의 병참 기지를 공격하여 격파하였다. 기철·권겸을 숙청한 지 15일 만에 압록강을 건너 세 곳의 병참기지를 쳐부술 정도로 작전은 신속히 전개되었다.

공민왕은 동녕부를 격파하여 힘을 못쓰게 한 뒤, 곧 국토 수복을 위해 쌍성총관부를 공격하였다. 고려군은 1년여의 전투를 치루고 1356년 7월에 쌍성총관부를 함락시켰다. 이로서 원에 빼앗겼던 국토를 98년 만에 완전히 다시 찾았다.

쌍성총관부 공격에 이성계의 아버지 이자춘이 안에서 내응하여 공을 세웠다. 이자춘은 당시 천호의 지위에 있었는데 원의 세력이 약화되자 고려 편으로 돌아선 것이다.

공민왕이 동녕부를 치고 쌍성총관부를 빼앗자 원은 80만 대군으로 고려를 침공하겠다고 협박하면서 한편으로 잘 지내자며 회유하였다. 고려는 고민하지 않을 수 없었다. 비록 원이 쇠락해지고 있지만 아직은 무시할 수 없는 강국이었다.

정면으로 대결할 것인가 아니면 화해할 것인가? 일단 화해하는 쪽으로 방향을 잡았다. 화해를 위해서는 기철 일당의 처형과 쌍성총관부와 동녕부를 공격한데 대한 해명이 필요하였다. 결국 압록강을 건너 동녕부 병참기지를 공략한 서북면 병마사 인당이 희생양이 되었다. 인당이 모든 죄를 뒤집어쓰고 죽임을 당하였다.

공민왕은 인당을 죽인 뒤 원나라에 군인들이 압록강을 건너 병참기지를 친 것은 사실 나의 본의가 아니라는 내용의 표문을 보냈다. 인당이 압록강을 건너 병참기지를 공략한 것은 인당이 과욕을 부린 잘못된 일이라는 해명이다.

인당은 동녕부를 공략한 지 55일 만에 동녕부를 공략한 죄를 뒤집어쓰고 죽었다. 인당이 나라를 위해 자신을 희생한 것이다.

공민왕은 자주독립을 쟁취하려 전력을 기울였다. 정부 조직도 원나라식의 직제를 폐지하고 고려식 직제로 되돌렸다. 풍속도 고치려고 관리와 여자들의 옷 색깔을 검은 색으로 바꾸어 원의 잔재를 없애고 토풍을 진작시키려 노력하였다.

하지만 공민왕은 때마침 홍건적이 침입해 오자 다시금 친원정책으로 돌아서야 하였다. 왜냐하면 압록강을 넘나드는 요동 지방의 홍건적 퇴치가 급선무였기 때문이었다. 홍건적은 머리에 붉은 두건을 둘렀으므로 불리어진 이름인데, 고려에 침입해 온 홍건적은 요동으로 진출한 홍건적을 원이 공격하자 이에 밀려서 압록강을 넘어 온 것이었다.

홍건적의 침입은 두 번 있었다. 1359년 12월에 홍건적 4만 명이 서경(평양)을 일시 점령하였으나 2개월 만에 압록강 밖으로 몰아내었다. 다음 1361년 10월 홍건적 10만여 명이 재차 침입해 개경을 쳐들어왔다. 공민왕은 안동으로 피난을 갔다. 이때의 피해가 매우 극심하였다.

홍건적이 개경을 점령하고 물러나지 않고 저항하므로 고려가 군사 20만을 동원하여 개경을 포위하고 전투를 벌였다. 즉 홍건적이 개경을 사수하고 고려군이 이를 쳐부수는 꼴이었다. 홍건적은 크게 패배하고 물러났지만 개경은 엄청난 피해를 입었다. 궁궐은 불타고 민가는 폐허로 변하였으며 상업기반이 많이 파괴되었다.

3. 명나라의 등장과 조공무역

고려는 홍건적으로 인해 원과 우호관계를 유지하고 있던 상황에서 명나라의 등장을 맞았다. 1368년 정월 초 주원장이 국호를 명, 연호를 홍무라 하고 남경을 수도로 하여 나라를 세웠다.

고려와 명의 접촉은 명에서 먼저 사신 설사를 파견함으로써 시작된다. 1368년 11월 금릉을 출발한 설사는 풍랑을 만나 6개월이 지난 이듬해 4월에야 개경에 도착하여 주원장의 친서와 비단 40필을 공민왕에게 바쳤다. 주원장의 친서는 자신이 중국의 새 황제로 등극하였음을 알리고 '옛날에 중국의 임금은 고려와 땅을 맞대고 있었으며 고려왕은 신하로 혹은 손님으로 되어 있었다.'라며 명나라 편에 설 것을 희망하였다.

설사는 개경에서 1개월을 체류한 뒤 동년 5월 정유일에 돌아갔다. 공민왕이 주는 말과 의복, 대신들이 주는 인삼과 약재 등 선물을 모두 거절하고 다만 시 몇 편만 받아 가지고 갔다.

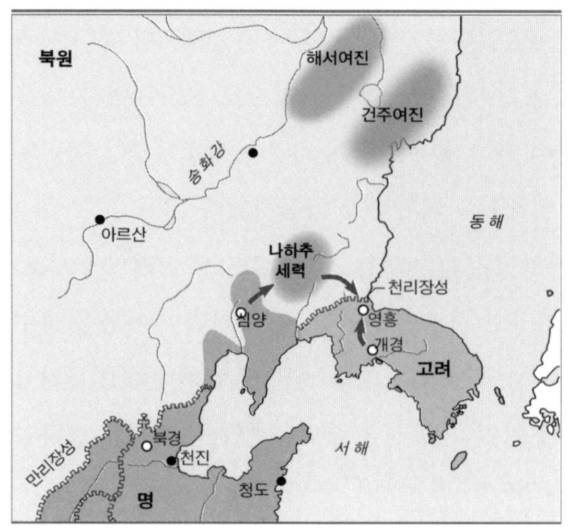

1368년 고려-명-북원 형세도

공민왕은 설사가 떠난 지 7일 뒤 홍상재와 이하생을 사신으로 파견하여 주원장의 즉위를 축하하였다. 이렇듯 고려와 명의 첫 만남은 서로가 탐색하듯이 조심스럽게 그리고 상대방을 존중하면서 이루어졌다.

양국의 외교 교섭은 사신 설사가 항해 중에 곤란을 겪은 것 외는 별다른 문제없이 평화적이고 순조롭게 진행되었다. 이는 아직 원나라가 요서와 요동 지역에 영향력을 가지고 있어 고려와 명은 원에 대적하는 처지에서 서로를 필요로 하였기 때문이었다.

하지만 명나라는 1371년 4월 요동을 손에 넣자 태도를 바꿔 고려에게 위압적으로 대하기 시작하였다. 명나라가 고려를 압박한 정도는 1373년 7월 명에서 귀국한 강인유·임완·정몽주 등이 갖고 온 주원장의 선유문에 잘 나타나 있다.

"내가 손 씨 성을 가진 고려인 내시를 고향에 다녀오라고 (고려에) 보냈더니 왜 독살하였느냐?"

"금년의 신년 축하사절단 중에 이 씨 성을 가진자는 장사를 하는 척 하면서 정탐을 하였다. 달달사람을 보면 달달말을 하고 회회사람을 보면 회회말을 하고 중국사람을 보면 중국말을 하였다.”

“앞으로 3년 동안은 종전과 같이 한해에 한번 씩 오고 그 다음부터 3년에 한번 씩 와서 공물을 바쳐라.”

“너희는 요동의 오왕에게 말 1,000필을 팔아 먹었다.”

“제주 말을 가지고 온다고 시끄럽게 떠들더니 4마리만 가지고 왔다. 장사하는 사람도 필요하지 않는 베와 돗자리는 가지고 와도 말은 한 마리도 가져다 팔지 않는다.”

“이후로는 해로로 오지 말라. 지금은 몽고 때문에 5년 내에 너희를 정벌 못한다. 그러나 10년 후는 정벌할 수 있다. 올 뜻이 있으면 오고 올 뜻이 없으면 그만두라.” ―『고려사』 권44, 세가

주원장은 내시 손씨 사망 문제로 트집을 잡고, '장사 평계를 대며 정탐하지 말라', '10년 후에 정벌하겠다', '올 뜻이 있으면 오고 올 뜻이 없으면 그만 두라'라는 등 노골적으로 압력을 가하며 위협하였다.

하지만 주원장의 선유문을 통해 고려 상인들이 원·명 교체기의 전환기 중에도 위험을 무릅쓰고 요동에 말을 내다 팔았을 뿐 아니라 모시·삼베·돗자리 등 일상용품을 가지고 중국 내륙 깊숙이까지 들어가 장사를 한 사실을 확인할 수 있다.

고려 상인들은 몽고어·타타르어·회회어·중국어 등 여러 외국어를 자유자재로 구사하였고 중국의 여러 지방을 마음대로 돌아다니며 장사를 하였다. 특히 달달인(타타르인)·회회인들과의 긴밀한 연계와 장삿길 동행은 원이 중국을 지배할 때부터 이루어진 교역 관행이었다.

고려가 선유문에 대해 가장 촉각을 세우고 민감하게 반응한 것은 조공

횟수였다. 이 선유문과 함께 가져온 명 정부의 공문은 선유문과는 달리 이제부터 당장 3년에 한번 씩 정조사만 보내라고 하였기 때문이다.

고려는 신속하게 대응할 필요를 느끼고 곧 명에 사신을 파견하였다. 해로로 오지 말라하여 요동을 거쳐 육로로 가려고 하였지만, 명은 요동의 국경을 폐쇄하고 사신의 입국을 막았다. 이에 고려는 부득이 해로로 가려 하였으나 영광의 자은도에서 풍랑을 만나 사신 주영찬과 일행 38명이 모두 익사하고 말았다. 두 차례의 사행이 모두 실패한 것이다.

려·명 양국은 조공 횟수를 두고 오랫동안 의견 차이를 좁히지 못하였다. 명은 3년 1회를 제시하였고 고려는 1년 3회 이상 조공할 것을 희망하였다. 명이 계속 3년 1공을 천명하는데도 불구하고 고려는 정조사·하정사·성절사 등 각종 명목을 붙여 1년에 여러 차례 사신을 파견하였다.

조공 횟수에 대한 명의 입장은 조선 건국 초에도 마찬가지로 3년 1공의 방침을 고수하였다. 조선이 요청한 1년 3공은 주원장이 재위할 동안에는 받아들여지지 않았다. 그가 죽은 뒤 1400년부터 비로소 허용되었다. 1년 수회의 조공은 명과 조공 관계를 맺은 80여 개국 중에서 조선이 유일하다.

고려가 사행 길이 험난해 사신들의 생명을 담보로 해야 하는 조공사절을 왜 1년에 여러 번 파견하려 하였을까? 이에 대해 조공은 중국의 선진 문물을 많이 받아들일 수 있는 기회이고, 또 고려와 조선이 약체 정권이어서 명과의 조공 관계가 대내외적인 권위를 유지하는데 정치적으로 도움이 되었기 때문이라고 한다. 하지만 1년 수회의 조공에 대해 중국의 문물 수입 및 정치적 목적으로 보는 지금까지의 통설적 견해는 보완될 필요가 있다. 물론 이러한 의도와 목적이 상당하였다는 점을 부인할 수 없겠지만, 또 다른 더 중요한 요인이 내재해 있는 사실을 간과해서는 안 된다.

조공은 조공을 받는 쪽보다 조공을 하는 쪽이 막대한 경제적 손해를 감수해야 한다. 조공으로 갖다 바치는 선물보다는 답례품이 거의 항상 적다. 또 조공 사신단은 지나치는 길목마다 중국 관원들에게 선물을 주어야 하였으므로 이로 인한 재정적 부담이 매우 커서 그 자체로는 하면 할수록 손해 보는 장사이다. 그렇다면 막대한 경제적 손실을 감수하면서까지 왜 조공을 여러 번 하려 들었을까?

조공 사신을 여러 번 파견하려 하였던 보다 중요한 이유는 이를 계기로 하여 조공무역에 따른 이득을 독차지하기 위해서였다. 특히 고려에 비해 조선의 경우는 조공 무역의 필요성이 더욱 절실하였다. 조선은 상업을 억압하고 조공에 수반된 공무역 외에 사무역을 일체 허용하지 않아, 이로 인한 경제 왜곡을 뚫어 주어야할 필요가 있어 조공무역의 숨통이 더욱 요청되었기 때문이다.

조공무역의 이익은 사신단의 구성을 결정하는 권력지배층에 돌아갔으므로 지배층이 무역 이익을 독점하기 위해 일반 민간 사무역을 철저히 금지하는 반면 조공 기회를 이용한 관영무역과 사무역을 더 늘리려 한 것이다. 즉 조공무역으로 얻는 이익의 대부분은 따라간 상인보다 이를 주선하고 통제하는 측에 더 많이 귀속되었기 때문이다. 그러므로 명에 대해 1년 3공을 끈질기게 요구한 근본 이유는 원나라와의 사신 왕래가 끊어지고 명나라와의 사신 왕래만이 유일한 교역 기회가 되자 3년 1공으로는 그동안 교역 이익을 향유해 온 권력지배층의 욕구를 채우기에 미흡하여 이를 타개해 나가기 위해서였던 것이다.

려·명 양국 간의 외교관계는 공민왕의 뒤를 이어 우왕(1364~1389)이 즉위하면서 다시 우여곡절을 겪게 된다. 당시 고려는 명과 북원에 양다리를 걸치는 등거리 외교정책을 쓸 수밖에 없는 처지였다. 북원은 우왕 3년 2월에 책봉사절을 보내 우왕을 즉위를 축하해 주었으나 명은 책봉을 요청하러간 최원을 구금하고 왕위 계승의 공인을 거부하였다.

이러한 상황에서 우왕이 즉위한 1374년 11월, 명 사신 임밀과 채빈이 압록강을 건너 명으로 돌아가는 길에 채빈이 살해되고 임밀이 납치되는 사건이 발생하였다. 호송관 김의가 채빈과 그 아들을 죽이고 임밀을 인질로 삼아 북원으로 도망쳐 버린 것이다. 이 사건을 빌미로 명이 고려를 압박하자 고려는 외교 마찰을 불식시키고, 또 우왕의 왕위 계승을 공인 받으려고 사신이 감금되는 굴욕을 참아가며 끈질기게 노력해 나갔다.

우왕은 명과의 계속된 대립을 해소하기 위해 우왕 4년 9월 명으로부터 공인을 못 받았음에도 불구하고 명의 홍무 연호를 사용하는 성의를 보였다.

그러나 명나라는 우왕 5년 3월, 국교를 재개하려면 매년 금 100근·은 1만량·양마 1,000필·세포 1만필을 바치고, 고려에서 억류하고 있는 요동 사람들을 모두 돌려보내라는 등 무리한 요구 조건을 내걸고 만약 이를 받아들이지 않으면 수천 척의 함대와 수십만의 군대를 동원해 고려를 치겠다고 위협하였다.

고려는 채빈 살해 사건에 대해 해명하고 외교적인 성의를 표시하기 위해 사신을 보내려 하였으나 요동에서 번번이 입국을 거절당하였다. 고려는 우왕 5년 10월부터 국교 교섭이 타결된 우왕 11년 7월까지 5년 9개월 동안 무려 18회에 걸쳐 사신을 일방적으로 파견하였는데, 요동에서 저지된 것이 8회, 구금 및 유배된 것이 4회 등 그야말로 참기 어려운 굴욕이 계속되었다.

하지만 고려는 명과의 외교를 재개하기 위해 어쩔 수 없이 명이 요구한 공물의 5년 치에 해당하는 금 5백 근·은 5만 냥·포 5만 필·말 5천 필을 보냈다. 명은 5년 치의 공물을 바치라는 요구 조건을 고려가 다 들어주자, 우왕 11년(1385) 7월에 책봉사신을 보내 주었다.

결과적으로 명의 주원장은 사신 살해 사건과 우왕의 책봉 승인을 미끼로 하여 굴복을 강요하는 외교 술책을 구사하였고, 결국 5년 치의 막대한 공물을 수탈하여 실속을 챙겼다. 반면 고려는 공민왕이 죽은 후 국정 혼란을 겪으며 원·명 교체기를 효과적으로 이용하지 못해 큰 손해를 입었다.

4. 요동의 폐쇄와 민간 사무역 규제

공민왕이 갑자기 시해 당해 죽자 고려 정국은 큰 혼란에 빠졌다. 공민왕은 시해될 당시 45세의 장년이었다. 때문에 죽지 않았더라면 상당기간 더 재위하여 원·명 교체기의 난국을 효과적으로 대처해 나갈 수 있었을 것이다.

『고려사』는 임금이 아끼는 신하 홍륜과 환관 최만생 등이 공모하여 공민왕을 시해하였다고 기록하고 있다. 그러나 왕을 시해하는 엄청난 일을 이 두 사람이 주동해서 저질렀을 것 같지는 않다.

공민왕이 죽자 후사 문제로 정국은 혼란에 휩싸였다. 뒤를 이을 왕을 누구로 옹립할 것인가를 두고 강녕대군 우를 세우자는 이인임파, 다른 종실에서 맞이하려는 경복흥파, 북원의 독타불화를 영입하려는 반공민왕파가 서로 대립하였다. 결국 이인임파가 승리하여 우왕이 즉위하였다. 당시 우왕은 불과 나이 10세 밖에 안 된 어린 아이였다.

하지만 공민왕의 시해 사건은 독타불화를 옹립하려는 친원파와 연관이 있었을 가능성이 없지 않다. 공민왕이 시해되기 3일 전이다. 이름 없는 떠돌이 몽고 중과 강순룡·우제 등이 구속된 사건이 일어났다.

당시 몽고 중이 강순룡에게 '북원이 심왕의 손자를 고려왕으로 세운다.'라고 말하였다는 소문이 시중에 떠돌았다. 공민왕이 이 소문을 듣고

공민왕릉

이들을 옥에 가두고 심문하였다. 그러니까 몽고 중은 어떤 다른 사람을 지목하고 그에게서 들었다고 하였다. 따라서 또 그 사람을 잡아다 심문하니, '전에 찬성사 우제의 집종이 북원에 가서 행상을 다녔을 때 들은 것이다'라고 말하였다. 이에 우제의 종을 잡으려 하였으나 잡지 못해 주인 우제를 투옥한 이 사건은 공민왕이 시해되자 사건 조사가 흐지부지해져서 그 실상이 명료하게 드러나지 않았다. 하지만 독타불화가 심왕의 손자이므로 독타불화를 옹립하려고 획책한 것은 사실인 듯하다. 따라서 이들 독타불화의 세력이 홍륜·최만생 등과 공모하여 공민왕을 시해한 것으로 볼 수 있다.

공민왕은 즉위하자 반원정책을 밀고 나가기 위해 원나라의 때가 묻지 않는 새로운 관료를 양성하려 하였다. 이에 과거를 합격한 정도전·조준·정몽주 등 유학자들을 발탁하여 요직에 임명하고 키워 나갔다. 이들 사대부들은 친명파로 결집하여 권문세족으로 형성된 친원파와 대립각을 세웠다.

우왕의 정통성과 정치적 취약성은 1385년 9월 명이 우왕을 인정하고 고려왕으로 책봉해 줌으로써 일단 극복되었다. 하지만 이것은 11년이란 긴 세월 동안의 굴욕을 감수한 결과였고, 금 5백 근명의 요동 폐쇄에 대응하여은 5만 냥·세포 5만 필·말 5천 필 등 5년 치의 막대한 공물을 한꺼번에 갖다 바친 대가였다.

우왕은 10세에 즉위하여 명의 외교적 공인을 받으려 하였으나 10여 년이 넘게 시달림을 당하고 성인이 되었을 때 비로소 책봉을 받았다. 명과의 외교적 분쟁이 우왕의 인격 형성과 정치적 성향에 영향을 주지 않았다고 말할 수 있을까? 우왕이 요동정벌 계획을 세우고 추진한 것은 끊임없이 자신을 괴롭힌 명에 대한 한 맺힌 원한을 갚으려는 당연한 선택일 수 있다. 또 요동을 다니며 교역하던 상인들과 그 지지 세력들이 우왕에게 지속적으로 요동을 차지하자며 요동 정벌을 부추기었을 것이다.

명은 국교가 재개된 지 불과 1년 남짓 지나서 무리한 요구를 또 해 왔다. 말 5천 필을 비단과 면포를 주고 사겠다고 하였다. 비록 공짜로 갖다 바치라는 것은 아니지만 고려로서는 지난번에 이미 세공으로 바친 말이 5,233필이나 되었기 때문에 말 사육 상황으로 보아 한꺼번에 5천 필을 추가로 더 뽑아내는 것은 어려운 일이었다.

고려는 불가피하여 말 5천 필을 1천 마리씩 다섯 번에 걸쳐 요동에 보냈다. 다섯 번째는 전자에 품질이 좋지 않다고 퇴짜를 맞은 말 대신에 교환해 줄 말을 함께 보내는 등 최대한 성의를 다하였다. 그러나 명은 말의 품질이 나쁘다며 사신으로 간 장자온을 감옥에 투옥해 버렸다.

또 말 5천 필을 요동에 보내는 도중임에도 불구하고 일방적으로 요동을 폐쇄하여 사신으로 떠난 장자평·이구·정몽주·조림 등이 차례차례 요동 문턱에서 입국을 거절당하고 되돌아 왔다. 고려는 무리한 요구를 들어주고도 사신이 입국조차 퇴짜당하고 심지어 감금되는 수모를 겪었다.

요동이 폐쇄되었다고 해서 상인들의 민간 사무역까지 중단된 것은 아니었다. 명은 고려의 공식 사절들의 입국을 막았을 뿐 고려 상인들의 장사길 통행을 차단하지는 않았다.

명은 고려와 국교가 재개되자 고려 상인의 무역 행위를 규제하겠다고 나섰다. 1386년 7월 명에 사신으로 갔다가 귀국한 정몽주는 민간 무역을 규제하겠다는 주원장의 교서를 받아 왔다. 이것은 주원장이 해금정책을 취하여 민간의 해상 무역을 금지시킨데 이어 육상의 민간 사무역도 규제하려는 것이었다. 당시 주원장의 해금조치로 제주에 말을 사려 왕래하던 명나라 상인들이 발이 묶였다.

려·명 양국 간에 외교 분쟁 중임에도 불구하고 고려 상인들은 요양·산동·금성·태창 등 연안지역뿐 아니라 내륙의 섬서·사천 지방까지 장사하러 다녔다. 고려 상인들이 중국 내륙으로 자유롭게 교역하러 다닌 것은 원나라 때부터 내려온 오랜 관행으로 명 건국 이후에도 왕래가 지속되었다. 즉 고려 상인들은 원나라 때 마음 놓고 중국 내륙으로 진출하였고 곳곳에 교역기반을 단단히 닦아 놓았던 것이다.

려·명 양국 간에 외교가 다시 열리자 명은 공식적으로 고려 상인들이 압록강을 건너와서 교역할 것을 요청하였다. 이에 대응하여 고려는 명 상인들이 의주에 유숙하면서 교역하는 것을 허락하였다. 그러나 금·은과 소·말의 교역은 금지하였다.

당시 명나라는 명 상인들의 해외 출국을 철저히 규제하면서도 고려 상인들의 중국 입국은 규제하지 않고 묵인하였다.

5. 최영의 한, 잃어버린 요동 상권

고려 말에 요동을 비롯한 만주 일대는 사실상 고려의 영향권 내에 있었다. 이는 원 간섭기 동안 고려 상인들이 통상의 터전을 닦은 결과이기도 하다. 원 간섭기 고려 상인이 진출한 범위는 요동을 거점을 하여 중국 연안과 내륙을 아우르는 광활한 영역이었다. 그러므로 명의 요동 폐쇄는 고려 상인의 입장에서 볼 때 그야말로 무역 시장을 송두리 채 잃는 충격적인 일이었다.

명은 고려에 중국과 통상할 상인을 선발하고 증빙서를 교부해 주라고 요구하며 증빙서를 가진 상인만 입국시키겠다고 하였다. 하지만 당시 고려는 명의 요청대로 상인을 선발하고 증빙서를 교부해 줄 수 있을 정도의 안정적인 정치 상황이 아니어서, 다만 상인들의 요동 출입을 묵인할 뿐이었다. 명나라도 증빙서를 따지지 않고 고려 상인의 출입을 묵인하였다.

고려 상인들은 고려·명 간에 국교를 재개된 이후에도 요동 폐쇄가 되풀이되는 상황을 주시하며 대단히 우려하였다. 특히 명에서 요동에 군인을 대규모로 주둔시킬 채비로 둔전우를 5,700마리나 구입하고, 고려를 정탐하기 위해 밀정을 보내는 것을 지켜보면서 요동 상권을 영원히 잃어버릴 수 있다는 위기의식을 가지게 되었다.

한편 우왕 즉위 후 끝없이 굴종을 강요하는 명나라에 대한 반감이 증폭되어 갔다. 명의 입맛대로 통행이 폐쇄되는 요동, 사신들의 투옥과 귀양 그리고 과다한 공물 강요로 점철된 굴욕뿐인 친명파의 외교노선에 불만을 가진 자들이 늘어났다. 과연 이럴 수 있는 일인가 하는 회의와 자각이 일어났다. 이들은 친원파·친명파의 구분을 떠나서 오직 고려의 존립과 미래를 걱정하는 사람들로서 그 중심인물은 최영이었다.

요동을 생업의 터전으로 여기고 있던 상인들은 요동을 차지하여야 한다는 여론을 일으켰고 최영의 요동정벌계획을 적극 지지하고 후원하는 일은 자연스런 추세였다. 그리하여 이제 최영은 고려 상인과 요동 상권을 지켜줄 유일한 희망이 되었다.

고려는 1388년(우왕14) 정월에 정권 교체가 있었다. 정몽주가 요동까지 갔다가 입국을 거절당하고 귀국한 직후였다. 최영이 문하시중이 되어 정권을 잡았고 이성계도 수문하시중이 되었다. 정권 교체에 이성계 일파가 큰 몫을 담당하였던 것이다.

최영 정권이 이제 막 1개월 남짓 지났을 무렵인 1388년 2월, 설장수가 명에서 돌아와 주원장의 교시를 구두로 전하였다. 이것은 주원장이 고려가 보낸 말이 작고 약하다며 트집을 잡고, 또 철령 이북의 땅이 원나라에 속하였던 땅이라며 내놓으라는 억지였다.

그러나 이로부터 불과 1개월이 지나지 않아 서북면 도안무사 최원지가 명이 요동에서부터 철령위까지 70개의 병참을 만들려고 한다는 긴급 보고를 하였다. 그리고 뒤이어 명이 왕득명을 고려에 파견하여 철령위 설치를 공식 통고해 왔다.

우왕은 최원지의 보고를 받고 '여러 신하들이 나의 요동 진공계획을 듣지 않더니 이렇게 만들고 말았구나' 하고 눈물을 흘리며 울었다. 철령위 설치를 통보하기 위해 왕득명이 왔을 때에는 병을 핑계하며 영접하러 나가지 않았다. 이와 같이 우왕은 신하들이 자신의 요동 진공계획을 지지하지 않았다고 한탄하였다. 즉 우왕은 그 시점은 언제인지 알 수 없으나 요동으로 진출할 계획을 신하들에게 공개적으로 이미 거론한 것이 확실하다.

오늘날 요동정벌은 친명파와 이성계를 궁지로 내몰아 제거하려고 우왕이 최영과 짜고 비밀리에 추진되었다는 주장이 있는바 이는 사실과 다르다. 요동을 차지하려는 계획은 우왕이 직접 신하들에게 공개적으로 설명한 국가 중대사였다.

한편 최영은 철령위 문제를 놓고 백관들이 참석하는 회의를 두 번 개최하였다. 처음은 명이 철령위까지 병참을 설치하려하므로 차라리 고려가 요동으로 쳐들어가 명의 정료위를 선제공격할 것인가 또는 화의를 청할 것인가를 의논하는 회의였다. 회의 결과 화의 쪽으로 결정되자, 박의중을 명에 파견하여 철령 이북의 땅은 고려 영토이므로 철령위 설치를 철회해 줄 것을 요청하였지만 명은 받아들이지 않았다.

다음은 최원지의 보고에 대한 대책 회의로 철령 이북을 명나라에 떼어줄 것인가의 여부를 논의하였다. 백관들은 모두 떼어 줄 수 없다고 반대하였다.

최영은 국정의 최고 책임자였다. 백관들의 회의에서 철령 이북을 명에 떼어 줄 수 없다는 결론이 나자 이제 최후의 결단을 내려야하였다. 그의 나이 73세였다. 철령 이북을 명에 넘겨줄 것인가? 아니면 요동을 정벌하여 고려의 의지를 확고히 천명할 것인가?

최영은 이성계 일파가 여름철 군사 행동은 어렵다는 등 '4불가론'을 들어 반대하였지만 요동정벌을 강행해 나갔다. 요동정벌에 나선 고려의 총 군세는 좌우군 38,830명에 보급군이 11,634명으로 총 50,464명이었다. 말은 21,682필이었고, 주력은 기마부대였다.

최영은 우왕과 함께 서경에 머물면서 지휘를 총괄하고, 조민수를 좌군도통사 이성계를 우군도통사로 삼아 요동을 향해 진격시켰다. 그러나 이성계는 압록강 하류에 있는 섬 위화도에 들어가서는 눈앞에 있는 요동으로 건너가지 않고 차일피일 시일을 끌다가 조민수를 포섭한 뒤 회군하여 쿠데타를 일으켰다.

　최영은 비록 여름철의 군사 행동이 어렵고 부담스럽기는 하지만 그것은 상대방도 마찬가지일 것이다. 그리고 여름이 오기 전 5월에 요동을 선공해서 점령한 뒤 겨울이 오기까지 그 곳에서 시간을 벌면서 요동의 고려인들과 여진인·거란인 등을 규합하여 군세를 더 강화하면 명나라 군과 충분히 대적할 수 있다고 믿었다.

　최영은 명과의 결전은 겨울철에 요동에서 전개하되 상황에 따라 그 곳에서 협상을 하면 된다고 생각하였을 수 있다. 즉 993년 거란의 소손녕이 80만 대군으로 쳐들어 왔을 때 '한 번 싸워보고 협상해도 늦지 않다'고 강력히 주장하고 싸움에 나선 서희와 유사하게 생각하였을 수 있는 것이다.

　이에 대해 최영이 망한 원나라의 잔존 세력인 유명무실한 북원과 군사 협력을 약속하고 요동으로 진군하려한 것은 생각이 치밀하지 못하다고 평하기도 한다. 하지만 북원과의 군사 협력은 성공 여부를 장담할 수 없다고 치더라도 배후의 안정을 위해 당연히 필요한 조치이다.

　또 당시 요동에는 고려인·여진인·말갈인 등이 주류를 이루고 있었고 무역을 위해 고려와 왕래하는 사람들도 많았다. 따라서 요동과 심양을 일단 점령하면 그 곳에서 겨울철이 오기까지 군수품을 장만하고 군사를 모병하거나 징발하여 명의 공격에 충분히 대비할 수 있는 상황이었다.

　『요동지』에 의하면 14세기 중엽에 동녕위에 소속된 고려인이 3만 여 명이나 되었고, 조선시대에 들어와서도 15세기 초 중엽까지 요동군사 중에 고려인이 많았다. 1560년대까지도 요동 인구의 10분의 3은 고려인들이어서 서쪽 요양으로부터 동쪽 개주(개원), 남쪽의 해주(해성)와 개주(개평) 등지에 고려인들의 부락이 서로 잇닿아 있는 형편이었다. 이와 같이 당시 요동은 친 고려 분위기였고 고려가 군사행동을 하기에 매우 유리한 조건을 갖추고 있었다.

최영의 요동정벌계획은 치밀하고 원대하였지만 결국 이성계의 위화도 회군으로 좌절되고 고려의 북진정책은 막을 내렸다. 최영에게 희망을 걸었던 고려 상인들의 꿈은 여지없이 꺾이고 무너졌다. 오랜 기간 동안 고려 상인의 무역의 터전이었고 상권이었던 요동은 그렇게 멀어져 갔다.

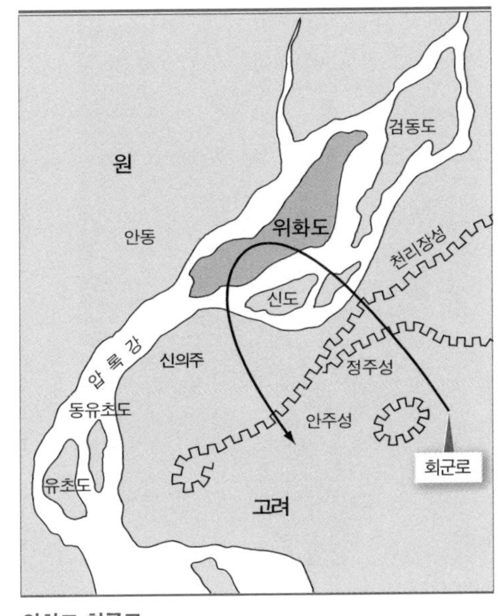

위화도 회군로

1388년 12월, 최영이 처형당하던 날 개경상인들은 시장의 가게 문을 모두 닫았다. 개경과 시골 방방곳곳, 남녀노소를 불문하고 최영의 처형 소식을 듣고 눈물을 흘리고 울었다. 특히 최영을 열렬히 지지하였던 개경상인들의 슬픔은 더 컸다. 그들은 그 동안 닦아온 요동 상권을 영구히 차지하려는 꿈을 최영을 통해 키워왔지만 이성계의 쿠데타로 좌절되고 말았다.

뿐만 아니라 이성계 일파는 개혁이라는 미명 아래 국경을 차단하고 무역상을 처형함으로써 고려와 요동을 이어주던 교역의 연줄마저 끊어버렸다.

훗날 조선 개국 후 억압과 차별 그리고 천대 속에서 다시금 일어선 고려 상인의 후예 개성상인은 최영을 재신으로 모시고 추모하며 해마다 제사를 지냈다. 이는 한양의 육의전 상인들이 중국의 관운장을 재신으로 모신 것에 비해 개성상인들의 주체 의식을 확연히 느낄 수 있게 한다.

최영 영정

개성상인들이 최영을 재신으로 추앙하고 재사를 올리는 것은, 최영의 요동정벌을 고려 상인들이 열렬히 지지하였던 역사적 사실로부터 연유한다.

지금까지 최영 사당은 대개 무당들이 모여 한풀이 굿이나 내림굿을 하는 곳으로 알려져 있다. 물론 최영의 한 맺힌 영혼을 달래는 한풀이 굿이지만, 이제 최영의 영혼에는 요동을 잃은 고려 상인의 한도 묻혀 있다는 쪽으로 이해의 폭을 넓혀야 한다.

6. 상인의 죽음과 고려 멸망

이성계의 위화도 회군으로 고려는 서서히 멸망의 길로 빠져들게 된다. 상인의 나라 고려가 역사 속으로 저물어 가는 것이다. 이성계 일파는 고려를 멸망으로 몰고 가며 상인을 가혹하게 탄압하였다. 이성계 일파는 왜 유독 상인을 그토록 억압하였을까?

고려의 멸망에 대해서는 아직까지 여러 가지 논의들이 분분하다. 먼저 고려의 멸망은 성리학의 소양으로 다듬어진 중소지주 계층인 이른바 신흥 사대부세력이 광대한 농장과 노비를 소유하고 정치적으로 우위에 있는 권문세족을 제거하였다는 추론이 있다.

다음 고려의 멸망은 조선은 권문세가와 사대부의 정쟁으로 인해 성립된 것이 아니고 문신과 무신의 대결로 인해 파생된 결과라는 것이다. 즉 공민왕 때부터 과거시험에 합격하여 관계에 진출한 정몽주·정도전·조준 등 문신들은 정권을 장악한 무신들에게 강한 불만을 표출하고 명나라를 등에 업고 정권을 빼앗으려 애를 썼다. 하지만 집권 무신들과의 정면 대결은 역부족이었기 때문에, 강력한 군사력을 가진 이성계와 결탁하여 집권 무신들을 제거하려 하였고, 이성계 역시 지방 출신으로 실력은 있지만 정치적으로 따돌림을 당하는 처지여서 정몽주·정도전 등과의 결탁을 환영하였다고 한다. 또 이성계와 이들 문신들의 결합으로 그들의 권력기반이 강화되자, 이에 불안을 느낀 우왕과 최영이 그들을 효과적으로 제거하기 위해 요동정벌을 계획하였다는 것이다.

그러므로 위의 논지에 따르면 위화도 회군은 이성계 측으로서는 권력을 잡기 위한 목숨을 건 거사이고, 그들이 우왕과 최영을 제거하였을 때 사실상 고려왕조는 막을 내린 것이다. 결국 정치 주도권을 쥔 무신들에게 불만을 품은 문신들이 신흥 무신 세력인 이성계와 결탁하여 고려왕조를 멸망으로 이끌었다는 것이다.

이상의 견해들은 모두 개연성을 가진 추론임이 분명하다. 하지만 우왕과 최영의 요동정벌이 이성계를 제거하고 그와 연합한 문신들에게 타격을 주기 위한 정치적 술수였다는 설명은 도저히 생각할 수 없는 이상한 설명이다. 요동정벌은 고려가 국가의 존망을 걸고 국력을 기울여 정예군 5만을 출병시킨 대역사이다. 일개 무장인 이성계를 타도하고 그 일파에 타격을 주려고 전국에 동원령을 내리고 국운을 걸어 명과 대적한다는 말인가? 세상에 이런 역사는 없다. 그러기에 우리 역사에도 이런 일은 있을 수 없다.

우왕과 최영은 원·명 교체기에 텅 비어 있는 요동을 점령하고 이를 영구히 차지해 보려는 원대한 꿈을 가졌었다. 그들은 계획하고 준비하며 때를 기다렸고 드디어 출전하였다. 하지만 굳게 믿었던 수하 이성계의 반란으로 좌절한 것일 뿐이다. 따라서 조선의 개국과 관련한 지금까지의 권문세족과 신흥사대부의 권력 투쟁, 문신과 무신 간의 정치적 대립이라는 견해는 보완되어야 한다.

위화도 회군의 쿠데타는 직설적으로 말하면 요동을 포기하자는 이성계 세력이 요동을 차지하자는 최영 세력을 깨부순 것이 된다. 즉 요동을 굳이 피 흘리며 차지할 필요가 없다는 비상업세력이 요동은 상업의 터전이므로 절대로 포기하면 안 된다는 상업세력을 타도한 것이다. 따라서 최영과 이성계의 싸움을 상업우호세력과 상업천시세력 간의 갈등과 투쟁으로 생각해 보면 역사의 현장에 보다 더 근접한 또 다른 실상을 볼 수 있다.

조선 개국을 주도한 이성계 일파 사대부들은 상업세력의 힘을 빼고 와해시키기 위해 여러 가지 조치를 강구한다.『고려사』에는 위화도 회군 이후 이성계 세력이 상인을 가혹하게 처벌하고 탄압한 기록이 생생하게 실려 있다.

이성계 일파는 쿠데타에 성공하자 우왕을 폐위시키고 우왕의 아들을 창왕으로 옹립하였다. 창왕은 당시 9살짜리 어린아이였다. 이성계 일파는 창왕이 즉위하자 서둘러서 의주 출신 장사길을 밀직부사로 특별히 발탁하였다. 왜 그토록 시급하게 조치하였을까? 왜 역사에 기록해 둘만큼 서둘러 장사길을 발탁하였을까?

장사길을 일약 국왕 비서실의 요직으로 발탁한 것은 의주 지역의 민심을 추스르기 위해서였다. 당시 의주와 압록강 주변의 사람들은 기대하던 요동정벌이 하루아침에 꿈처럼 무산되자 크게 동요하였다. 위화도 회군에 대한 이들의 반발과 불만이 팽배하였고, 특히 요동을 차지할 꿈과 희망을 불태웠던 의주 상인들의 실망과 반발이 매우 심각한 지경이었다. 따라서 이를 선무하기 위해 이 지역에 영향력을 가진 장사길을 높은 자리에 등용하고 민심을 추스리려고 한 것이다.

이성계 일파는 쿠데타 동지 조민수를 토지개혁을 반대한다는 명분으로 숙청하였다. 조민수가 새 왕조 개창에 은연중 반대하므로 정적으로 몰아 처형한 것이다. 또 창왕을 신돈의 핏줄이라는 누명을 씌워 폐위시키고 공양왕을 옹립하였다. 이로서 그들은 권력을 완전히 장악하였다. 정국을 꺼릴 것 없이 마음대로 주물릴 수 있게 되었다.

한편 이성계 일파는 권문세족이 힘을 잃고 붕괴되자 상인 세력을 본격적으로 제거하기 시작하였다. 그들은 상인들이 최영의 요동정벌을 지지하고 위화도 회군을 비판하므로 권문세족과 함께 처단해야 할 대상으로 보았다. 또 그들은 상업을 말업으로 천시하는 성리학의 사상에 따라 새 왕조 개창 전에 상인 세력의 뿌리를 뽑아야 한다고 생각하였다.

상인에 대한 본격적인 탄압은 1390년 4월 개경 거주 상인들을 모두 관청에 등록하도록 조치하는 데서부터 시작되었다. 개경 시전 상인과 그에 붙어사는 사람들을 모두 등록하게 하고 만약 숨기고 등록하지 않으면 주인과 함께 처벌하도록 하였다. 이것은 시전 상인과 종업원을 원천적으로 감시하고 통제 가능하게 함으로써 손아귀에 완전히 쥐려고 한 것이다.

하지만 상인들의 저항이 만만치 않자 이를 침묵시킬 단호하고 가혹한 조치를 강구하였다. 이에 안로생이 전면에 나섰다. 1391년 5월, 고려가 멸망하기 1년 2개월 전이다. 서북면 무역 단속관으로 임명된 안로생이 압록강 유역에서 중국과 통상하는 상인들을 전격적으로 체포하였다. 그리고 무역상 우두머리 10여 명을 재판도 없이 현장에서 무참하게 처형시켰다. 나머지 상인들은 모두 수군에 편입시켜 버렸다. 또 상인들의 물품을 몰수하였다.

이 소식이 개경에 전해지자 개경 시가지는 공포분위기에 휩싸였고 상인들은 무서워 몸을 움츠렸다.

안로생은 불법 무역을 감시하고 단속하는데 노하우를 가진 전문가였다. 그는 무역상 우두머리를 처형한 지 불과 4개월 뒤 세자 석이 신년 축하 사절로 명에 갈 때 사신 일행의 상행위를 감찰하는 서장관이 되었다. 당시 권력을 장악한 이성계 일파는 세자의 사신단에 상인의 동행을 미리 막으려 하였으나 막지 못하자, 안로생을 상행위를 감찰하는 서장관에 임명하고 이들을 감시하도록 조치한 것이다.

하지만 이에 앞서 상인의 사절단 동행을 막기 위해 간관 허응이 '김인용 등 장사꾼을 북평에 보내어 양을 사들이는 것은 절약과 검소를 숭상하는 일이 아닙니다' '세자의 수행단에 장사꾼들이 뒤따르면 중국측이 세자가 장사 길을 트러 온다고 인정할까 두려우니 이번에는 꼭 김인용 등을 딸려 보내지 말기 바랍니다.'라고 상소를 올린 적이 있음을 상기해야 한다. 즉 이성계 일파는 왕실에 딸린 전문 어용상인의 무역 활동까지도 완전히 차단하려 한 것이다.

이성계 일파는 상인들의 경제력에 결정적인 타격을 가하기 위해 상인들이 부리는 말을 빼앗으려 획책하였다. 개경 시전 상인들로부터의 말을 빼앗는 짓은 말 1만 필을 사겠다는 명나라의 요청이 빌미가 되었다.

명의 말 1만 필 구매 요청이 있은 1개월 뒤 허응이 공양왕에게 개경 상인과 지방 상인들이 소유하고 있는 말을 모조리 징발하여 명에 팔아 버리자며 상소를 올렸다. 허응은 외국 상품을 사다가 돈벌이하는 사람들이 너무 많아서 문제이고, 또 중국 상인들도 비밀리에 왕래하는 자가 많다고 하며, 무역을 목적으로 하는 중국 왕래를 법으로 금지시키자고 주장하였다. 만약 몰래 내왕하다가 적발되면 재물을 몰수하고 고발한 자에게 상으로 주

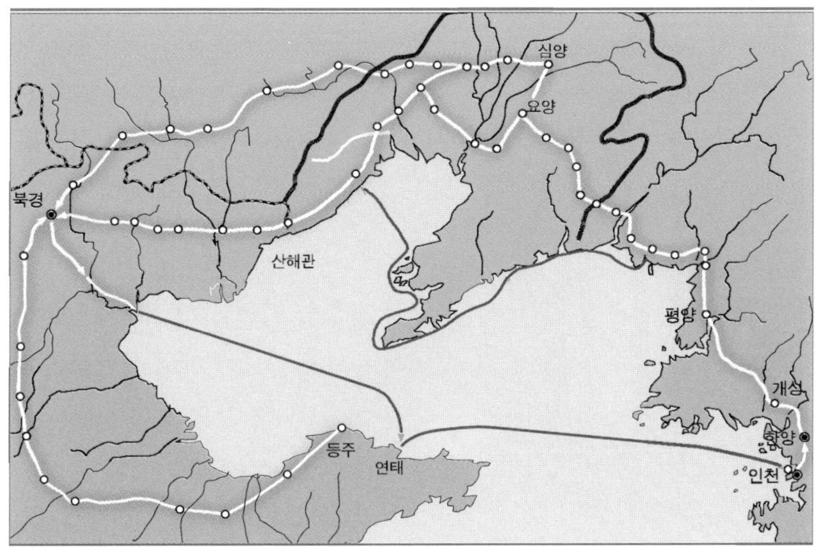

조선 조공도

자고 하였다.

　허웅의 상소는 상인을 탄압하는 정도가 아니라 상인의 영업기반을 아예 말살해 버리자는 의도를 노골적으로 드러낸 것이다.

　그런데 당시 개성부에 적을 둔 말을 소유한 상인이 얼마나 되는지에 대해서 학자들 간에 차이를 보인다. 기존의 통설적인 견해는 개성부에 적을 둔 말이 500여 마리로, 즉 상인들이 말을 500마리 소유하고 있다는 뜻으로 보았다. 이것은 허웅의 상소문에 적힌 '상판지마상적어개성부자근오백(商販之馬嘗籍扵開城府者近伍百)'이란 문구를 개성부에 적을 둔 말 500마리로 해석하기 때문이다. 너무나 자구에 얽매인 융통성 없는 해석이다. 그래서 이와 같은 해석은 수정해야 마땅하다. 왜냐하면 오늘날에도 혈통 있는 종마 같은 경우 외는 일반적으로 말 소유자를 등록하지 개개의 말을 등록하지 않는다. 따라서 이 문구는 말 소유자와 말을 소유한 상단이 500에 달

고려 말기 상인

한다는 뜻으로 보는 것이 타당하다. 즉 등록된 말 소유자와 상단은 말을 한 마리 가질 수도 있고 수십 마리를 가질 수도 있는 것이다.

뿐만 아니라 고려 말 개성 인구를 조선 초 한양 인구인 10만여 명으로 추정해도 도시 규모에 비해 상인들이 소유한 말이 500여 필 밖에 안 된다는 것은 현실감이 너무나 떨어진다.

1603년에 비변사에서 개성에서는 짧은 시간 내에 상인중에서 말을 가진 젊은 장정 500~600명을 모집할 수 있다고 하면서 이들을 속오군에 편입시키자고 주장한 바 있다.(『선조실록』권 167) 이 당시 개성 인구는 3만 내외였는데도 불구하고 말을 가진 상인 장정 500~600명을 언제든지 긴급히 소집할 수 있었다.

또 고려 말에 상인들이 5~10명씩 무리를 지어 날마다 요동을 통해 중국으로 나가고 있다는 방사량의 상소와(『고려사』권85, 지39, 형법2, 금령) 상인들이 4~5인씩 상단을 꾸려 10여 마리 말을 끌고 중국에 장사하러 다녔다는 『노걸대』의 기사는 개경에 중소 상인들의 무리가 대단히 많았던 사실을 증명한다. 그리고 방사량은 개성부의 상인들로부터 말을 모조리 징발하고 그 외의 상인들에게도 말을 내라고 하면 명나라가 요구하는 말 1만 마리를 충당할 수 있다고 밝혔다. 즉 당시 전국의 상인들로부터 말 1만 마리 징발은 수월한 일이었던 것이다.

개성부에 적을 둔 말이 500여 마리가 아닌 것은 허웅의 상소가 있은 1

개월 뒤 1,500마리의 잡색 말을 명나라에 바치는 것에 의해서 명백히 드러난다. 『고려사』의 기록에 의하면 고려는 이 잡색 말을 명에 보내면서 짐 싣는 말이어서 힘이 좋다는 등 구구한 변명을 늘어 놓았다. 심지어 말 값을 받지 않겠다고 하였다. 여기서 짐 싣는 말이어서 힘이 좋다는 것은 바로 힘든 노역에 사역된 상업용 말을 뜻하고, 특히 말 값을 받지 않겠다고 하는 것은 상인들에게 보상을 주지 않고 강제 징발하였기 때문일 것이다. 또 허옹은 지방에서도 말을 마련하는 중이라고 하였는데, 이는 지방 상인들의 말은 아직 징발하지 않았다는 것이다. 그러므로 잡색 말 1,500마리는 개경 상인에게서 긴급히 징발한 것이 명백하다.

이와 같이 상인 탄압에 나선 이성계 일파는 명의 말 1만 필 구입 요청을 빌미로 하여 개경 상인들로부터 말 1,500여 마리를 징발하고, 또 이것으로 명에 어느 정도 성의를 보이는 이중의 효과를 노렸고 성공한 것이다. 이후 상인들로부터 말을 추가로 징발하였는지는 기록이 없어 알 수 없지만 여러 가지 정황으로 보아 추가 징발하였을 개연성이 높다.

안로생이 압록강에서 무역상 우두머리를 처형한 시기는 허옹이 상인들로부터 말을 징발하자는 상소를 올린 날과 말 1,500마리를 징발한 날 사이에 있었다. 즉 허옹의 상소가 있은 지 11일 후에 무역상이 처형당하였고, 또 그 뒤 10일 후에 말 1,500필이 징발되었다. 그러므로 허옹의 상소, 무역상의 처형, 말 징발이 10여 일의 시차를 두고 일관성 있게 조치된 것이다. 과연 이 일련의 사건 발생을 대수롭지 않는 우연한 일로 치부해 버릴 수 있을까? 이 일련의 사건을 통해 상업 세력의 제거와 상인에 대한 탄압이 치밀한 계획 아래 주도면밀하게 추진되었음을 분명히 확인할 수 있지 않는가?

이성계 일파의 상업 세력에 대한 탄압은 왕실의 상행위와 사행 무역에도 가해졌다. 사행 무역은 고려의 오래된 관행이었다. 사행 길은 무역으로 한

몫 잡는 기회로 활용되었고, 그렇지 않는 경우를 이상하게 여길 정도였다.

1183년 8월 금나라에 가는 사신들이 사사로이 휴대해 가는 물품의 한도를 정하자는 논의가 장군들의 반대로 무산된 적이 있다. 당시 수행원 및 수행 군인으로 선발되기 위해서는 은 1근 이상의 뇌물을 바쳐야만 하였다. 이것은 고려시대에 사신단의 수행원을 누구로 하느냐는 사신들이 임의로 결정하였기 때문이었다. 따라서 상인들은 사신을 매수하거나 이들과 결탁하여 사행 무역에 쉽게 끼어들 수 있었다.

뿐만 아니라 사신들 스스로가 금·은 등을 가지고 가서 외국 물품을 대량 구입해 오는 것이 문제가 되기도 하였으며 사신들이 권세가의 청탁을 받고 무역을 대행하기도 하였다. 그러나 모든 사신들이 무역에 관여한 것은 아니다. 몽고에 사신 갔다가 돌아 올 때 단 한 가지 물품도 가져오지 않고 빈손으로 온 이순효 같은 청백리도 있었다.(『고려사』권102, 열전15, 이순효전)

원 간섭기는 사행 무역이 그리 활발한 편은 아니었다. 당시 고려와 원은 긴밀하게 연계되어 있어 국경 통과가 쉽고 무역에 따른 제한이 거의 없었으므로 상인들이 사행 무역에 따라갈 필요성이 크지 않았다. 다만 원 정부에서 조공품에 대해서는 관세를 면제하였기 때문에 관세 혜택을 얻기 위하여 사신에 동행하거나 조공품으로 속일 정도였다.

사행 무역은 명나라의 등장으로 인해 다시 그 중요성이 부각되었다. 명나라가 중국의 전통적인 조공무역체제를 표방하고 사무역을 금지하였기 때문이었다. 고려 상인들에게 원 간섭기의 자유무역과 같은 교역방식은 허용되지 않았고, 그나마 몰래하는 밀무역도 명이 국경을 자주 폐쇄함으로써 교역 환경은 점차 어려워져 갔다. 따라서 사행무역이 유일한 길이 되었고, 그 중요성이 커졌다.

사행 무역은 금·은·모시·인삼·약재 등 토산물을 가지고 가서 비단과 일상생활용품을 구입해 왔는데 안전하고 이익이 많이 남는 장사였다. 사절단은 권세가의 청탁에 못 이겨 교역 심부름을 맡는 경우가 허다하였고, 심지어 개인의 사적 물품이 공적 조공물의 10분의 9를 차지하기도 하였다.(『고려사』권112, 열전25, 박의중전)

사행 무역의 폐단은 1386년에 명에 사신으로 다녀온 안익의 탄식을 통해서 그 실상을 짐작할 수 있다. 안익은 '나는 평소에 명에 사신 보내는 것은 국가를 위한 것인 줄 알았더니 오늘 알고 보니 권세 있는 집의 돈벌이를 하여 주는 것이구나' 하며 눈물을 흘리며 한탄하였다.(『고려사』권136, 열전49) 당시 사절단의 수행원들뿐 아니라 사신으로 간 관리들도 귀국해서 대신들에게 뇌물을 바쳐야 하였기 때문에 따로 장사를 해야만 하였다. 즉 뇌물 액수에 따라 관직의 이동이 뒤따르기도 하였으므로 사신들은 부득불 뇌물로 바칠 돈을 벌기 위해 장사를 하지 않을 수 없었다.

이성계 일파에 의한 사행 무역의 본격적인 규제는 앞에서 살펴본 바와 같이 공양왕 3년 9월, 세자 석이 명나라를 방문하려할 때 구체적으로 가해졌다. 허응이 왕실의 어용상인 김인용을 중국 사신단에 포함시키지 말아야 한다는 상소를 올렸고, 무역상을 처형한 안로생을 세자의 사신단 일행에 포함시켜 무역 행위를 감시하고 감독하도록 조치하였다. 이성계 일파가 왕실 무역에까지 직접 시비를 걸고 통제하려 한 것이다.

허응의 상소는 어용상인 김인용의 활동을 묶고 세자의 사신단에 상인의 동행을 막아 왕실이 사행 무역을 통해 수익을 얻지 못하도록 방해할 목적이었다. 이것은 신왕조의 개창을 준비하던 이성계 일파가 상업 억제를 명분으로 삼아 왕실의 자금원을 차단하려는 치밀한 정치적 계산에 따라 허응으로 하여금 상소를 올리도록 한 것이다.

이러한 정치적 계산은 세자가 출국한지 3개월이 지난 뒤 한양 부윤 유원정을 헌부에서 탄핵하여 남원부로 귀양 보내는 데서 확연히 드러난다. 탄핵 사유가 명나라에 사신 갔을 때 장사를 하였다는 것이다.(『고려사』 권46, 세가) 이 탄핵은 다분히 계획적이고 의도적인 조치였다. 즉 세자를 명나라에 보내 놓은 상황에서 유원정을 탄핵함으로써 세자 일행이 만약 무역을 한다면 탄핵받을 수 있다는 엄포를 놓은 것이다.

이성계 일파는 새 왕조 조선의 시정 구호로 농본주의를 내걸었다. 농업을 본업으로 하여 중히 여기고 상업을 제일 아래인 말업으로 하여 천시하였다. 상인은 본업인 농업을 내팽개친 나쁜 사람으로 취급하였다. 이렇게 농본주의를 주창하고 상업을 억압한 것은 뒤집어 보면 고려가 상공업을 존중한 나라인 것을 확인시켜 준다.

이성계 일파가 상업 세력을 다각도로 탄압하자 상업 세력은 붕괴되고 힘을 잃을 수밖에 없었다. 그리하여 상인은 조선왕조의 건국에 기여할 계기를 갖지 못하였고, 오히려 건국 과정에서 철저히 따돌림 당하고 도외시되었다. 결국 고려는 상인의 죽음과 함께 멸망하였고, 조선은 상인이 배제된 가운데서 건국되었다.

3. 조선의 건국과 개성상인

이성계는 1392년 7월 17일, 개경의 수창궁에서 왕위에 올랐다. 조선의 개국에 대한 역사적 평가는 보는 관점에 따라서 견해를 달리하고 있다. 하지만 이성계 일파가 어떤 나라를 만들려고 하였는가? 특히 그들이 상업과 상인을 어떻게 생각하였는지. 또 그들이 역점을 두고 추진한 개혁이 상업에 어떠한 영향을 미쳤는가를 규명하는 것은 매우 중요하다.

고려의 왕궁이었던 만월대 터

1. 조선, 상업을 버리다

이성계 일파가 새 왕조의 건국을 준비하면서 가장 심혈을 기울인 것은 토지개혁과 노비제도 개혁이었다. 당시 고려는 왕실·권문세족·사찰 등 대지주들이 토지를 과도하게 소유하고 있어 정부는 만성적인 재정 적자에 시달렸다. 정부가 보유한 토지가 감소하여 과거에 급제하고 새로 관리가 된 사대부들에게 봉록으로 줄 토지가 부족한 실정이었다.

이런 상황에서 정도전·조준 등 이른바 이성계 일파 사대부들은 대지주가 가진 토지를 세습하여 물려주거나 사사로이 사고파는 행위를 근절하자고 하면서 토지개혁을 주장하였다. 하지만 이것은 결과적으로 대지주로부터 토지를 무상으로 빼앗아 이성계 일파에게 유리하게 새로이 분배하자는 것에 지나지 않았다. 또 이것은 농민에게 토지를 나누어 주거나 세금을 줄여주는 것이 아니어서 권세가의 눈치를 살펴야 하는 농민의 처지는 마찬가지였다.

노비제도의 개혁은 권세가의 노비로 전락한 양인노비를 가려내는 것과 세습노비의 정리에 집중되었다. 양인노비는 양인인 농민이 자신의 소유 농지를 가지고 권세가에 빌붙어 마치 세습노비처럼 예속되는 것을 말한다. 따라서 농민의 입장에서는 국가 대신 권세가에게 노역을 제공하는 것으로 국가의 부역이 과중할 때는 이를 피하는 유효한 수단이 되었다. 하지만 양인노비의 증가는 국가는 수입이 줄고 권세가는 부유해지는 결과를 초래하였다. 따라서 국가 재정의 확보를 위해서는 양인노비를 가려내어 국가에 세금을 내도록 조치해야 할 필요가 있었다.

그러나 이성계 일파가 대지주로부터 토지 몰수를 서둘렀기 때문에 세습화된 양인노비를 심사하여 가려내는 일에 차질이 생겼다. 토지를 몰수당한 자들이 양인노비 심사에 극심하게 반발한 것이다. 뿐만 아니라 이성계 일파 중에도 양인노비를 소유한 자가 많이 있어 지배층 내부에 심각한 갈등이 노정되고 정치적 불안이 일어났다. 결국 정국안정을 위해 양인노비 심사는 유보되고 말았다. 그러므로 조선은 노비제도의 개혁이 결말을 보지 못한 채 건국된 것이다.

하지만 이성계 일파의 이러한 개혁은 상업발전에 어떤 긍정적인 영향을 미치지 못하였다. 왜냐하면 토지 소유를 대지주체제에서 소농 및 중소지주체제로 바꾼 것은 토지를 널리 나누어 소유토록 한다는 분배 측면에서는 바람직 할 수 있지만, 시장경제가 발달하지 않은 중세사회에서 수출상품의 생산기반을 약화시키는 면이 있기 때문이다. 이를 구체적으로 밝혀줄 수 있는 자료가 없어 수출상품의 생산기반을 어느 정도 약화시켰는지는 알 수가 없다. 그러나 모시 같은 수출용 특화 작물재배는 대규모의 농장이 유리한데, 중소지주체제는 규모의 경제를 이루는데 한계가 있는 것은 분명하다.

　다음 노비제도의 개혁도 마찬가지로 세습노비를 줄인 것은 그만큼 양인을 확보하므로 상품시장과 화폐경제에 도움이 되나 세습노비제를 완전히 혁파하지 않아서 역사적 의미를 부여하기는 힘들다.

　따라서 이성계 일파의 노비제도의 개혁은 노비를 소유한 지배계층이 대지주 권문세족에서 중·소지주 사대부 계층으로 넓게 확장된 것일 뿐이다. 그러므로 소수 대지주가 다수의 노비를 소유하는 것에 비해 다수의 중·소지주가 소수의 노비를 소유하는 것이 상업발전에 효과적이라고 말할 수 없다.

　다시 말하면 노비를 대폭 해방시켜 양인이 되게 하거나 아예 노비제도를 혁파하여 품삯을 받고 일하는 고용체제로 바꾸는 등 노비제의 근원적인 개혁이 없는 한, 일부 세습노비를 양인으로 전환하는 조치로는 시장경제의 활성화를 기대할 수 없는 것이다.

　한편 위화도 회군 이후 이성계 일파의 사대부들은 성리학을 바탕으로 성리학적 정치 질서에 입각한 새로운 나라를 세우려 하였다. 그것은 곧 송나라의 정치체제를 원용하고 성리학의 경제논리를 수용하는 것이었다.

　성리학은 남송 시대에 성립한 새로운 유학 즉 신유학이다. 신유학에는 성리학과 양명학의 두 흐름이 있다. 이성계 일파의 사대부들이 받아들인 성리학은 농업을 위주로 한 지배와 피지배, 그리고 사농공상의 사회적 분업체계를 고수하려는 사상이다. 농업 위에 선 선비와 농경사회를 지배하는 사대부의 지위 확보를 목표로 하기 때문에 상공업은 부수적일 수밖에 없다. 즉 사대부는 지배자이고 농공상은 피지배자일 뿐인 지배질서를 공고히 하려는 것이다.

　이에 비해서 육상산에서 왕양명으로 이어진 양명학은 농경사회의 변화를 모색하였다. 농경사회를 존중하지 않는 것이 아니라 상공업을 농업에 병존시킴으로써 사회적 생산성을 높이려는 것이다. 당시 남송사회는 상공업이 농업과 병존하여 크게 성장하고 있었다. 그러므로 양명학은 당시 남송사회의 모습을 유학 사상의 뼈대로 재구성하여 짜 맞춘 것이라고 할 수 있다. 양명학은 선비가 오직 지배자여서는 안 되고, 지도자이기도 하고 일상생활의 실천적 참여자여야 함을 강조하였다. 또 선비가 상인이 될 수 있고 상인도 선비로 진출할 수 있는 사상의 토대를 제공해주었다.

반면에 조선 건국을 주도한 이성계 일파 사대부들은 오로지 성리학만 받아들이고 이에 매몰되어 이 땅에 중·소지주들이 지배하는 농업 국가를 세우려 하였다. 따라서 상인을 처형하고 재산을 빼앗는 등의 탄압은 정치적 반대세력을 축출하기 위한 방편일 뿐 아니라 상업에 대한 사상적인 거부감의 표출이었다. 그들은 이 땅에 상업문화를 몰아내고 농경문화의 세상을 만들려 하였고, 상업은 농경사회를 지탱하고 유지하는 데 필요한 최소한의 수준만을 허용하려 하였다.

이성계 일파 사대부들의 생각을 잘 드러낸 예로써 이성계의 최측근인 윤소종과 방사량의 상소를 들 수 있다. 윤소종은 과거시험에서 장원급제하여 공민왕이 총애하는 신하였다.

윤소종이 공민왕에게 상소를 올려, 상인에게 벼슬을 주지 말고 선비에게만 주어야 한다고 주장하였다. 즉 농·공·상은 대대로 농·공·상만을 직업으로 해야 하고 선비만이 지배자로 군림해야 하며 또 선비는 땀 흘리는 일은 하지 않고 책만 읽고 공부만 한다는 것이다. 이것이 당시 장원급제한 성리학을 신봉하는 선비의 생각이다.

다음 방사량은 1391년 3월에 공양왕에게 상소를 올렸다. 그 내용은 천민이나 양반이나 모두 외국 상품으로 사치를 일삼으니 이제 비단옷을 입지

말게 하고 사치를 금지하며 이
를 위해 무역을 근절시켜야 한
다는 주장이었다. 천한 사람이
사치하는 것은 두고 볼 수 없으
며, 신분상의 위계질서는 꼭 지
켜야 한다는 생각이다. 또 외국
과의 통상은 상인들이 돈을 벌
수 있고, 사치를 조장하므로 사
회 풍속을 바로 잡기 위해 이를
허용해서는 안 된다는 것이다.

이성계

사치를 배격하자는 방사량의 주장은 당시 성리학에 매몰된 사대부들
의 기본적인 가치관임을 유의해야 한다. 사대부들이 신봉한 성리학은 '수
기치인'의 학문이라고 할 수 있는데, 이는 윤리를 갖춘 다음 학문을 닦고 정
치를 한다는 의미로 도덕적 수양을 쌓은 후에 사람을 다스리라는 뜻이다.
따라서 윤리를 가다듬는 수양의 바탕에 극단적인 검소를 둔다면 궁극적으
로 사치가 일체 배격됨으로써 그들이 지배하는 사회는 사치수요를 기대할
수 없게 된다. 또 그 결과 세련된 사치성 상품생산과 사회적 초과생산은 생
겨날 수 없고 나아가 상업은 설자리를 잃게 되는 법이다.

조선 건국을 주도한 이성계와 신진 사대부들은 성리학에 기초한 도덕
국가를 이상으로 삼고 사치는 사회도덕을 훼손하는 암적 요소이므로 추방
해야 한다고 믿었다. 그들의 검소를 숭상하는 기풍은 너무나 강렬하였기
때문에 조선왕조 수백 년 동안 줄곧 남보다 더 검소해야 한다는 선명성 경
쟁으로 날을 새웠다.

사대부의 극단적인 검소 기풍은 조선 중·후기까지 변함이 없었다. 예

를 들면 고산 윤선도(1587~1671)는 나이 오십이 넘어서야 비로소 명주 바지와 모시 적삼을 입기 시작하였었다며 명주 내복을 입은 아들의 사치를 꾸짖었다. 이에 비해 실학자 박제가(1750~1805)는 『북학의』에서 지나친 검소 때문에 나라가 망하고 있다며 한탄하였다. 이렇게 조선시대 사대부 지배계층의 극단적인 검약과 검소의 지향은 결국 상공업의 쇠락을 초래하고 나라를 가난에 빠뜨렸다.

2. 시련을 딛고 선 개성상인

조선은 상업을 인정하되 농업이 다치지 않는 범위 내에서 최소한으로 유지해 나가려고 하였다. 이를 위해 상업을 전담하여 맡길 상인을 별도로 지정하고 이들의 활동을 국가에서 통제한다는 방침을 세웠다. 따라서 장사하는 상인들의 수는 한정되었고 농민이 장사 길에 나서는 것은 원천적으로 허용되지 않았다.

조선 건국의 최고 이론가인 정도전은 상업이 성장하면 농업이 훼손되므로 이를 막아야할 일로 보았다. 농민이 장사 길로 이탈하는 것은 상인의 살림살이가 비교적 양호하기 때문이므로 상인들이 부를 축적할 수 없도록 세금을 많이 물려야 한다고 주장하였다. 그리고 무역과 장사로 큰돈을 번 대상인들을 사대부 중심의 신분지배체제를 위협하는 세력으로 간주하여 그 싹을 도려내어야 한다고 믿었다.

태조 이성계는 왕위를 오르자 개경을 하루 빨리 떠나고자 하였다. 고려 냄새를 지우고, 새 술은 새 부대에 담자는 마음인 것이다. 친히 공주 계룡산과 모악(현 서울시 신촌동, 연희동 일대) 등을 둘러 본 뒤 한양을 도읍으로 결정하고 1394년 10월에 천도하였다. 한양의 명칭을 한성으로 개칭하고,

개경을 개성으로 이름을 바꾸었다.

　이성계는 천도한 뒤 가장 먼저 종묘와 사직 그리고 궁궐을 지었다. 하지만 재위하는 동안 시전을 건립하지 않았다. 상업을 억제하는 정책기조에서 시전 건립은 우선순위에 들 수 없는 일이었을까?

　수도 한성의 시전 건립은 태조의 뒤를 이은 정종이 착수하였다. 지금의 종로1가 부근에서부터 종로3가 부근 창덕궁까지의 길 양쪽에 800여 간의 시전 행랑을 건립하였다. 그러나 정종이 왕자의 난이 일어난 뒤 1399년 3월, 개성으로 다시 수도를 옮겨 버림으로써 시전 건물은 그야말로 무용지물로 내버려졌다.

　그 후 다시 수도를 한성으로 다시 옮긴 때는 6년 후 태종 때이다. 따라서 이성계가 한성으로 천도한 지 5년 뒤에 개성으로 돌아왔고 그 후 6년쯤 지난 뒤에 다시 한성으로 돌아간 것이다. 태종이 한성에 재천도 하였지만 수도 중앙시장으로서의 규모와 격을 갖춘 시전은 곧 건립되지 않았다.

　시전은 재천도 이후 9년이 지나서야 종루를 중심으로 총 2,027간이 건립되었다. 따라서 이성계가 1394년에 한양으로 천도한 이래 1414년 시전 행랑이 만들어지기까지 20여 년 간은 매일 종루거리의 노천 땅바닥에 멍석을 깐 난전이 개설되어 생필품을 매매하는 형편이었다. 고려 건국시에 태조 왕건이 무엇보다도 먼저 십자거리에 중앙시전을 건립한 것과는 판이하게 차이가 있음을 알 수 있다.

　개성 시전은 조선이 건국된 뒤에도 한동안 큰 타격을 입지 않았다. 당시 조선은 약체였고 왕조의 기반이 아직 단단하지 않아 개성 주민과 시전 상인들을 정부의 입맛에 맞게 좌지우지할 수 없었다. 또 정종이 다시 개성으로 돌아와 개성 시전은 국내 상업의 중심으로 활기에 차 있었다.

　개성 상업은 태종이 한성으로 재천도 하자 급박하게 나빠졌다. 태종

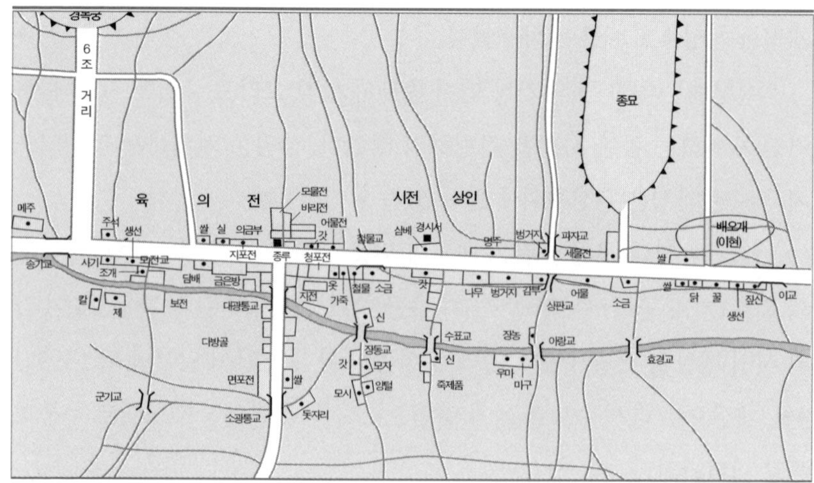

한양 종로시전 구역도

은 새 왕도 한성을 확실히 키우는 반면 구왕도 개성을 철저하게 황폐화시키려 하였다. 개성의 대상인들을 한성으로 강제로 이주시켰다. 게다가 주민과 시전 상인들에게 한성으로 이주하기를 종용하였다. 이주 하지 않고 개성에 잔류한 자들은 조선에 충성하지 않는 자로 간주하여 철저히 탄압하였다.

개성에 잔류한 자에게는 농사지을 토지조차 나누어주지 않았고, 벼슬길에 나갈 수 없도록 과거시험에 응시할 자격조차 주지 않았다. 물론 시전은 폐쇄시키고 열지 못하게 하여 상인들의 생업을 막았다.

개성 시전 상인들은 조선에 순응하여 한성으로 이주하든지 생업을 버리고 다른 곳으로 떠나가든지 선택해야 하였다. 이리하여 개성은 순식간에 활력을 잃고 위축되어 10만이 넘던 인구가 3만 이하로 급속히 줄어들었다. 하지만 시전의 폐쇄로 인해 암거래가 성행하여 인구가 격감하는 데도 불구하고 미곡을 비롯한 생필품 가격이 급등하였다. 개성 도시민들의 생활은 극도로 궁핍해져 갔고 마찬가지로 시가지 역시 활기를 잃고 퇴락해져 갔다.

개성 시전의 폐쇄 조치는 금지된 지 4년이 지난 1409년 3월에 풀렸다. 시전이 폐쇄됨에 따라 일부 상인들의 가격 조작과 암거래가 성행하여 물가가 등귀하는 등 경제가 피폐해지고 있다는 점과 중국 사신이 개성을 왕래할 때 과거와는 달리 퇴락한 도시 모습이 문제가 되었기 때문에 마지못해 영업을 허락하였다. 다만 영업을 허용하는 대신 시전 상인들이 개성에 유숙하는 중국 사신의 접대비를 부담지우도록 하였다.

개성 시전의 영업금지가 4년 만에 풀렸지만, 이것은 개성 시전상인들의 생업과 복지를 위해서가 아니었다. 중국 사신의 접대비용을 조달하고 사신들에게 조선이 고려의 왕도를 잘 보존하고 있음을 보여주기 위한 국가의 체면 유지가 목표였다. 그러므로 개성을 도시다운 도시로 성장시켜 보려는 시전 허용이 아니고 개성 시전은 중국 사신을 접대할 수 있는 수준 정도이면 그만이라고 여기는 것이다. 조선의 지배층은 결코 한양 시전을 위협할 정도로 개성 시전이 성장하고 활성화되기를 바라지 않았다.

따라서 개성 시전의 복구와 번영은 조선 정부의 지원에 의한 것이라기보다 시전 상인들의 끈질긴 노력에 의해 이루어졌다. 조선 정부가 한 일은 결과적으로 고려로부터 내려오는 개성 상업의 전통과 상공업 도시로서의 효용과 기능을 인정해 주고 그 대신 막대한 사신 접대비를 부담 지운 것에 불과하였다고 할 수 있다. 이 점은 조선 정부가 시전 개시를 허용하기 전에 한성으로 이주되었다가 고향이 못내 그리워서 몰래 개성으로 돌아온 상인들을 일일이 찾아내어 다시 강제 이주시킨 사실이 말해 준다. 고향 개성이 좋아 스스로 돌아온 상인들을 한성으로 강제 이주시킨 후에 시전을 다시 열도록 허용한 것이다.

그러므로 개성 시전이 영업을 다시 시작하였을 때 당시 개성에 남아 있던 상인들은 거의 영세한 상인이었고 조선 정부에 끝내 협조하지 않는 반조선 성향이 강한 자들이었다.

시전의 영업이 개시되자 상인들은 다시 힘을 모아 개성 상업을 일으켜 세웠다. 이들이 개성상인의 원조이다. 그러므로 개성상인의 태동은 시전 개시를 허용한 1409년 3월이 그 시점이 되며, 그 중심은 당시 개성 시전을 기반으로 하여 활약한 상인들이라고 할 수 있다. 이처럼 개성상인의 뿌리는 친고려·반조선 성향을 가진 개성의 영세 상인이다.

개성상인은 조선의 건국과 한성 건설에 참여하지도 않았고 동원되지도 않았다. 그들에게는 조선이 고마운 존재일 수 없었다. 뿐만 아니라 조선 정부는 개성 사람들에게 경작할 토지와 땔나무를 구할 산을 나누어 주지 않았다. 물론 과거시험을 응시할 수 없고 관리가 되어 출세할 길도 없었다. 때문에 살아가기 위해서는 수공업을 하거나 먼 곳으로 행상을 다니며 장사를 해야 하였다. 그렇지 않으면 고향을 떠나 타지로 이사해서 소작인이 되거나 날품을 파는 하층민으로 괄시받고 냉대 받으며 살아야 하였다. 결국 그들은 고향 개성을 떠나기보다 상인의 길을 택하였고 스스로의 힘으로 그 길을 꿋꿋이 개척해 나갔다.

이것은 고대 중국에서 상나라가 주나라에 멸망당하였을 때, 주나라가 상나라 사람들에게 경작할 토지를 주지 않자 상나라 사람들이 살기 위해 장삿길에 나섰던 것과 매우 유사하다.

따라서 개성상인들은 마음속으로 조선을 원망하며 증오하였다. 심지어 행상 다니는 개성상인들은 새 서울 한성을 혐오한 나머지 한성에 인접한 길조차 한성 냄새가 난다며 싫어하여 먼 길을 돌아 다녔다.

개성 사람들은 자존심이 매우 강하였다. 이미 고려는 망하고 조선의 나라가 되었지만 고려를 잊지 않았다. 개성을 떠나지 않고 마치 고려시대에 살듯이 고려 풍습을 간직하며 살았다. 항상 마음속으로는 개성을 서울로 생각하였다. 새 서울 한양의 위상을 인정하지 않았다. 따라서 개성에서 한양으로 가는 것을 '내려 간다'라고 하였고, 한양에서 개성으로 오는 것을 '올라 온다'라고 하였다.

전국을 떠돌아다니며 행상하는 개성상인도 마찬가지였다. 고려를 지킨다는 자존심으로 반말도 아니고 존댓말도 아닌 말을 사용하였다. 예를 들면 '떡 사세요'를 '떡 사리'로, '안녕하십니까?'를 '안녕하시니까요?'로, '어찌하나?'를 '어드럭하나?'로, '너 왔냐?'를 '너 왔는?'으로 말하였다.

이에 대해 실학자 이익(1681~1763)은 그가 쓴 성호사설에서 아직도 개성은 고려 풍습을 따르고 있다고 하였다. 이익이 성호사설을 쓴 시기는 조선이 건국된 이래 300여 년이 지난 18세기이다. 이때까지도 개성은 고려풍을 간직하고 있었고 반조선 정서와 성향이 뚜렷이 남아 있었던 것이다. 즉 고려풍의 개성상인이지 조선풍의 개성상인이 아닌 것이다.

개성에 시전 영업이 다시 허용되었다고 해서 개성 경제가 곧 활성화되지는 않았다. 당시 개성은 이미 쇠락하였고 급격한 인구 감소로 인해 생산과 소비의 기본 바탕이 붕괴된 상황이었다. 대상인들은 한양으로 강제 이주 당하였으며 해외 무역은 철저하게 통제되고 폐쇄되었다.

하지만 개성상인들은 명나라에 가는 사신단에 끼어들어 사행 무역에 가담하는가 하면 명나라 사신이 가지고온 상품 매매를 독차지 하는 등 활동 범위를 넓혀 갔다. 또 기회만 되면 압록강을 몰래 도강하여 밀무역을 한다든가 암암리에 일본과 밀무역을 행하였다. 밀무역은 관의 눈을 피해가는 탈법 행위이나 위험을 무릅쓴 만큼 이익이 많이 남는 장사였다. 하지만 이것은 살아남으려는 본능 같은 행위이기도 하고, 또 이제 그들이 기대고 믿을 구석은 재력밖에 없는 상황에서 어쩔 수 없는 선택이기도 하였다. 이 렇게 하여 개성상인은 부를 축적하고 서서히 전국 제일의 상인으로 성장해 나갔다.

3. 개성상인의 투혼, 민족자존의 상혼

15세기 세종대에 개성 인구는 4,800여 호였다. 한 때 인구 50만을 넘 나들던, 당시 세계 최대 도시 가운데 하나였던 개성의 모습이다. 그리고 당 시 개성에 소속된 농토는 약 5,300결로 1호당 1결정도였다. 이렇게 호당 농 토가 매우 적은 것은 조선이 개성 사람들에게 농사지을 땅을 나누어 주지 않았기 때문이다. 하지만 이것은 결과적으로 농업인구의 유입을 차단시켜 상업도시로서의 특성이 유지되게 하였다.

개성은 고려왕조 480여 년 동안 수도였고 국제적인 상업도시였다. 도 시민의 대다수는 성내에서 살았고 상업과 수공업에 생계를 걸고 있었다. 그들이 잘할 수 있는 일이란 상공업뿐이었다. 농토에 매달려 살기보다 상 품을 만들고 장사하며 살기를 좋아하였다. 농토를 소유한 상인들도 고용 인을 두어 토지를 경작시키고 자신은 성내에서 상업에 전념하였다.

이와 같이 개성상인은 상업도시 개성에서 대대로 살아온 상인의 기질 을 이어받은 상업에 특별한 재능을 가진 자이다. 그들의 피에 상인 기질이 도도히 흐르고 있어 어떠한 어려움이 닥쳐도 이를 이겨내고 상업을 이어나 갈 수 있었다. 이것이 그들이 개성을 떠나지 않고 상업을 일으켜 세운 진정 한 동력이었다. 뿐만 아니라 개성상인은 중국 사신이 개성을 거쳐야 하는 교통상의 이점을 이용해 대외교역을 적극 전개하고, 또 170여 리 떨어진 조선 수도 한성을 새로운 소비처로 삼아 수공업을 키워 나갔다.

한편 이성계는 개성의 지식인들에게 조선의 사대부로 살든지 아니면 사대부의 길을 포기하고 일반 백성으로 살아가라는 선택을 강요하였다. 개성 지식인들의 반조선 저항은 강렬하였고 탄압 역시 극심하였다. 예를 들어 두문동 사건이 있다. 조선 건국에 반대한 신규·조의생·임선미 등 72명이 충절을 지키고 조선의 녹을 먹지 않겠다며, 개성 동남방 광덕산 고갯길에 고려 시절에 입던 관복을 벗어 놓고 광덕산 서쪽 기슭 두문동으로 들어가 숨어 살았다. 이성계는 이들을 회유하여 밖으로 끌어내는데 실패하자 불을 질러 모두 죽였다.

따라서 개성의 지식인들은 개성에서 살아가려면 생업을 위해서 농사를 짓거나 상공업에 종사하지 않을 수 없었다.

개성 사람에 대한 과거 금지는 조선 개국으로부터 80여년이 지난 1470년에 해제되었다. 하지만 개성 사람에 대한 암묵적인 차별로 인해서 과거에 합격하기가 대단히 어려웠다. 설령 과거시험에 합격한다 해도 중앙의 요직으로는 진출이 불가하였고 재능이 뛰어나도 낮은 직위만 주어졌다.

개성의 지식인 유학자로서 상업에 투신한 대표적인 인물로 대개 선조 대의 한순계를 든다. 그의 부친과 조부는 무반 출신 양반이었다. 그러나 어머니를 봉양하기 어려울 정도로 가난하여 한순계는 유기 제조기술을 배웠다. 낮에는 유기제품을 만들어 팔고 밤에는 책을 읽었다. 한순계가 만든 유기제품은 품질도 좋고 값도 싸서 매우 인기를 끌었다. 한순계는 유기사업으로 큰돈을 벌어 거부가 되었다. 하지만 그 후에도 양반의 길을 포기하고 끝까지 유기제조업에 종사하였다.

한순계의 예처럼 개성 지식인들이 상업에 종사한 것은 개성상업의 발전에 크게 기여하였다. 특히 개성의 사회 분위기가 상업에 우호적이게끔 유지해 가는데 큰 영향을 끼쳤다. 즉 상업을 천시하는 꽉 막힌 사농공상의

놋그릇과 수저

체제에서 개성에서나마 사농공상의 차별이 불식됨으로써 상인의 숨통을 터주었다. 또 개성지식인들의 상업 종사는 개성을 진정한 상업도시로 발전시키는 밑거름이 되었고, 독특한 상업 문화를 창출하는 촉매가 되었다

조선의 상인 탄압은 시전 상인보다 행상에게 더 가혹하였다. 조선 초에는 행상을 할 수 있는 지역을 충청도·전라도·경상도 등 삼남 지방만 허용하였다. 1440년까지 황해도·강원도·평안도·함경도 지역은 행상의 왕래가 전면적으로 차단되었다. 이처럼 행상을 강력히 금지한 것은 조선에 반대하는 고려 유민의 움직임을 미연에 막고 상인들의 활동을 억제하려는 것이었다. 하지만 그 결과 조선의 상업은 급속도로 쇠락해 갔다.

삼남 지방의 행상도 아무나 마음 내키는 대로 할 수 있는 게 아니었다. 먼저 면허증을 발급받아야 한다. 면허증은 로인(路引)이라 불렸는데, 로인세를 납부해야 받을 수 있었다. 또 행상은 세금을 시전 상인 보다 많이 냈다. 시전에 가게를 차리고 장사하는 좌상은 매달 저화(당시 지폐) 4장을 납부하는 반면 행상은 저화 8장을 냈다. 따라서 행상은 매달 상세를 납부하고 별도로 로인세도 납부하였던 것이다. 만약 행상들이 면허증 없이 장사를 할 경우 적발되면 상품을 몰수당하였다. 이와 같이 행상에게 상세를 가혹하게 징수한 것은 농민들이 상업 이윤에 자극되어 장사에 뛰어드는 것을 막으려는 것이었다.

이런 상황에서도 개성상인들은 행상 유통망을 전국으로 확장해 나갔다. 비록 행상에게 가해진 부담이 힘겨웠지만, 영세한 상인들이 살아갈 수 있는 유일한 방법은 행상에 나서는 길뿐이었다. 당시 개성에서는 남자가 10세가 넘으면 행상을 직업으로 삼았다. 그리고 여자는 집안에서 초립(어린 남자가 쓰는 갓)을 만들거나 길쌈을 하였다. 설혹 농사를 짓더라도 인삼·뽕나무·마·목면 등 상업 작물을 경작하였다.

개성은 비록 인구는 한성보다 적었지만 상업은 한성에 결코 뒤떨어지지 않았다. 1493년 개성의 성내 거주자가 모두 수공업자나 상인이어서 한성과 비교하여 수공업자나 상인의 수는 차이가 없었다. 행상하는 상인이 무려 1만 명에 달하였고, 앞서 살펴본 대로 긴급할 경우 어느 때든지 말을 가진 행상을 징집하면 500~600명 이상을 징집시킬 수 있을 정도였다. 개성상인은 1만 명의 행상이 전국의 유통망을 장악함으로써 조선의 대표 상인이 되었다.

오늘날 개성상인의 특징을 들라면 대게 상업 기회를 잡는데 민첩하고, 신용거래를 중시하며, 근면하고 검약하다는 것 등을 든다. 또 시중에는 '개성상인이 밟고 지나간 발자국에는 풀도 나지 않는다.'라는 말이 있다. 그런데 이 말을 개성상인이 이해타산에 너무 밝고 인색하다고 비하하는 것으로 여기지만, 너무나 메마른 인간상으로 폄하할 일은 아니다. 오히려 이 말은 철저한 상인 의식과 합리적인 사고와 행동을 압축해 보여준다. 그리고 유유자적한 농경사회에 상업 문화의 깃발을 세우는 상징으로서의 의미가 담겨 있다.

조선시대 개성 사람들은 돈을 벌어 부자가 되는 것을 제일의 출세로 쳤다. 이런 사회 환경에서 개성상인은 자긍심을 유지하였고 상업을 자손 대대로 물려 줄 과업으로 여겼다. 자식을 훌륭한 상인으로 키우는 것을 자

보부상

랑으로 삼았다. 자식을 후계자로 키우기 위해 어릴 때부터 남의 점포에 보내 상술을 배우게 하고 오늘날의 지배인격인 차인의 되어서야 후계자로 받아들였다. 상인이 자신의 후계자를 더욱 뛰어난 상인으로 만들려는 의지와 노력 같은 것이 개성상인의 상혼과 상인정신을 승화시켜 갔다.

개성상인들이 척박한 상업 환경에서 억압과 통제를 견디어내고 이룩한 성과는 실로 대단하다. 그 중에서도 특히 개성을 신용사회로 만든 것이 빛난다. 개성상인들은 상인들 간에 빌려간 돈을 갚지 않는 사채변제 문제가 생길 경우 자체적으로 해결하는 방안을 만들었다. 정부의 도움 없이 개성을 신용사회로 만든 것이다. 상인들 스스로의 힘으로 신용금융도시를 만든 것은 세계 역사상 쉽게 찾아 볼 수 없는 일이다.

이처럼 개성상인이 전국의 상권을 장악한 표면적 성과보다는 그들이 이룩한 상업문화에 초점을 맞춰서 살펴볼 필요가 있다. 또 이런 것이 세계에 자랑하는 송도사개치부법과 같은 빼어난 상술을 계승하여 나가게 하였다.

개성상인이 이룩한 또 다른 성과로 송방을 들 수 있다. 송방은 오늘날 현대 경영에도 시금석이 된다. 송방은 개성상인의 지방 영업지점이다. 우리나라 역사상 전국의 상업망을 연결하면서 각 지역에 영업지점을 설치한 예는 개성상인이 처음이다. 개성상인이라는 명칭이 전국적으로 널리 알려진 것은 이 송방의 역할이 컸다.

송방은 그 지방의 생산물을 매집하고 또 외국 수입물과 다른 지방에서 가져온 물품을 판매하였다. 송방은 또 상인들의 숙식을 제공하는 등 당시 성행한 객주의 역할을 가졌다. 그러나 송방이 객주의 역할만을 담당한 게 아니다. 송방은 개성상인의 쉼터이며 향수를 달래는 곳이었고 억울한 일을 당하였거나 위난이 닥쳤을 때 이를 해결하는 역할을 담당하였다.

개성상인들이 전국을 돌아다니며 타향에서 행상을 할 경우 지방 관아의 간섭과 무리한 요구, 배타적인 지역 차별을 당하기 마련이다. 따라서 상인을 보호하는 법제도가 제대로 구비되어 있지 않는 시대에 지방 관아의 간섭과 지역 차별을 극복하고 상행위를 영위하기 위해서는 상인들이 스스로 자구책을 구할 수밖에 없다. 송방이 구심점이 되어 그 역할을 수행한 것이다.

중국도 상인들이 타향에서 향수를 달래며 단결하여 서로를 보호하고, 또 각종 정보를 수집하고 사업을 키워나가기 위해 휘주상인·산서상인·광동상인·복건상인 등이 지방의 상업 요충지에 자신들의 상인회관을 설립하였다. 즉 송방은 중국에서의 상인 회관과 유사한 개성상인의 지방 회관이었다.

당시 개성상인이 조선 정부의 가혹한 상업억제책을 극복하고 지역 차별을 견디어내면서 전국의 상업 요충지에 송방을 열고 운영한 것은 대단한 일이다. 송방을 통해 개성상인이란 명칭이 국민에게 알려지고 친근히 다가서게 되었다. 또 이것은 농경문화에 찌든 조선 사회에 상업문화의 씨를 뿌려주는 계기로 작용하였다. 다시 말하면 개성상인들의 부의 축적과 성공담이 송방을 통해 전파되어 상업에 대한 새로운 인식을 심어 주었고, 이 땅에 상인의 길을 더 넓게 열어 주는 힘이 되었다.

개성 상업은 이성계가 개국한 이래 끊임없이 상업을 억압해온 조선이 상업억제책을 완화하기 시작한 17세기부터 비약적으로 발전한다. 이때에 이르러 중국과 일본을 잇는 중계무역이 대폭 확장되고 국내의 상품화폐경제가 크게 발전하였다. 하지만 개성상인에게 막대한 이득을 가져다 준 중개무역은 19세기부터 일본이 중국과 직거래를 확대함으로써 쇠퇴하기 시작하였다. 그러나 개성 상업은 인삼 무역을 중심으로 하여 조선 말 개항 때까지 건재하였다.

개성 상업에 결정적인 변화를 가져온 것은 1876년의 개항과 갑오개혁이다. 갑오개혁으로 시전의 특권제도는 폐지되고 영업의 자유가 실현되었다. 하지만 개항에 따른 외국자본과 외국 상인의 침투는 국내의 상권을 순식간에 잠식하였다.

이것은 조선 정부가 통상에 관한 예비지식이 매우 부족하여 불평등통상조약을 맺었기 때문이다. 즉 국내 상업과 상인을 보호하기 위한 장치를 제대로 강구하지 못한 채 문을 연 것이다. 특히 외국 상인이 내륙에까지 행상을 할 수 있도록 허용함으로써 개성상인은 심대한 타격을 받았다.

한편 1882년 서울 시장이 개방되고, 또 1883년에 인천항이 개방되면서 조선은 자본주의 세계시장에 본격 진입하였다. 이후 1905년 사실상 조선이 일본의 식민지로 전락되자, 일본은 식민지 경략을 위해 서울을 중심축으로 하는 철도망을 건설해 나갔다. 이 철도망은 내륙교통체계의 근본적인 변혁을 낳았고 서울 경제를 급성장하게 하였다. 반면에 개성은 크게 위축되면서 상대적으로 서울 경제에 예속되는 비중이 커져 갔다.

일본은 조선의 상권을 모두 손아귀에 넣으려 하였다. 조선회사령의 공포, 인삼의 자유판매 금지 등 각종 규제를 강화하여 민족자본과 민족 상인을 말살시키려고 획책하였다. 이로 인해 개성상인의 조직과 자본은 붕괴의 위기를 맞았다.

그러나 개성상인은 일제식민지의 위기 상황에서 더욱 빛을 발휘하였다. 일본 상인들이 서울을 비롯하여 전국의 상권을 휘어잡아 나갔으나 개성은 일본 상인이 발을 붙일 수 없었다. 개성인의 자존심은 이를 용납하지 않았다.

비록 나라는 망하였지만 개성 상업의 전통은 꿋꿋이 이어져 갔고, 개성상인의 상혼과 상인정신은 민족자존의 상혼과 상인정신으로 승화되어 갔다.

남기고 싶은 이야기

세상사의 모든 일에는 아쉬움이 뒤따르는 법인가? 원고를 쓰면서 만지작거리다 끝내 책에 담지 못한 이야기들이 막 머릿속을 맴돌고 있다. 이게 아쉬움인가?

이 책을 읽은 여러분도 이제 어렴풋이 느끼듯이, 우리나라는 상인에 관한 밝혀진 역사가 너무나 일천하다. 필자도 이 만큼의 이야기나마 꾸려내는데 무척 힘이 들었다. 앞선 연구가 거의 없어서 이야기를 찾아 자료를 뒤지며 헤맨 적이 무척이나 많았다. 그러나 글을 마치는 시점에서 정작 아쉬움을 더하는 것은 조선시대 상인들의 이야기를 들추어내지 못하고 막을 내린다는 점이다. 종로 6의전 상인, 경강상인, 동래상인 그리고 보부상 등에 얽힌 이야기들이다. 앞으로 이들 상인의 친근한 이야기가 우리 가까이 다가오길 기대한다.

필자는 나라의 앞날을 생각할 때면 가슴에 와 닿는 의문이 있다. 그것은 '우리나라가 1995년 국민소득 1만 달러에 오른 뒤, 왜 아직까지 2만 달러를 넘어서지 못하고 있느냐? 또 앞으로 3만 달러, 4만 달러로 도약할 수 있을까?'하는 점이다. 여러분은 어떻게 생각하는가?

필자는 2만 달러의 벽을 뛰어넘지 못하는 것은 한국인과 한국사회의 역량의 문제라고 생각한다. 왜냐하면 자원빈국인 우리나라는 사람이 유일한 자산이기 때문이다. 한국인과 한국사회에 어떤 결핍이 있기 때문이므로, 이의 극복이 중요하다는 말이다.

오늘날 우리나라는 인구의 85% 이상이 상공업에 종사한다. 또 90% 이상이 도시에서 산다. 그러나 상공업 문화나 도시상업문화와 친한 사람은 그리 많지 않다. 여전히 무질서, 불친절, 불결함은 우리 주변에 흔하게 깔려 있다. 뿐만 아니라 지나친 명분주의, 기회주의, 타협을 이단시하는 극단 행동, 남을 아랑곳 하지 않는 속물 이기주의, 편법과 어거지떼법 등 후진적 사회병리가 수그러들지 않는다.

왜 그럴까? 이에 대해 흔히들 나라가 망하고, 식민통치를 받고, 동족상잔의 6.25전쟁을 겪으며 쌓인 고난과 한의 생채기라며 자위하려 한다. 하지만 우리는 언제까지 후진국적 사회병리를 방치해 두고 일류가 되자는 말만 앞세울 것인가?

이와 같이 살펴보면 해결책이 따로 있는 게 아니다. 그것은 바로 한국사회의 병리를 치유해나가면서 글로벌 시장경제와 친해지고 그에 걸 맞는 품격과 역량을 갖추는 것이다. 즉 경제발전에 비례하여 시장경제의 철학과 사상 그리고 상업문화를 꽃피우는 것이다.

그러므로 오늘날 가장 시급한 것은 무엇보다 상업문화의 진작이다. 그리고 이 땅에 진정한 상인정신의 뿌리내림이다. 여기서 상인정신을 한 두 마디 말로 정의하기는 어렵다. 하지만 상(商)이란 말에 재화의 유통으로 사람을 기쁘게 한다는 뜻이 있으므로 상인정신은 소통과 상생으로 사람을 기쁘게 하는 마음이라고 할 수 있다. 그리고 상인정신은 안으로는 근면, 검소, 정직 그리고 친절, 청결 등을 그 덕목으로 하고, 밖으로는 남을 위한 배려, 거래의 타협, 약속의 이행 등 지행합일을 지향한다.

필자는 앞으로 우리사회에 일류 상업문화가 창달되고 꽃피기를 바란다. 그리고 세련되고 역량 있는 한국상인들이 세계시장의 선두에 서서 힘차게 달려 나가기를 기대한다. 한편 이 책에서 우리가 함께 살펴본 상업문화의 역사적 유산은 우리 내면에 잠재해 있을지언정 결코 사라지지 않기 때문에, 우리는 일류 상업문화를 꽃피우리라 믿어 의심치 않는다.

끝으로 필자가 중국 북경에서 격은 일을 소개하고 싶다. 필자는 2008년 9월 북경 인민대학교 한어국제보급연구소(漢語國際推广研究所)의 초빙을 받아 1년여 연구생활을 하였다. 중국에서 생활하다보면 한국과 중국은 역사적으로나 현실적으로 떼려야 뗄 수 없는 사이라는 것을 실감하게 된다. 우선 중국 역사책의 엄청난 한국 관련 기록이 그 밀접함을 말해 주고, 도처에 산재해 있는 수많은 유적과 유물 그리고 신라초, 신라산, 대고려촌, 고려영 등 한국식 지명이 이를 증거한다. 또한 300백만 명이 넘는 조선족 동포는 중국과의 거리감을 좁혀 준다. 그래서 한국인들은 누구나 중국을 아주 많이 알고 있다는 생각들을 쉽게 갖는다. 그러나 조금만 깊이 살펴보면 중국에 대한 우리의 앎과 지식은 허술하기 짝이 없고 오히려 우리가 무지하다는 사실에 놀란다.

필자는 북경에서 명나라와 조선과의 교역을 연구하였다. 연구래야 복잡한 일은 아니고 우선『명사(明史)』에서 조선왕조의 교역 관련 기록을 뽑아 정리 하는 것이었다. 그런데 사실은 분량이 많아 기록을 일일이 발췌하여 정리하는 것은 힘든 작업이었다. 그런 중에 이 작업을 허사로 만드는 충격적인 일이 일어났다. 2009년 12월 초 북경 중간촌에 있는 서점에 갔더니『명사(明史)』에서 조선관련 기록을 뽑아 역은『명실록자료집록(明實錄資料輯錄)』이란 책이 있었다. 너무나 반가워 책을 3권 샀다. 하지만 이런 책이 있는 줄 모르고 생고생을 하다니 하는 정보 부재가 내심 부끄러웠다. 또 중국 학생들은 이 책으로 쉽게 한국을 연구하는데, 한국 학생들은 어떻게 하나 하며 상심에 잠겼었다. 이런 사례는 또 있다. 인민대학교 도서관에서 "조선실록중중국관련기록"이란 책을 보고 깜짝 놀랐었다. 이 책은 전12권으로 1983년도에 발간되었다. 이 책을 보며 역사는 기록하는 자의 것일 뿐 아니라, 연구하는 자의 몫이라는 생각이 들었다.

다음은 지명에 얽힌 사례이다. 중국 북경 동남쪽에 통주(通州)라는 곳이 있다. 통주는 북경에서 천진으로 가는 길목 요충지로 중국 대운하의 북쪽 끝으로 유명하다.『원사(元史)』에는 고려 말 이 지역에 고려인들이 모여 사는 고려촌(高麗村)이 있었다고 기록되어 있다. 지금도 통주 주변에는 대고력촌(大高力村), 고려영(高麗營) 등 고려를 뜻하는 지명이 여러 곳있고 고려사라는 절터도 있다. 고려촌은 신라방처럼 자치권을 가졌었다고 하는데, 그 규모는 정확히 밝혀지지 않고 있다. 다만 1254년 고려가 몽고에 항복하였을 때 포로로 끌고 간 206,600명 중 상당수를 운하 개착과 하역 인부로 쓰기 위해 이곳에 안치시켰으므로 최소한 수만 명에 달하였을 것으로 추측된다.

당시 고려촌은 북경을 드나드는 고려 사신, 상인, 여행객들로 북적대던 곳이었다. 그야말로 고려의 대중국 교역 요충지였다. 이와 같이 통주의 고려촌은 우리 역사의 한부분이라고 할만큼 매우 소중한 곳이다. 지금까지 고려 지명이 이어져 내려오고 있으니 더욱 그러하다.

필자는 2009년 5월 교민 몇 분과 함께 현지를 둘러볼 기회를 가졌다. 위성지도까지 챙겨갔지만 산이 없는 평야 지역이라 찾기가 쉽지는 않았다. 먼저 통주 역사박물관을 찾아 갔다. 그 곳의 전시 자료에는 고려촌이 여러 곳에 위치해 있었다. 그 광대한 분포 규모가 놀라웠다. 지금의 대고력촌(大高力村)은 본래 이름이 대고려촌(大高麗村)으로 적혀 있었다. 중국인들이 려(麗)를 발음이 같은 력(力)으로 바꾼 것이다. 다음 대고려촌, 고려영 지역을 찾아가니 번듯한 청사를 가진 행정기관이 있었고, 고려영은 홈페이지도 운영하고 있었다.

현지답사 이후 필자는 통주 고려촌의 유래, 고려인의 생활상, 후손들의 중국인으로의 동화, 현재의 실체 등 궁금증을 풀어보려고 나름대로 애썼지만 이제껏 이렇다 할 소득을 얻지 못하고 있다. 국내외 연구 논문은 차치하고 일반

자료도 없는 실정이다. 인터넷에 고려촌을 검색하면 어떤가? 일본 소재 고려촌 여행 이야기가 나올 뿐이다. 불과 700백 년 전에 무려 20만 명 넘는 조상이 포로로 끌려가 고려촌을 만들어 살았고 그 이름과 흔적이 지금까지 생생히 남아 있는데 말이다. 여러분은 궁금하지 않는가? 우리는 이렇게 역사에 대해 무심하다.

오늘날 글로벌 시장경제시대에는 시장경제와 연관된 역사가 매우 중요하다. 무역대국인 우리의 역사는 더욱 그러하다. 최근 들어 중국이 초강대국 미국과 쌍벽을 이루는 G2로 부상하고 있다며 대비하자고 야단이다. 그러나 이제 중국이 강대국으로 부상한다고 해서, 과거의 정치적 사대주의 논리로 접근해서는 안 된다. 시장경제의 사상과 논리 그리고 한국 상업과 상인의 역사로부터 시사점을 구해야 할 것이다.

우리 선조들은 중국이 어떤 상황에 놓여 있을 지라도 그 상황을 잘 활용하여 이익을 취하였다. 선조들의 지혜를 본받아 우리가 중국에 대응한다면 우리는 또 다른 기회를 얻을 수 있을 것이다. 역사는 내일을 보는 거울이라고 한다. 한국상인의 역사를 통해 우리나라의 내일을 열 수 있는 희망을 찾아 함께 나아가길 기대한다.

2010년 2월

공 창 석

[참고문헌]

단행본

『가야연맹사』, 김태식, 일조각, 2000.
『고구려 해양사연구』, 윤명철, 사계절, 2003.
『고려시대 개경 연구』, 박용운, 일지사, 1996.
『고려시대 사람들은 어떻게 살았을까』(2), 한국역사연구회, 청년사, 2003.
『고려시기 재정운영과 조세제도』, 박종진, 서울대학교 출판부, 2000.
『고려의 황도 개경』, 한국역사연구회, 창작과 비평사, 2003.
『고려후기 사원전 연구』, 배상현, 국학자료원, 1998.
『국역 고려도경』, 민족문화추진회, 1978.
『동아시아 선사시대의 농경과 생업』, 안승모, 학연문화사, 1998.
『동아시아의 왕권과 교역』, 이성시 저, 김창석 역, 청년사, 2001.
『무령왕릉』, 권오영, 돌베개, 2005.
『물질문명과 자본주의』I-1, 페르낭 브로델 저, 주경철 역, 까치, 2002.
『바닷길은 문화의 고속도로였다』, 윤명철, 사계절, 2000.
『반야·유마경의 지혜』, 이시다 미즈마로 저, 이원섭 역, 현암사, 2000.
『발해의 대외 관계사』, 한규철, 신서원, 1994.
『불교에서 본 경제사상』, 미야사까 유소 저, 편집부 역, 도서출판 여래, 1991.
『사치와 자본주의』, 베르너 좀바르트(Werner Sombart) 저, 이상률 역, 문예출판사,
          1997.
『삼국과 통일신라의 유통체계 연구』, 김창석, 일조각, 2004.
『삼국시대 사람들은 어떻게 살았을까』, 한국역사연구회, 청년사, 2004.
『삼한 시대의 읍락과 사회』, 문창로, 신서원, 2000.
『서울상업사』, 이태진 외, 태학사, 2000.
『성호사설(정선)』, 이익 저, 정해역 편역, 현대실학사, 1998.
『시장으로 보는 우리 문화이야기』, 정승모, 웅진닷컴, 2000.
『신라골품제 연구』, 이종욱, 일조각, 1999.

『신라·서역교류사』, 무하마드 깐수, 단국대 출판부, 1994.

『신라수공업사』, 박남수, 신서원, 1996.

『신라정치경제사연구』, 이인철, 일지사, 2003.

『신라 지방통치체제의 정비과정과 촌락』, 주보돈, 신서원, 1998.

『양반』, 미야자와 히로시 저, 노영구 역, 강, 2001.

『완역 일본서기』, 전용신 역, 일지사, 2002.

『여말선초 대원명관계 연구』, 김순자, 연세대학교 박사학위논문, 2000.

『역사 속의 한국불교』, 이이화, 역사비평사, 2002.

『역사적으로 본 일본인의 한국관』, 미야케 히데토시 저, 하우봉 역, 풀빛, 1994.

『역주 고려사 식화지』, 한국정신문화연구원, 1996.

『유목사회의 구조』, 하자노프 저, 김호동 역, 지식산업사, 2002.

『일본과 동아시아의 이웃 나라들』, 마리우스 B. 잰슨 저, 지명관 역, 소화, 2002.

『장보고』, 김문경, 김성훈, 김호경 편, 이진출판사, 1996.

『재당신라인사회연구』, 권덕영, 일조각, 2005.

『조선봉건사회 경제사』, 백남운 저, 하일식 역, 이론과 실천, 1993.

『조선사회경제사』, 백남운 저, 윤한택 역, 이성과 현실, 1989.

『조선 상업사』, 홍희유, 백산자료원, 1989.

『중국고대사회』, 허진웅 저, 홍희 역, 동문선, 2003.

『중국과 동아시아 세계』, 조영록 외, 국학자료원, 1997.

『중국 근세 종교윤리와 상인정신』, 서영시 저, 정인재 역, 대한교과서(주), 1993.

『중국 중세사회로의 여행』, E.O.라이샤워 저, 조성을 역, 한울, 1991.

『조선전기 상업사 연구』, 박평식, 지식산업사, 1999.

『중국진출 백제인의 해상활동 천오백년』 1, 김성호, 맑은 소리, 1996.

『중국진출 백제인의 해상활동 천오백년』 2, 김성호, 맑은 소리, 1996.

『중국상인문화』, 박병석, 교문사, 2001.

『천마총 발굴조사보고서』, 문화공보부 문화재관리국, 1974.

『한민족의 해상활동과 동아지중해』, 윤명철, 학연문화사, 2002.

『한국경제사의 이해』, 김옥근, 신지서원, 1998.

『한국고대의 생산과 교역』, 이현혜, 일조각, 1992.

『한국마정사연구』, 남도영, 아세아문화사, 1976.

『한국불교사상사연구』, 안계현, 동국대 출판부, 1983.

『한국사를 바꾼 여인들』, 황원갑, 책이 있는 마을, 2002.

『한국 상업의 역사』, 강만길, 세종대왕기념사업회, 2000.

『한국시장 경제사』, 조병찬, 동국대학교 출판부, 1993.

『한국의 시장 상업사』, 김성수, (주)신세계백화점 출판부, 1992.
『한국의 고전』, 한영달, 선, 2002.
『한국의 배』, 김재근, 서울대학교 출판부, 1994.
『한국의 시장상업사』, 신세계백화점 출판부, 1992.
『한중관계사연구』, 전해종, 일조각, 1970.

단행본 : 중국

劉菁華 許淸玉 胡顯慧 選編, 『明實錄資料輯錄』, 2005.
汪高鑫 · 程仁挑, 『東亞三國古代關係史』, 北京農業大學出版社, 2006.
王孝通, 『中國商業史』, 團結出版社, 2007.
韓昇, 『海東集 : 古代東亞史實考論』, 上海人民出版社, 2009.
韓昇 主編, 『古代中國 : 東亞世界的內在交流』, 復旦大學出版社, 2005.
黃純艷, 『宋代海外貿易』, 社會科學文獻出版社, 2003.
姜錫東, 『宋代商人和商業資本』, 中華書局, 2002.
李慶新, 『明代海外貿易制度』, 社會科學文獻出版社, 2007.
晁中辰, 『明代海禁与海外貿易』, 人民出版社, 2004.

논문

강봉룡, 「장보고 암살과 서남해지역 해양세력의 동향」, 『장보고연구논총』 3,
　　　해군사관학교 해군해양연구소, 2004.
강영경, 「한국 고대의 시(市)와 정(井)에 대한 연구-시장의 기능과 관련하여」,
　　　『원우논총』 2호, 숙명여자대학교원우회, 1984.
강용수, 한국 중세 개성상인의 무역사상 연구, 한국무역통상학회, 2005.
강지언, 「위화도 회군과 그 추진세력에 대한 검토」, 『이화사학연구』 20 · 21호, 1993.
고경석, 「장보고 대사에 대한 인식의 변화」, 『장보고와 미래 대화』, 해군사관학교
　　　해군해양연구소, 2003.
고동환, 「조선시대 개성과 개성상인」, 『역사비평』 역사문제연구소, 2001년 봄호.
고승희, 「개성상인의 경영사상과 송도치부법의 논리구조」, 한국경영사학회, 2005.
구난희, 「8세기 중엽 발해, 신라, 일본의 관계」, 『한일관계사연구』 10호, 한일관계사학회,
　　　1999.

구산우, 「고려 성종대 정치세력의 성격과 동향」, 『한국중세사연구』 14호,
　　　　한국중세사학회, 2003.
구산우, 「신라말 향촌사회의 변동과 새로운 계층구조의 형성」, 『한국중세사회의
　　　　제문제』, 2001.
권덕영, 「비운의 신라 견당사들」, 『신라문화제학술발표회논문집』 15호, 동국대학교
　　　　신라문화연구소, 1994.
권덕영, 「신라 하대 서남해 해적과 장보고의 해상 활동」, 『대외문물교류연구』 창간호,
　　　　(재)장보고기념사업회, 2002.
권상수, 「한국 고유의 송도사개치부법에 관한 연구」, 『한국전통상학연구』 9권 6호,
　　　　한국전통상학회, 1992.
권영숙, 조현혹 등, 「신라시대 천마총 출토 직물의 유행과 특성」, 『복식』 50권 17호,
　　　　한국복식학회, 2000.
김광철, 「14세기초 원의 정국동향과 충선왕의 토번 유배」, 『한국중세사연구』 3호, 1996.
김광철, 「충렬왕대 측근세력의 분화와 그 정치적 귀결」, 『고고역사학지』 9호, 1993.
김구진, 「윤관 9성의 범위와 조선 6진의 개척-여진 세력 관계를 중심으로-」, 『사총』
　　　　21호, 역사학연구회, 1977.
김규진, 「조선전기 한·중 관계사의 시론-조선과 명의 사행과 그 성격에 대하여-」,
　　　　『홍익사학』 4호, 홍익대학교사학회, 1990.
김난옥, 「고려시대 공장의 신분」, 『사학연구』 58 · 59호, 한국사학회, 1999.
김덕수, 「장보고 해상무역에 관한 일고찰」, 『한국해운학회지』 7호, 한국해운물류학회,
　　　　1998.
김도연, 「고려시대 은화 유통에 관한 일연구」, 『한국사학보』 10호, 고려사학회, 2001.
김도연, 「원 간섭기 화폐유통과 보초」, 『한국사학보』 18호, 고려사학회, 2004.
김동원, 「신안 인양 유물을 중심으로 한 원대 해외 무역에 관한 소고」, 『대구사학』 34호,
　　　　대구사학회, 1988.
김동철, 「고려말의 유통구조와 상인」, 『부대사학』 9호, 부산대학교사학회, 1985.
김두진, 「고려 광종대의 전제왕권과 호족」, 『한국학보』 15호, 일지사, 1979.
김병인, 「고려시대 사원의 교통 기능」, 『전남사학』 13호, 전남사학회, 1999.
김삼수, 「고려시대의 경제사상-화폐, 신용, 자본 및 이자·이윤 사상-」, 『논문집』 13,
　　　　숙명여자대학교, 1973.
김삼현, 「고려 후기의 상업의 변화」, 『명지사론』 8호, 명지사학회, 1997.
김성준, 「친원파와 친명파의 대립과 요동정벌」, 『한국사』 20, 국사편찬위원회, 1994.
김신, 「한국고대무역형태에 관한 연구」, 『사회과학논총』 7호, 경희대학교 사회과학대,
　　　　1989.

김영미,「11세기 후반~12세기 초 고려·요 외교관계와 불경교류」,『역사와 현실』 43호, 2002.

김영수,「고려 공민왕 대 초반기(공민왕 1~5년)의 개혁정치와 반개혁정치의 대립」, 『한국정치연구』 6호, 서울대학교 한국정치연구소, 1997.

김영수,「한국자본주의 가치관의 역사적 전통-조선시대 개성상인의 상업활동을 중심으로 한 고찰-」,『동아연구』 43호, 서강대 동아연구소, 2002.

김완진,「정읍사의 해석에 대하여」,『국어학』 31호, 국어학회, 1998.

김용기,「조선 초기의 대명조공관계고」,『논문집』 14, 부산대 문리과대, 1972.

김용선,「통일신라와 고려의 민족통합 정책 비교」,『민족통합연구소 1주년 기념 세미나』, 단행권, 한림대학교 민족통합연구소, 1999.

김재근,「장보고 시대의 무역선과 그 항로」,『장보고 신연구』, 완도문화원, 1985.

김재근,「한국·중국·일본 고대의 선박과 항해술」,『진단학보』 68호, 진단학회, 1989.

김재만,「오대와 후삼국·고려의 관계사」,『대동문화연구』 17호, 1983.

김정희,「당대 전기의 시제(市制)와 상인의 법적 지위」,『위진수당사연구』 3호, 위진수당사학회, 1997.

김정희,「당대 후기 상인의 성장에 관한 연구」, 고려대학교 박사학위논문, 1994.

김창겸,「후삼국 통일기 태조 왕건의 패서호족과 발해유민에 대한 정책연구」, 『성대사림』 4호, 수선사학회, 1987.

김창석,「삼국 및 통일신라의 현물화폐 유통과 재정」,『역사와 현실』 42호, 한국역사연구회, 2001.

김창현,「고려시대 궁성안 건물의 배치와 의미」,『한국사연구』 117호, 한국사학회, 2002.

김현나,「고려후기 악승의 존재와 경제활동」,『역사와 경제』 44호, 부산경남사학회, 2002.

김희만,「신라 장인층의 형성과 그 신분」,『신라문화제학술발표회논문집』 13호, 동국대학교 신라문화연구소, 1992.

도광순,「팔관회와 풍류도」,『한국학보』 21호, 일지사, 1995.

도현철,「고려말기의 예인식과 정치체제론」,『동방학지』 97호, 연세대학교 국학연구원, 1997.

민현구,「고려 공민왕의 반원적 개혁정치에 대한 일고찰」,『진단학보』, 68호, 진단학회, 1989.

박종기,「고려시대의 민의 존재형태와 사회의식의 성장」,『역사비평』, 가을호, 역사문제연구소, 1992.

박종진,「고려 전기 중앙관청의 재정구조와 그 운영」,『한국사론』 23호, 서울대학교 국사학과, 1990.

박진훈,「고려말 개혁사대부의 노비 변정책-조준, 정도전계의 방안을 중심으로-」,
　　　『학림』19호, 연세대학교 사학연구회, 1998.
박평식,「조선 전기의 개성상업과 개성상인」,『한국사연구』102호, 한국사연구회, 1998.
박평식,「조선전기 개성상인의 상업활동」, 조선시대사학회, 2004.
박평식, 조선초기의 상업인식과 억말책, 연세대학교 국학연구원, 1999.
박한제,「당대 장안의 공간구조와 번인생활」,『동아시아 역사의 환류』, 지식산업사,
　　　2000.
변인석,「당에서 바라 본 신라의 삼국통일」,『사학연구』50호, 한국사학회, 1995.
서명희,「고려시대 '철소'에 관한 연구」,『한국사연구』69호, 한국사연구회, 1990.
서성호,「고려 무신 집권기 상공업의 전개」,『국사관논총』37집, 1992.
서성호,「고려 태조대 대거란 정책의 추이와 성격」,『역사와 현실』34호,
　　　한국역사연구회, 1999.
서성호,「고려시기 개경의 시장과 주거」,『역사와 현실』38호, 한국역사연구회, 2000.
서성호,『고려전기 수공업연구』, 서울대학교 박사학위논문, 1997.
신성재,「9세기 전반 신라의 정치 사회와 장보고」,『장보고와 미래 대화』, 해군사관학교
　　　해군해양연구소, 2002.
신창수,「중고기 왕경의 사찰과 도시계획」,『신라문화제학술발표회논문집』16호,
　　　동국대 신라문화연구소, 1995.
신채식,「10~13세기 동양시아 문화교류」,『중국과 동아시아 세계』, 국학자료원, 1997.
신채식,「소식(동파)의 고려관」,『중국학보』27호, 한국중국학회, 1987.
신호철,「후삼국시대 호족과 국왕」,『진단학보』89호, 진단학회, 2000.
심의섭, 김중관,「몽고 간섭기의 고려사회에 나타난 이슬람 경제 사상」,『경제학의
　　　역사와 사상』1권, 한국경제사사학회, 1998.
오성,「고려 광종대의 과거합격자」,『고려광종연구』, 일조각, 1981.
오성,「조선 초기 상인의 활동에 대한 일고찰」,『국사관논총』12집, 국사편찬위원회,
　　　1990.
오영훈,「신라 왕경에 관한 고찰」,『경주사학』11호, 경주사학회, 1992.
위은숙,「나말여초 농업생산력 발전과 그 주도세력」,『부대사학』9호, 1985.
위은숙,「원 간섭기 대원무역 노걸대를 중심으로-」,『지역과 역사』4호,
　　　부산경남역사연구소, 1997.
유봉학,「조선 후기 개성지식인의 동향과 북학사상 수용」,『규장각』16호, 서울대학교
　　　규장각, 1993.
유원동,「고대-고려시대의 시장 형성사」,『도시문제』2권, 8호, 대한지방공제회, 1967.
유재택,「전통적 조공관계와 한·중 관계의 이해」,『동서사학』12호, 한국동서사학회, 1995.

유홍열,「고려의 원에 대한 공여」,『진단학보』18호, 진단학회, 1957.

윤내현,「고조선과 삼한과의 관계」,『한국학보』52호, 일지사, 1988.

윤용구,「낙랑중기 군현 지배세력의 재편과 교역활동」,『한국고대사연구회보』31호,
　　　한국고대사연구회, 1992.

윤재운,「9세기 전반 신라의 사무역에 관한 일고찰」,『사총』45호, 고려대사학회, 1996.

이건무,「다호리 유적 출토 '붓'에 대하여」,『고고학지』4호, 1992.

이곡(李穀),「금강산 장안사 중흥비」,『가정문집』권6,『고려명현집』3.

이기동,「장보고와 그의 해상왕국」,『장보고의 신연구』, 완도문화원, 1985.

이기석,「한국 고대 도시의 방리제(조방제)와 도시구조에 관한 소고」,
　　　『한국도시지리학회지』2호, 한국도시지리학회, 1999.

이동윤,「송대의 무역정책」,『사학지』16호, 단국사학회, 1982.

이미지,「고려 선종대 각장 문제와 대요관계」,『한국사학보』14호, 고려사학회, 2003.

이병노, 한일 고대학의 제문제 (1) ; 고대일본열도의「신라상인」에 대한 고찰—장보고
　　　사후를 중심으로— , 동국대학교 일본학연구소, 1996.

이병로,「일본 지배층의 대 신라관 정책변화의 고찰 - 주로 9세기를 중심으로」,
　　　『대구사학』51호, 대구사학회, 1996.

이병로,「일본측 사료로 본 10세기 한일관계」,『대구사학』57호, 대구사학회, 1999.

이병희,「고려시기 승려와 말(馬)」,『한국사료』41·42호, 서울대학교 국사학과, 1999.

이봉춘,「고려후기 불교계와 배불 논의의 전말」,『불교학보』27집, 동국대
　　　불교문화연구원, 1990.

이상선,「고려사원의 상행위고(考)」,『성신사학』9호, 성신여자대학교 사학회, 1991.

이석현,「송대 고용노비의 등장과 노비관의 변화」,『동양사학연구』63호, 동양사학회,
　　　1998.

이석현,「송대 예속민의 노동형태」,『동양사학연구』80호, 동양사학회, 2002.

이성규,「전국시대 화폐정책의 이론과 실제」,『진단학보』55호, 진단학회, 1983.

이용범,「고려와 거란과의 관계」,『동양학』7호, 1977.

이유진,「9세기 재당 신라인의 활동에 대하여」,『중국사연구』13호, 중국사학회, 2001.

이은봉,「고려시대 불교와 토착신앙의 접촉관계-연등회, 팔관회의 종교의례기능을 중
　　　심으로-」,『종교연구』6호, 한국종교학회, 1990.

이인철,「6~7세기 무기·무장과 군사조직의 편제」,『한국고대사논총』7호, 1995.

이정신,「고려시대의 상업」,『국사관논총』59집, 국사편찬위원회, 1994.

이정신,「고려시대의 상업 —상인의 존재 형태를 중심으로-」,『국사관논총』59집,
　　　국사편찬위원회, 1994.

이정희,「고려 전기 대요무역」,『지역과 역사』4호, 부경역사연구소, 1997.

이춘식, 「한대의 기미정책과 사대조공」, 『사학지』 4호, 단국대학교 사학회, 1970.

이혜옥, 「고려시대 용(역)제 연구」, 『이화사학연구』 15호, 이화사학연구소, 1984.

이화승, 「명청시대 중국전통상인의 구역화현상 연구」, 『중국사 연구』 8호, 중국사학회, 2000.

이훈섭, 「개성상인의 상업기반과 기질에 관한 연구」, 『한국전통상학연구』 20호, 한국전통상학회, 2002.

임영정, 「고려시대의 사역·공장승에 대하여」, 『가산(伽山) 이지관 스님 회갑기념 논총, 한국불교문화사상사 (상)』, 1992.

장동익, 「송대의 명주 지방지에 수록된 고려 관계 기사 연구」, 『역사교육논집』 22호, 역사교육학회, 1997.

장동익, 「여·원 관계의 전개」, 『한국사』 20, 국사편찬위원회, 1994.

장동익, 「원에 진출한 고려인」, 『민족문화논총』 11집, 영남대 민족문화연구소, 1990.

장동익, 「원의 정치적 간섭과 고려정부의 대응」, 『역사교육논집』 17호, 역사교육학회, 1992.

장정룡, 「고려시대의 연회 고찰」, 『역사민속학』 9호, 한국역사민속학회, 1999.

전순동, 「14세기 후반 명의 대고려, 조선정책」, 『명청사연구』 5호, 명청사학회, 1994.

전중건부(田中健夫), 「왜구와 동아시아 통상권」, 『일본의 사회사』 1, 암파서점, 1987.

전해종, 「한중 조공 관계의 개관」, 『한중관계사연구』, 일조각, 1970.

정동락, 「고려시대 대민통치의 측면에서 본 사원의 역할」, 『민족문화논총』 18·19호, 1998.

정선용, 「조충의 대몽교섭과 그 정치적 의미-최충헌 정권과 국왕의 관계에 주목하여-」, 『진단학보』 93호, 진단학회, 2002.

정용범, 「고려시대 중국전 유통과 주전책-성종, 숙종 연간을 중심으로-」, 『지역과 역사』 4호, 1997.

정청주, 「신라말, 고려초 지배세력의 사회적 성격」, 『전남사학』 9호, 전남사학회, 1995.

조수동, 「원시불교의 경제윤리」, 『철학연구』 54호, 대한철학회, 1995.

조이옥, 「8세기 전반 신라와 발해의 대립관계와 그 요인」, 『신라문화제학술발표회논문집』 15호, 동국대 신라문화연구소, 1994.

진고화, 「원조와 고려의 해상교통」, 『진단학보』 71호, 진단학회, 1991.

최건, 「고려 요지의 계보와 전개」, 『미술사연구』 12호, 미술사연구회, 1998.

최건, 「고려청자의 발생 문제-고려청자 어떻게 만들어졌나」, 『미술사』 창간호, 1995.

최건, 「한국청자 연구의 새로운 동향」, 『미술사연구』 16호, 미술사연구회, 2002.

최광남, 「신안 해저 유물선과 인양자료」, 『도서문화』 5호, 목포대학교 도서문화연구소, 1987.

최근식, 「9세기 '신라선'과 그 구조」, 『한국사학보』 11호, 고려사학회, 2001.

최낙필,「고려시대 상품·화폐 경제의 그 성격」,『논문집』16호, 전북대학교 산업경제
　　　연구소, 1986.
최몽룡,「철기시대와 고대 국가의 발생」,『한국사연구입문』, 1987.
최병헌,「나말여초 선종의 사회적 성격」,『사학연구』25호, 1975.
최재석,「7세기 중국파견 일본사신, 학문승과 신라」,『한국학보』94호, 1996.
최재석,「신라 문무왕대의 대당, 대일 정책」,『한국학보』2호, 일지사, 1999.
최재석,「일본 동대사 '헌물장'을 통해 본 정창원 물품의 제작국」,『한국학보』75호,
　　　1994.
최재석,「일본 정창현 동경과 그 제작국에 대하여」,『민족문화연구』27호, 1994.
최재석,「통일신라의 일본정치지도」,『한국학보』71호, 1994.
최주 외,「한국 고대 유리의 국내 제조에 대하여-특히 미륵사지 출토 유리를 중심으로」,
　　　『선사와 고대』1호, 한국고대학회, 1991.
추명엽,「11세기 후반~12세기초 여진정벌 문제와 정국동향」,『한국사론』54호,
　　　서울대학교 국사학과, 2001.
한규철,「고려 내투, 내왕 여진인」,『부산사학』25·26호, 부산경남사학회, 1994.
한규철,「신라와 발해의 교섭과 대립」,『신라문화제학술발표회논문집』15호, 1994.
한기문,「고려시대 사원 보의 설치와 운영」,『역사교육논집』13·14호, 1990.
한기문,「고려시대 사원내의 관리 조직과 소속승의 구성」,『한국중세사연구』2호,
　　　한국중세사학회, 1995.
한영우,「조선건국의 정치·사회기반」,『조선전기 사회경제연구』, 을유문화사, 1983.
한우근,「여말선초의 불교정책」,『서울대 논문집(인문사회과학)』6호.
홍승기,「고려시대의 공장」,『진단학보』40호, 진단학회.

논문: 중국

張杰,「後金時期滿族与朝鮮的貿易」, 遼寧大學淸史硏究所, 遼寧大學學報, 제36卷, 2008.
魏志江,「遼金与高麗的經濟文化交流」, 社會科學 戰線, 2000年5期
章深,「宋朝与海外國家的朝貢貿易」, 廣州市社科院歷史所, 學術研究, 1998年제6期
聶蒲生,「論中朝邊境貿易的歷史淵源」, 雲南財貿學院, 北方經貿, 2001년10월호
林金樹,「明代洪武年間中朝兩國政治遊戲中的官方貿易」, 大連大學學報, 제28권제1기,
2007.
張士尊,「明朝与朝鮮交通路線變化考」, 鞍山師範學院學報, 2000.
張婷婷,「明代朝鮮朝貢路線的演变」, 南陽師範學院學報, 제3卷4期, 2004

[색인]

277, 279, 281, 282, 283, 287, 288

우태 ◆ 27

우황 ◆ 65, 66

운주 ◆ 67

월주요 ◆ 107, 108, 236

위만 ◆ 20, 83

유기전 ◆ 136

유마경 ◆ 242, 243

유산포 ◆ 92

유상회 ◆ 110

유신언 ◆ 94, 113

유정(遺艇) ◆ 85

유천궁 ◆ 110

육계 ◆ 79

육종용 ◆ 79

윤장 ◆ 145, 152

윤청 ◆ 37

은제 팔찌 ◆ 38

은천옹주 ◆ 151

의전 ◆ 136

이노개 ◆ 142

이신혜 ◆ 91

이영진 ◆ 142

이원좌 ◆ 96

이유의 ◆ 148

이인임 ◆ 146, 277

이의민 ◆ 132, 143

이인길 ◆ 142, 144, 145

이자상 ◆ 148

이자연 ◆ 148

이정기 ◆ 91, 100, 102,

103

이집트 ◆ 107

이차돈 ◆ 53

인산 ◆ 79

인삼 ◆ 65

인종(고려) ◆ 142

일화전 ◆ 18

임견미 ◆ 146

임춘 ◆ 148

임회 ◆ 145, 152

입당구법순례행기 ◆ 88, 89

의종(고려) ◆ 140, 234

자근 ◆ 79

자기전 ◆ 136

자단 ◆ 57

자모전 ◆ 18

자초랑택 ◆ 61

자치통감 ◆ 119

잡류 ◆ 138

잡향 ◆ 79

장도(長島) 대호촌(大浩村) ◆ 16

장랑 ◆ 130, 131, 132

장언 ◆ 37

장영 ◆ 113

장춘 ◆ 78

저전 ◆ 136

적산 법화원 ◆ 92, 93

전류 ◆ 119

전연의 맹약 ◆ 158

정도전 ◆ 278, 287, 297,

302

정연 ◆ 90

정읍사 ◆ 39, 40, 41, 42

정존실 ◆ 212, 213

정종(靖宗) ◆ 138

정중부 ◆ 140, 141, 142, 143

정창원 ◆ 59, 60, 77

정향 ◆ 79

제국대장공주 ◆ 150, 191, 197, 255

조민수 ◆ 283, 289

조원정 ◆ 147, 148

조하주 ◆ 50, 65

주가(舟舸) ◆ 85

주몽 ◆ 27, 28

주사 ◆ 79

준왕 ◆ 20, 83

중앙 시전거리 ◆ 130, 136

중통초 ◆ 145

중통보초 ◆ 151

지불배 ◆ 146

지원보초 ◆ 151

지전 ◆ 136

지초 ◆ 79

직녀도 ◆ 35

직물 수공업 ◆ 34

직지심경 ◆ 222, 223

진덕여왕 ◆ 54

진봉선 ◆ 204, 205

진성여왕 ◆ 111

진시황 ◆ 20

[표차례]